PLATON

Theätet

GRIECHISCH / DEUTSCH

ÜBERSETZT UND HERAUSGEGEBEN
VON EKKEHARD MARTENS

PHILIPP RECLAM JUN. STUTTGART

Anmerkungen und Literaturhinweise
von Michael Emsbach

Universal-Bibliothek Nr. 6338 [3]

Satz: C. H. Beck, Nördlingen
Druck und Bindung: Reclam, Ditzingen
Printed in Germany 1989

ISBN 3-15-006338-8

Inhalt

ΘΕΑΙΤΗΤΟΣ / Theätet 4/5

Anmerkungen 227

Literaturhinweise 237

Nachwort 241

Wozu sollen wir wissen, was Wissen ist? 242
Wie können wir wissen, was Wissen ist? 248
Was wissen wir vom Wissen? 254
Wissensmethode (145 e–151 d) 255
Wissen als Wahrnehmung (151 e–186 e) 257
Wissen als wahre Meinung (187 a–201 c) 262
Wissen als wahre Meinung verbunden mit Erklärung (201 c–210 d) 267
Schluß-Aporie und Weiterdenken (210 a f.) 269

ΕΥΚΛΕΙΔΗΣ ΤΕΡΨΙΩΝ

[142a] ΕΥΚΛΕΙΔΗΣ. Ἄρτι, ὦ Τερψίων, ἢ πάλαι ἐξ ἀγροῦ;

ΤΕΡΨΙΩΝ. Ἐπιεικῶς πάλαι. Καὶ σέ γε ἐζήτουν κατ' ἀγορὰν καὶ ἐθαύμαζον ὅτι οὐχ οἷός τ' ἦ εὑρεῖν.

ΕΥ. Οὐ γὰρ ἦ κατὰ πόλιν.

ΤΕΡ. Ποῦ μήν;

ΕΥ. Εἰς λιμένα καταβαίνων Θεαιτήτῳ ἐνέτυχον φερομένῳ ἐκ Κορίνθου ἀπὸ τοῦ στρατοπέδου Ἀθήναζε.

ΤΕΡ. Ζῶντι ἢ τετελευτηκότι;

[b] ΕΥ. Ζῶντι καὶ μάλα μόλις· χαλεπῶς μὲν γὰρ ἔχει καὶ ὑπὸ τραυμάτων τινῶν, μᾶλλον μὴν αὐτὸν αἱρεῖ τὸ γεγονὸς νόσημα ἐν τῷ στρατεύματι.

ΤΕΡ. Μῶν ἡ δυσεντερία;

ΕΥ. Ναί.

ΤΕΡ. Οἷον ἄνδρα λέγεις ἐν κινδύνῳ εἶναι.

ΕΥ. Καλόν τε καὶ ἀγαθόν, ὦ Τερψίων, ἐπεί τοι καὶ νῦν ἤκουόν τινων μάλα ἐγκωμιαζόντων αὐτὸν περὶ τὴν μάχην.

ΤΕΡ. Καὶ οὐδέν γ' ἄτοπον, ἀλλὰ πολὺ θαυμαστότερον εἰ μὴ τοιοῦτος ἦν. [c] Ἀτὰρ πῶς οὐκ αὐτοῦ Μεγαροῖ κατέλυεν;

ΕΥ. Ἠπείγετο οἴκαδε· ἐπεὶ ἔγωγ' ἐδεόμην καὶ συνεβούλευον, ἀλλ' οὐκ ἤθελεν. Καὶ δῆτα προπέμψας αὐτόν, ἀπιὼν πάλιν ἀνεμνήσθην καὶ ἐθαύμασα Σωκράτους ὡς μαντικῶς ἄλλα τε δὴ εἶπε καὶ περὶ τούτου. Δοκεῖ γάρ μοι ὀλίγον πρὸ τοῦ θανάτου ἐντυχεῖν αὐτῷ μειρακίῳ ὄντι, καὶ

EUKLEIDES, TERPSION[1]

[142 a] *Eukleides.* Bist du eben erst vom Land zurückgekommen oder hältst du dich schon lange hier auf, Terpsion?
Terpsion. Schon ziemlich lange. Aber gerade dich habe ich auf dem Marktplatz gesucht und konnte dich zu meiner Verwunderung nicht finden.
Eukleides. Ich war ja überhaupt nicht in der Stadt.
Terpsion. Wo warst du denn?
Eukleides. Ich war hinunter zum Hafen gegangen und traf dort Theätet[2], der vom Feldlager bei Korinth[3] nach Athen gebracht wurde.
Terpsion. Lebendig oder tot?
[b] *Eukleides.* Lebendig, aber kaum noch. Denn er hat bereits an seinen verschiedenen Verwundungen schwer zu leiden, noch mehr aber macht ihm die Krankheit zu schaffen, die im Heer ausgebrochen ist.
Terpsion. Doch nicht etwa die Ruhr?
Eukleides. Doch.
Terpsion. Gerade von einem solchen Mann mußt du Schlimmes berichten!
Eukleides. Ein in jeder Beziehung hervorragender Mann, Terpsion. Und vorhin gerade hörte ich auch, wie man über sein Verhalten in der Schlacht voller Lob war.
Terpsion. Das ist gar kein Wunder, sondern viel erstaunlicher wäre es, wenn er sich nicht so verhalten hätte. [c] Aber warum eigentlich hat er hier in Megara[4] nicht Unterkunft genommen?
Eukleides. Es zog ihn nach Hause. Ich bat ihn zwar und riet ihm zu bleiben, aber er wollte nicht. So begleitete ich ihn denn ein Stück weit. Auf dem Rückweg aber dachte ich voller Bewunderung an Sokrates, der wie in anderen Fällen auch von Theätet das Richtige vorausgesagt hat. Sokrates muß kurz vor seinem Tod mit dem damals noch recht jungen Theätet zusammengetroffen sein.[5] Dabei diskutierten sie

συγγενόμενός τε καὶ διαλεχθεὶς πάνυ ἀγασθῆναι αὐτοῦ τὴν φύσιν. Καί μοι ἐλθόντι Ἀθήναζε τούς τε λόγους οὓς διελέχθη αὐτῷ διηγήσατο καὶ μάλα ἀξίους ἀκοῆς, [d] εἶπέ τε ὅτι πᾶσα ἀνάγκη εἴη τοῦτον ἐλλόγιμον γενέσθαι, εἴπερ εἰς ἡλικίαν ἔλθοι.
ΤΕΡ. Καὶ ἀληθῆ γε, ὡς ἔοικεν, εἶπεν. Ἀτὰρ τίνες ἦσαν οἱ λόγοι; ἔχοις ἂν διηγήσασθαι;
ΕΥ. Οὐ μὰ τὸν Δία, οὔκουν οὕτω γε ἀπὸ στόματος· [143a] ἀλλ' ἐγραψάμην μὲν τότ' εὐθὺς οἴκαδ' ἐλθὼν ὑπομνήματα, ὕστερον δὲ κατὰ σχολὴν ἀναμιμνῃσκόμενος ἔγραφον, καὶ ὁσάκις Ἀθήναζε ἀφικοίμην, ἐπανηρώτων τὸν Σωκράτη ὃ μὴ ἐμεμνήμην, καὶ δεῦρο ἐλθὼν ἐπηνορθούμην· ὥστε μοι σχεδόν τι πᾶς ὁ λόγος γέγραπται.
ΤΕΡ. Ἀληθῆ· ἤκουσά σου καὶ πρότερον, καὶ μέντοι ἀεὶ μέλλων κελεύσειν ἐπιδεῖξαι διατέτριφα δεῦρο. Ἀλλὰ τί κωλύει νῦν ἡμᾶς διελθεῖν; πάντως ἔγωγε καὶ ἀναπαύσασθαι δέομαι ὡς ἐξ ἀγροῦ ἥκων.
[b] ΕΥ. Ἀλλὰ μὲν δὴ καὶ αὐτὸς μέχρι Ἐρινοῦ Θεαίτητον προύπεμψα, ὥστε οὐκ ἂν ἀηδῶς ἀναπαυοίμην. Ἀλλ' ἴωμεν, καὶ ἡμῖν ἅμα ἀναπαυομένοις ὁ παῖς ἀναγνώσεται.
ΤΕΡ. Ὀρθῶς λέγεις.

ΕΥ. Τὸ μὲν δὴ βιβλίον, ὦ Τερψίων, τουτί· ἐγραψάμην δὲ δὴ οὑτωσὶ τὸν λόγον, οὐκ ἐμοὶ Σωκράτη διηγούμενον ὡς διηγεῖτο, ἀλλὰ διαλεγόμενον οἷς ἔφη διαλεχθῆναι. Ἔφη δὲ τῷ τε γεωμέτρῃ Θεοδώρῳ καὶ τῷ Θεαιτήτῳ. Ἵνα οὖν ἐν τῇ γραφῇ [c] μὴ παρέχοιεν πράγματα αἱ μεταξὺ τῶν λόγων διηγήσεις περὶ αὑτοῦ τε ὁπότε λέγοι ὁ Σωκράτης, οἷον «καὶ ἐγὼ ἔφην» ἢ «καὶ ἐγὼ εἶπον», ἢ αὖ περὶ τοῦ ἀποκρι-

miteinander, und Sokrates war hocherfreut über seine Begabung. Als ich einmal nach Athen kam, erzählte er mir von dieser Diskussion, die sich zu hören lohnte. [d] Und er fügte hinzu, Theätet werde als Erwachsener mit Sicherheit berühmt werden.

Terpsion. Darin hat er offensichtlich Recht bekommen. Aber was war das für eine Diskussion? Könntest du sie wiedergeben?

Eukleides. Bei Zeus, nein! Jedenfalls so nicht aus dem Gedächtnis. [143 a] Aber ich habe mir damals sofort nach meiner Heimkehr Notizen gemacht und später bei etwas mehr Zeit alles aufgeschrieben, woran ich mich erinnern konnte. Sooft ich dann nach Athen kam, fragte ich Sokrates nach allem, woran ich mich nicht mehr erinnerte, und verbesserte es nach meiner Rückkehr. Daher habe ich so ziemlich die ganze Diskussion niedergeschrieben.

Terpsion. Ja, das habe ich schon früher von dir gehört. Ich wollte mir die Niederschrift schon immer von dir zeigen lassen, habe es aber bis jetzt versäumt. Aber warum sollten wir sie nicht jetzt durchgehen? Ich jedenfalls benötige nach meinem Weg vom Lande her durchaus eine Ruhepause.

[b] *Eukleides.* Nun, auch mir selbst käme eine Ruhepause nicht unerwünscht, denn ich habe Theätet bis hin nach Erineos[6] begleitet. Wir wollen also zu mir gehen und uns dort, während wir uns ausruhen, vom Sklaven vorlesen lassen.

Terpsion. Einverstanden.

Eukleides. Dies hier ist die Schrift, Terpsion. Und so habe ich die Diskussion aufgeschrieben: nicht in Erzählform, wie Sokrates sie mir erzählte, sondern als Diskussion mit den Partnern, mit denen er nach seiner Erzählung diskutiert hat. Dies waren nach seinem Bericht der Geometriker Theodoros[7] und Theätet. Ich wollte in der Schrift [c] die lästigen Einschübe zwischen den einzelnen Diskussionsbeiträgen vermeiden, in denen Sokrates von sich selbst berichtet, wie »da sagte ich« oder »darauf bemerkte ich«, oder von dem

νομένου ὅτι «συνέφη» ἢ «οὐχ ὡμολόγει», τούτων ἕνεκα ὡς αὐτὸν αὐτοῖς διαλεγόμενον ἔγραψα, ἐξελὼν τὰ τοιαῦτα.

ΤΕΡ. Καὶ οὐδὲν γε ἀπὸ τρόπου, ὦ Εὐκλείδη.

ΕΥ. Ἀλλά, παῖ, λαβὲ τὸ βιβλίον καὶ λέγε.

ΣΩΚΡΑΤΗΣ ΘΕΟΔΩΡΟΣ ΘΕΑΙΤΗΤΟΣ

ΣΩΚΡΑΤΗΣ. Εἰ μὲν τῶν ἐν Κυρήνῃ μᾶλλον ἐκηδόμην, ὦ Θεόδωρε, τὰ ἐκεῖ ἄν σε καὶ περὶ ἐκείνων ἀνηρώτων, [d] εἴ τινες αὐτόθι περὶ γεωμετρίαν ἤ τινα ἄλλην φιλοσοφίαν εἰσὶ τῶν νέων ἐπιμέλειαν ποιούμενοι· νῦν δὲ ἧττον γὰρ ἐκείνους ἢ τούσδε φιλῶ, καὶ μᾶλλον ἐπιθυμῶ εἰδέναι τίνες ἡμῖν τῶν νέων ἐπίδοξοι γενέσθαι ἐπιεικεῖς. Ταῦτα δὴ αὐτός τε σκοπῶ καθ' ὅσον δύναμαι, καὶ τοὺς ἄλλους ἐρωτῶ οἷς ἂν ὁρῶ τοὺς νέους ἐθέλοντας συγγίγνεσθαι. Σοὶ δὴ οὐκ ὀλίγιστοι πλησιάζουσι, καὶ δικαίως· [e] ἄξιος γὰρ τά τε ἄλλα καὶ γεωμετρίας ἕνεκα. Εἰ δὴ οὖν τινι ἐνέτυχες ἀξίῳ λόγου, ἡδέως ἂν πυθοίμην.

ΘΕΟΔΩΡΟΣ. Καὶ μήν, ὦ Σώκρατες, ἐμοί τε εἰπεῖν καὶ σοὶ ἀκοῦσαι πάνυ ἄξιον οἵῳ ὑμῖν τῶν πολιτῶν μειρακίῳ ἐντετύχηκα. Καὶ εἰ μὲν ἦν καλός, ἐφοβούμην ἂν σφόδρα λέγειν, μὴ καί τῳ δόξω ἐν ἐπιθυμίᾳ αὐτοῦ εἶναι. Νῦν δέ – καὶ μή μοι ἄχθου – οὐκ ἔστι καλός, προσέοικε δὲ σοὶ τήν τε σιμότητα καὶ τὸ ἔξω τῶν ὀμμάτων· ἧττον δὲ ἢ σὺ ταῦτ'

Antwortenden, daß »er zustimmte« oder »nicht derselben Meinung war«. Deshalb habe ich Sokrates unmittelbar mit seinen Partnern in meiner Schrift diskutieren lassen und derartige Einschübe weggelassen.
Terpsion. Das ist gar nicht so schlecht, Eukleides.
Eukleides. Nimm nun die Schrift und lies vor, Sklave.

SOKRATES, THEODOROS, THEÄTET

Sokrates. Wenn mich die Geschehnisse in Kyrene mehr interessierten, Theodoros, würde ich mich bei dir nach den dortigen Ereignissen und nach den Menschen erkundigen, [d] ob es dort junge Leute gibt, die sich mit Geometrie oder einer anderen Wissenschaft beschäftigen. Aber mir liegt weniger an den jungen Leuten in Kyrene als an denen bei uns. Daher möchte ich lieber wissen, wer von diesen tüchtig zu werden verspricht. Danach halte ich nach Kräften selber Ausschau, ich frage aber auch andere, von denen ich sehe, daß die jungen Leute ihren Umgang suchen. Mit dir nun sind nicht gerade wenige gerne zusammen, und das zu Recht. [e] Denn du verdienst es wegen deiner geometrischen Fähigkeiten, ganz zu schweigen von deinen anderen Vorzügen. Wenn du also einen bemerkenswerten jungen Mann getroffen hast, möchte ich es gerne erfahren.
Theodoros. Ja, Sokrates, ich habe unter euren Bürgern einen jungen Mann getroffen, der es durchaus wert ist, daß ich von ihm spreche und du von ihm hörst. Wenn er schön wäre, würde ich mich sehr hüten, von ihm zu sprechen, um nicht als sein Liebhaber zu erscheinen. Aber – nimm es mir nicht übel – er ist nicht schön, sondern ähnelt dir mit seiner aufgeworfenen Nase und seinen hervortretenden Augen, und dabei sind diese Züge bei ihm weniger ausgeprägt als bei dir.

ἔχει. Ἀδεῶς δὴ λέγω. [144a] Εὖ γὰρ ἴσθι ὅτι ὧν δὴ πώποτε ἐνέτυχον – καὶ πάνυ πολλοῖς πεπλησίακα – οὐδένα πω ᾐσθόμην οὕτω θαυμαστῶς εὖ πεφυκότα. Τὸ γὰρ εὐμαθῆ ὄντα ὡς ἄλλῳ χαλεπὸν πρᾷον αὖ εἶναι διαφερόντως, καὶ ἐπὶ τούτοις ἀνδρεῖον παρ᾽ ὁντινοῦν, ἐγὼ μὲν οὔτ᾽ ἂν ᾠόμην γενέσθαι οὔτε ὁρῶ γιγνόμενον· ἀλλ᾽ οἵ τε ὀξεῖς ὥσπερ οὗτος καὶ ἀγχίνοι καὶ μνήμονες ὡς τὰ πολλὰ καὶ πρὸς τὰς ὀργὰς ὀξύρροποί εἰσι, καὶ ᾄττοντες φέρονται ὥσπερ τὰ ἀνερμάτιστα πλοῖα, [b] καὶ μανικώτεροι ἢ ἀνδρειότεροι φύονται, οἵ τε αὖ ἐμβριθέστεροι νωθροί πως ἀπαντῶσι πρὸς τὰς μαθήσεις καὶ λήθης γέμοντες. Ὁ δὲ οὕτω λείως τε καὶ ἀπταίστως καὶ ἀνυσίμως ἔρχεται ἐπὶ τὰς μαθήσεις τε καὶ ζητήσεις μετὰ πολλῆς πρᾳότητος, οἷον ἐλαίου ῥεῦμα ἀψοφητὶ ῥέοντος, ὥστε θαυμάσαι τὸ τηλικοῦτον ὄντα οὕτως ταῦτα διαπράττεσθαι.

ΣΩ. Εὖ ἀγγέλλεις. Τίνος δὲ καὶ ἔστι τῶν πολιτῶν;

ΘΕΟ. Ἀκήκοα μὲν τοὔνομα, μνημονεύω δὲ οὔ. Ἀλλὰ γάρ ἐστι τῶνδε τῶν προσιόντων ὁ ἐν τῷ μέσῳ· [c] ἄρτι γὰρ ἐν τῷ ἔξω δρόμῳ ἠλείφοντο ἑταῖροί τέ τινες οὗτοι αὐτοῦ καὶ αὐτός, νῦν δέ μοι δοκοῦσιν ἀλειψάμενοι δεῦρο ἰέναι. Ἀλλὰ σκόπει εἰ γιγνώσκεις αὐτόν.

ΣΩ. Γιγνώσκω· ὁ τοῦ Σουνιῶς Εὐφρονίου ἐστίν, καὶ πάνυ γε, ὦ φίλε, ἀνδρὸς οἷον καὶ σὺ τοῦτον διηγῇ, καὶ ἄλλως εὐδοκίμου, καὶ μέντοι καὶ οὐσίαν μάλα πολλὴν κατέλιπεν. Τὸ δ᾽ ὄνομα οὐκ οἶδα τοῦ μειρακίου.

[d] ΘΕΟ. Θεαίτητος, ὦ Σώκρατες, τό γε ὄνομα· τὴν μέντοι οὐσίαν δοκοῦσί μοι ἐπίτροποί τινες διεφθαρκέναι. Ἀλλ᾽ ὅμως καὶ πρὸς τὴν τῶν χρημάτων ἐλευθεριότητα θαυμαστός, ὦ Σώκρατες.

Ich brauche mich also beim Sprechen nicht vorzusehen. [144 a] Glaub mir, ich bin noch keinem jungen Mann begegnet – und ich war mit sehr vielen zusammen –, an dem ich so erstaunliche Anlagen bemerkt habe. Denn er hat eine Auffassungsgabe wie kaum ein anderer und ist dabei zugleich außerordentlich ruhig, zudem noch unvergleichlich ausdauernd. Eine derartige Verbindung hätte ich nie für möglich gehalten und sehe ich auch sonst nicht verwirklicht. Sondern scharfsinnige Menschen wie er und solche, die schnell etwas begreifen und ein gutes Gedächtnis haben, lassen sich meistens auch schnell zum Zorn hinreißen, stürmen schlingernd wie Schiffe ohne Ballast vorwärts [b] und haben eine eher schwärmerische als beharrliche Art. Die Gesetzteren aber machen sich nur schwerfällig ans Lernen und vergessen gleich wieder alles. Dieser aber geht so leicht, sicher und erfolgreich an das Lernen und Forschen heran, dabei in aller Ruhe, wie ein geräuschlos fließender Ölstrom. Und man kann sich nur wundern, wie er all dies trotz seiner Jugend auf derartige Weise ausführt.

Sokrates. Du berichtest erfreuliche Dinge. Aber wer von unseren Bürgern ist sein Vater?

Theodoros. Ich habe seinen Namen zwar gehört, aber wieder vergessen. Doch von den dreien, die da gerade herkommen, ist er der mittlere. [c] Denn eben haben sich seine Freunde und er draußen im Wandelgang mit Öl eingerieben und kommen jetzt, nachdem sie sich eingerieben haben, offensichtlich hierher. Paß also auf, ob du ihn kennst.

Sokrates. Ja, ich kenne ihn. Sein Vater ist Euphronios aus Sunion, genau so ein Mann, mein Freund, wie du diesen da schilderst. Er war auch sonst recht angesehen und hinterließ zudem ein beträchtliches Vermögen. Den Namen des jungen Mannes aber kenne ich nicht.

[d] *Theodoros.* Theätet heißt er, Sokrates. Das Vermögen aber, fürchte ich, haben seine Vormünder durchgebracht. Doch auch seine innere Unabhängigkeit von Besitz ist bewundernswert, Sokrates.

ΣΩ. Γεννικὸν λέγεις τὸν ἄνδρα. Καί μοι κέλευε αὐτὸν ἐνθάδε παρακαθίζεσθαι.

ΘΕΟ. Ἔσται ταῦτα. Θεαίτητε, δεῦρο παρὰ Σωκράτη.

ΣΩ. Πάνυ μὲν οὖν, ὦ Θεαίτητε, ἵνα κἀγὼ ἐμαυτὸν ἀνασκέψωμαι ποῖόν τι ἔχω τὸ πρόσωπον· φησὶν γὰρ Θεόδωρος ἔχειν με σοὶ ὅμοιον. [e] Ἀτὰρ εἰ νῷν ἐχόντοιν ἑκατέρου λύραν ἔφη αὐτὰς ἡρμόσθαι ὁμοίως, πότερον εὐθὺς ἂν ἐπιστεύομεν ἢ ἐπεσκεψάμεθ' ἂν εἰ μουσικὸς ὢν λέγει;

ΘΕΑΙΤΗΤΟΣ. Ἐπεσκεψάμεθ' ἄν.

ΣΩ. Οὐκοῦν τοιοῦτον μὲν εὑρόντες ἐπειθόμεθ' ἄν, ἄμουσον δέ, ἠπιστοῦμεν;

ΘΕΑΙ. Ἀληθῆ.

ΣΩ. Νῦν δέ γ', οἶμαι, εἴ τι μέλει ἡμῖν τῆς τῶν προσώπων ὁμοιότητος, [145 a] σκεπτέον εἰ γραφικὸς ὢν λέγει ἢ οὔ.

ΘΕΑΙ. Δοκεῖ μοι.

ΣΩ. Ἦ οὖν ζωγραφικὸς Θεόδωρος;

ΘΕΑΙ. Οὔχ, ὅσον γέ με εἰδέναι.

ΣΩ. Ἆρ' οὐδὲ γεωμετρικός;

ΘΕΑΙ. Πάντως δήπου, ὦ Σώκρατες.

ΣΩ. Ἦ καὶ ἀστρονομικὸς καὶ λογιστικός τε καὶ μουσικὸς καὶ ὅσα παιδείας ἔχεται;

ΘΕΑΙ. Ἔμοιγε δοκεῖ.

ΣΩ. Εἰ μὲν ἄρα ἡμᾶς τοῦ σώματός τι ὁμοίους φησὶν εἶναι ἐπαινῶν πῃ ἢ ψέγων, οὐ πάνυ αὐτῷ ἄξιον τὸν νοῦν προσέχειν.

ΘΕΑΙ. Ἴσως οὔ.

[b] ΣΩ. Τί δ' εἰ ποτέρου τὴν ψυχὴν ἐπαινοῖ πρὸς ἀρετήν τε καὶ σοφίαν; ἆρ' οὐκ ἄξιον τῷ μὲν ἀκούσαντι προθυμεῖ-

Sokrates. Du schilderst ihn ja als großartigen Menschen! Bitte ihn doch, sich hierher zu setzen.
Theodoros. Das will ich tun. Theätet, komm her zu Sokrates!
Sokrates. Ja, auf jeden Fall, Theätet, damit auch ich mich einmal selbst betrachten kann, wie ich im Gesicht aussehe. Denn Theodoros behauptet, daß es ähnlich wie deines aussieht. [e] Aber nimm einmal an, jeder von uns beiden hätte eine Leier und Theodoros behauptete, sie seien gleich gestimmt. Würden wir ihm ohne weiteres glauben oder erst herauszufinden versuchen, ob er dies als Musikkenner behauptet?
Theätet. Das würden wir herauszufinden versuchen.
Sokrates. Wenn er nach unserer Prüfung ein Musikkenner wäre, würden wir ihm glauben, andernfalls aber nicht?
Theätet. So ist es.
Sokrates. In unserem Fall aber, wo es uns auf die Ähnlichkeit unserer Gesichtszüge ankommt, glaube ich, [145 a] müssen wir untersuchen, ob er sein Urteil als Kenner von Gemälden abgibt oder nicht.
Theätet. Das meine ich auch.
Sokrates. Nun, ist Theodoros ein Kenner von Gemälden?
Theätet. Nein, soweit ich jedenfalls weiß.
Sokrates. Auch kein Fachmann für Geometrie?
Theätet. Aber sicher doch, Sokrates.
Sokrates. Kennt er sich auch in Astronomie, Arithmetik, Musik und in den anderen Gebieten der Bildung aus?[8]
Theätet. Das will ich meinen.
Sokrates. Wenn er also lobend oder kritisierend behauptet, wir beide hätten am Körper ähnliche Merkmale, brauchen wir ihn nicht weiter zu beachten.
Theätet. Wahrscheinlich nicht.
[b] *Sokrates.* Wie steht es aber, wenn er einen von uns beiden wegen seiner inneren Vorzüge lobt, wegen seines Charakters oder seines Wissens? Müßte nicht, wer dies hört, den Wunsch verspüren, sich den so Gelobten näher anzu-

σθαι ἀνασκέψασθαι τὸν ἐπαινεθέντα, τῷ δὲ προθύμως ἑαυτὸν ἐπιδεικνύναι;

ΘΕΑΙ. Πάνυ μὲν οὖν, ὦ Σώκρατες.

ΣΩ. Ὥρα τοίνυν, ὦ φίλε Θεαίτητε, σοὶ μὲν ἐπιδεικνύναι, ἐμοὶ δὲ σκοπεῖσθαι· ὡς εὖ ἴσθι ὅτι Θεόδωρος πολλοὺς δὴ πρός με ἐπαινέσας ξένους τε καὶ ἀστοὺς οὐδένα πω ἐπήνεσεν ὡς σὲ νυνδή.

ΘΕΑΙ. Εὖ ἂν ἔχοι, ὦ Σώκρατες· ἀλλ᾽ ὅρα μὴ παίζων ἔλεγεν.

[c] ΣΩ. Οὐχ οὗτος ὁ τρόπος Θεοδώρου· ἀλλὰ μὴ ἀναδύου τὰ ὡμολογημένα σκηπτόμενος παίζοντα λέγειν τόνδε, ἵνα μὴ καὶ ἀναγκασθῇ μαρτυρεῖν – πάντως γὰρ οὐδεὶς ἐπισκήψετ᾽ αὐτῷ – ἀλλὰ θαρρῶν ἔμμενε τῇ ὁμολογίᾳ.

ΘΕΑΙ. Ἀλλὰ χρὴ ταῦτα ποιεῖν, εἰ σοὶ δοκεῖ.

ΣΩ. Λέγε δή μοι· μανθάνεις που παρὰ Θεοδώρου γεωμετρίας ἄττα;

ΘΕΑΙ. Ἔγωγε.

[d] ΣΩ. Καὶ τῶν περὶ ἀστρονομίαν τε καὶ ἁρμονίας καὶ λογισμούς;

ΘΕΑΙ. Προθυμοῦμαί γε δή.

ΣΩ. Καὶ γὰρ ἐγώ, ὦ παῖ, παρά τε τούτου καὶ παρ᾽ ἄλλων οὓς ἂν οἴωμαί τι τούτων ἐπαΐειν. Ἀλλ᾽ ὅμως τὰ μὲν ἄλλα ἔχω περὶ αὐτὰ μετρίως, μικρὸν δέ τι ἀπορῶ ὃ μετὰ σοῦ τε καὶ τῶνδε σκεπτέον. Καί μοι λέγε· ἆρ᾽ οὐ τὸ μανθάνειν ἐστὶν τὸ σοφώτερον γίγνεσθαι περὶ ὃ μανθάνει τις;

ΘΕΑΙ. Πῶς γὰρ οὔ;

ΣΩ. Σοφίᾳ δέ γ᾽ οἶμαι σοφοὶ οἱ σοφοί.

ΘΕΑΙ. Ναί.

[e] ΣΩ. Τοῦτο δὲ μῶν διαφέρει τι ἐπιστήμης;

ΘΕΑΙ. Τὸ ποῖον;

sehen, und müßte sich nicht andererseits dieser gerne vorstellen?
Theätet. Auf jeden Fall, Sokrates.
Sokrates. Es ist also angebracht, lieber Theätet, daß du dich vorstellst und ich dich näher ansehe. Du sollst wissen, daß Theodoros bereits viele Fremde und Bürger dieser Stadt vor mir gelobt hat, aber noch keinen so wie dich gerade eben.
Theätet. Das wäre ja schön, Sokrates. Aber prüfe, ob er es nicht im Scherz getan hat.
[c] *Sokrates.* Nein, so etwas liegt Theodoros nicht. Mache also keine Ausflüchte in dem, was du zugegeben hast, und schütze nicht vor, Theodoros habe nur im Scherz geredet. Sonst sieht dieser sich gezwungen, unter Eid auszusagen, und sicher wird niemand dagegen Einspruch erheben. Bleibe also unbesorgt bei deinem Zugeständnis.
Theätet. Das muß ich ja wohl tun, wenn du es meinst.
Sokrates. Sag mal, du lernst doch von Theodoros einiges in Geometrie?
Theätet. Allerdings.
[d] *Sokrates.* Auch in Astronomie, Harmonie und Arithmetik?
Theätet. Jedenfalls gebe ich mir alle Mühe.
Sokrates. Auch ich, mein Lieber, gebe mir bei ihm und bei anderen, die ich hierin für Fachleute halte, alle Mühe. Aber während ich mich sonst in diesen Gebieten ja so einigermaßen auskenne, ist mir eine Kleinigkeit unklar, die ich mit dir und den übrigen hier untersuchen möchte. Sage mir also, bedeutet Lernen nicht sachkundiger werden im jeweiligen Lernbereich?
Theätet. Natürlich.
Sokrates. Die Sachkundigen sind meiner Meinung nach durch Sachkunde sachkundig.
Theätet. Ja.
[e] *Sokrates.* Diese unterscheidet sich doch nicht vom Wissen?
Theätet. Was denn?

ΣΩ. Ἡ σοφία. Ἦ οὐχ ἅπερ ἐπιστήμονες, ταῦτα καὶ σοφοί;

ΘΕΑΙ. Τί μήν;

ΣΩ. Ταὐτὸν ἄρα ἐπιστήμη καὶ σοφία;

ΘΕΑΙ. Ναί.

ΣΩ. Τοῦτ' αὐτὸ τοίνυν ἐστὶν ὃ ἀπορῶ καὶ οὐ δύναμαι λαβεῖν ἱκανῶς παρ' ἐμαυτῷ, ἐπιστήμη ὅτι ποτὲ τυγχάνει ὄν. Ἆρ' οὖν δὴ ἔχομεν λέγειν αὐτό; τί φατέ; [146 a] τίς ἂν ἡμῶν πρῶτος εἴποι; ὁ δὲ ἁμαρτών, καὶ ὃς ἂν ἀεὶ ἁμαρτάνῃ, καθεδεῖται, ὥσπερ φασὶν οἱ παῖδες οἱ σφαιρίζοντες, ὄνος· ὃς δ' ἂν περιγένηται ἀναμάρτητος, βασιλεύσει ἡμῶν καὶ ἐπιτάξει ὅτι ἂν βούληται ἀποκρίνεσθαι. Τί σιγᾶτε; οὔ τί που, ὦ Θεόδωρε, ἐγὼ ὑπὸ φιλολογίας ἀγροικίζομαι, προθυμούμενος ἡμᾶς ποιῆσαι διαλέγεσθαι καὶ φίλους τε καὶ προσηγόρους ἀλλήλοις γίγνεσθαι;

[b] ΘΕΟ. Ἥκιστα μέν, ὦ Σώκρατες, τὸ τοιοῦτον ἂν εἴη ἄγροικον, ἀλλὰ τῶν μειρακίων τι κέλευέ σοι ἀποκρίνεσθαι· ἐγὼ μὲν γὰρ ἀήθης τῆς τοιαύτης διαλέκτου, καὶ οὐδ' αὖ συνεθίζεσθαι ἡλικίαν ἔχω. Τοῖσδε δὲ πρέποι τε ἂν τοῦτο καὶ πολὺ πλέον ἐπιδιδοῖεν· τῷ γὰρ ὄντι ἡ νεότης εἰς πᾶν ἐπίδοσιν ἔχει. Ἀλλ', ὥσπερ ἤρξω, μὴ ἀφίεσο τοῦ Θεαιτήτου, ἀλλ' ἐρώτα.

ΣΩ. Ἀκούεις δή, ὦ Θεαίτητε, ἃ λέγει Θεόδωρος, ᾧ ἀπιστεῖν, ὡς ἐγὼ οἶμαι, οὔτε σὺ ἐθελήσεις, [c] οὔτε θέμις περὶ τὰ τοιαῦτα ἀνδρὶ σοφῷ ἐπιτάττοντι νεώτερον ἀπειθεῖν. Ἀλλ' εὖ καὶ γενναίως εἰπέ· τί σοι δοκεῖ εἶναι ἐπιστήμη;

ΘΕΑΙ. Ἀλλὰ χρή, ὦ Σώκρατες, ἐπειδήπερ ὑμεῖς κελεύετε. Πάντως γάρ, ἄν τι καὶ ἁμάρτω, ἐπανορθώσετε.

ΣΩ. Πάνυ μὲν οὖν, ἄνπερ γε οἷοί τε ὦμεν.

Sokrates. Die Sachkunde. Oder ist man nicht genau darin sachkundig, wovon man ein Wissen hat?
Theätet. Worin sonst?
Sokrates. Folglich ist Wissen und Sachkunde dasselbe.
Theätet. Ja.
Sokrates. Genau dies nun ist mir unklar, und ich kann es selber nicht recht begreifen, was Wissen eigentlich ist. Können wir es also sagen? Was meint ihr dazu? [146a] Wer von uns möchte sich als erster äußern? Wer aber unhaltbare Behauptungen aufstellt oder auch nachher aufstellen wird, soll sich »hinsetzen und Esel sein«, wie die Kinder beim Ballspielen sagen.[9] Wer dagegen siegt und keinen Fehler macht, der soll unser »König« sein und uns zu beantworten aufgeben, was er möchte. Warum schweigt ihr? Hoffentlich, Theodoros, benehme ich mich aus lauter Lust am Reden nicht daneben mit meinem Wunsch, eine Diskussion zwischen uns anzuregen und uns miteinander wie Freunde vertraut zu machen?
[b] *Theodoros.* Auf keinen Fall, Sokrates, ist das ein schlechtes Benehmen. Aber bitte doch einen der jungen Leute, dir zu antworten. Denn für mich ist solche Art zu diskutieren ungewohnt, und ich bin auch nicht mehr in dem Alter, mich noch daran zu gewöhnen. Für diese aber ist es genau das Richtige, und sie können darin noch Fortschritte machen. Denn es ist doch so, daß die Jugend in allem Fortschritte macht. Laß also, wie du ja schon angefangen hast, den Theätet nicht los, sondern gib ihm deine Fragen auf.
Sokrates. Da hörst du, Theätet, was Theodoros sagt. Ihm wirst du wohl nicht ungehorsam sein wollen; [c] auch wäre es nicht richtig, wenn ein junger Mensch nicht tut, was ihm jemand aufträgt, der sich in diesen Dingen auskennt. Sage also frank und frei: Was ist deiner Meinung nach Wissen?
Theätet. Dann muß ich es wohl tun, Sokrates, da ihr mich ja dazu auffordert. Auf jeden Fall aber verbessert ihr mich, wenn ich einen Fehler mache.
Sokrates. Natürlich, jedenfalls soweit wir es können.

ΘΕΑΙ. Δοκεῖ τοίνυν μοι καὶ ἃ παρὰ Θεοδώρου ἄν τις μάθοι ἐπιστῆμαι εἶναι, γεωμετρία τε καὶ ἃς νυνδὴ σὺ διῆλθες, [d] καὶ αὖ σκυτοτομική τε καὶ αἱ τῶν ἄλλων δημιουργῶν τέχναι, πᾶσαί τε καὶ ἑκάστη τούτων, οὐκ ἄλλο τι ἢ ἐπιστήμη εἶναι.
ΣΩ. Γενναίως γε καὶ φιλοδώρως, ὦ φίλε, ἓν αἰτηθεὶς πολλὰ δίδως καὶ ποικίλα ἀντὶ ἁπλοῦ.
ΘΕΑΙ. Πῶς τί τοῦτο λέγεις, ὦ Σώκρατες;
ΣΩ. Ἴσως μὲν οὐδέν· ὃ μέντοι οἶμαι, φράσω. Ὅταν λέγῃς σκυτικήν, μή τι ἄλλο φράζεις ἢ ἐπιστήμην ὑποδημάτων ἐργασίας;
ΘΕΑΙ. Οὐδέν.
[e] ΣΩ. Τί δ᾽ ὅταν τεκτονικήν; μή τι ἄλλο ἢ ἐπιστήμην τῆς τῶν ξυλίνων σκευῶν ἐργασίας;
ΘΕΑΙ. Οὐδὲ τοῦτο.
ΣΩ. Οὐκοῦν ἐν ἀμφοῖν, οὗ ἑκατέρα ἐπιστήμη, τοῦτο ὁρίζεις;
ΘΕΑΙ. Ναί.
ΣΩ. Τὸ δέ γ᾽ ἐρωτηθέν, ὦ Θεαίτητε, οὐ τοῦτο ἦν, τίνων ἡ ἐπιστήμη, οὐδὲ ὁπόσαι τινές· οὐ γὰρ ἀριθμῆσαι αὐτὰς βουλόμενοι ἠρόμεθα ἀλλὰ γνῶναι ἐπιστήμην αὐτὸ ὅτι ποτ᾽ ἐστίν. Ἢ οὐδὲν λέγω;
ΘΕΑΙ. Πάνυ μὲν οὖν ὀρθῶς.
[147a] ΣΩ. Σκέψαι δὴ καὶ τόδε. Εἴ τις ἡμᾶς τῶν φαύλων τι καὶ προχείρων ἔροιτο, οἷον περὶ πηλοῦ ὅτι ποτ᾽ ἐστίν, εἰ ἀποκριναίμεθα αὐτῷ πηλὸς ὁ τῶν χυτρέων καὶ πηλὸς ὁ τῶν ἰπνοπλαθῶν καὶ πηλὸς ὁ τῶν πλινθουργῶν, οὐκ ἂν γελοῖοι εἶμεν;
ΘΕΑΙ. Ἴσως.
ΣΩ. Πρῶτον μέν γέ που οἰόμενοι συνιέναι ἐκ τῆς ἡμετέρας ἀποκρίσεως τὸν ἐρωτῶντα, ὅταν εἴπωμεν πηλός, [b]

Theätet. Meiner Meinung nach ist Wissen, was man von Theodoros lernen kann, Geometrie und was du eben aufgezählt hast; [d] ferner aber auch sind, wie ich meine, die Schusterei und die übrigen Handwerkskünste, alle und jede einzelne von ihnen, nichts anderes als Wissen.
Sokrates. Großzügig und freigebig, mein Freund, bietest du vieles an, obwohl nur um eines gebeten, und Verschiedenartiges statt Einfachem.
Theätet. Was meinst du damit, Sokrates?
Sokrates. Vielleicht ist es nichts. Was ich jedoch meine, will ich dir erklären. Wenn du die Schusterei nennst, meinst du doch nichts anderes als ein Wissen, wie man Schuhe macht?
Theätet. Nein, nichts anderes.
[e] *Sokrates.* Und wenn die Zimmermannskunst? Doch nichts anderes als ein Wissen, wie man Gegenstände aus Holz herstellt?
Theätet. Nein, auch diesmal nicht.
Sokrates. Also grenzt du in beiden Fällen ab, wovon jedes ein Wissen ist?
Theätet. Ja.
Sokrates. Gefragt aber, Theätet, war nicht, worauf sich das Wissen bezieht und wie viele Arten es gibt. Denn wir wollten mit unserer Frage nicht Wissensarten aufzählen, sondern einsehen, was Wissen selbst ist. Oder sage ich damit nichts?
Theätet. Nein, du hast völlig recht.
[147a] *Sokrates.* Überlege aber auch folgendes. Wenn uns jemand etwas ganz Gewöhnliches und Handgreifliches fragte, etwa was Lehm ist, und wir ihm dann antworteten, es gebe den Lehm für Töpfer, Lehm für Ofenbauer und Lehm für Ziegelhersteller, würden wir uns damit nicht lächerlich machen?
Theätet. Sicher.
Sokrates. Schon weil wir glaubten, der Fragende könne es an unserer Antwort verstehen, wenn wir jedesmal »Lehm« sag-

εἴτε ὁ τῶν κοροπλαθῶν προσθέντες εἴτε ἄλλων ὡντινωνοῦν δημιουργῶν. Ἦ οἴει τίς τι συνίησίν τινος ὄνομα, ὃ μὴ οἶδεν τί ἐστιν;
ΘΕΑΙ. Οὐδαμῶς.
ΣΩ. Οὐδ᾽ ἄρα «ἐπιστήμην ὑποδημάτων» συνίησιν ὁ ἐπιστήμην μὴ εἰδώς.
ΘΕΑΙ. Οὐ γάρ.
ΣΩ. Σκυτικὴν ἄρα οὐ συνίησιν ὃς ἂν ἐπιστήμην ἀγνοῇ, οὐδέ τινα ἄλλην τέχνην.
ΘΕΑΙ. Ἔστιν οὕτως.
ΣΩ. Γελοία ἄρα ἡ ἀπόκρισις τῷ ἐρωτηθέντι ἐπιστήμη τί ἐστιν, ὅταν ἀποκρίνηται τέχνης τινὸς ὄνομα. Τινὸς γὰρ ἐπιστήμην ἀποκρίνεται [c] οὐ τοῦτ᾽ ἐρωτηθείς.
ΘΕΑΙ. Ἔοικεν.
ΣΩ. Ἔπειτά γέ που ἐξὸν φαύλως καὶ βραχέως ἀποκρίνασθαι περιέρχεται ἀπέραντον ὁδόν. Οἷον καὶ ἐν τῇ τοῦ πηλοῦ ἐρωτήσει φαῦλόν που καὶ ἁπλοῦν εἰπεῖν ὅτι γῆ ὑγρῷ φυραθεῖσα πηλὸς ἂν εἴη, τὸ δ᾽ ὅτου ἐᾶν χαίρειν.
ΘΕΑΙ. Ῥᾴδιον, ὦ Σώκρατες, νῦν γε οὕτω φαίνεται· ἀτὰρ κινδυνεύεις ἐρωτᾶν οἷον καὶ αὐτοῖς ἡμῖν ἔναγχος εἰσῆλθε διαλεγομένοις, [d] ἐμοί τε καὶ τῷ σῷ ὁμωνύμῳ τούτῳ Σωκράτει.
ΣΩ. Τὸ ποῖον δή, ὦ Θεαίτητε;
ΘΕΑΙ. Περὶ δυνάμεών τι ἡμῖν Θεόδωρος ὅδε ἔγραφε, τῆς τε τρίποδος πέρι καὶ πεντέποδος ἀποφαίνων ὅτι μήκει οὐ σύμμετροι τῇ ποδιαίᾳ, καὶ οὕτω κατὰ μίαν ἑκάστην προαιρούμενος μέχρι τῆς ἑπτακαιδεκάποδος· ἐν δὲ ταύτῃ πως ἐνέσχετο. Ἡμῖν οὖν εἰσῆλθέ τι τοιοῦτον, ἐπειδὴ ἄπειροι τὸ πλῆθος αἱ δυνάμεις ἐφαίνοντο, πειραθῆναι συλλαβεῖν

ten, [b] ob wir nun »für Puppenmacher« oder irgendeine andere Handwerkskunst hinzufügen. Oder meinst du, man könne die Bezeichnung von etwas verstehen, von dem man nicht weiß, was es ist?
Theätet. Auf keinen Fall.
Sokrates. Dann versteht man auch nicht »Wissen von Schuhen«, wenn man nicht weiß, was »Wissen« ist.
Theätet. Nein.
Sokrates. Folglich auch nicht »Schuhmacherei«, wenn man nicht weiß, was »Wissen« ist; ebenso ist es bei den anderen Kunstfertigkeiten.
Theätet. So ist es.
Sokrates. Gefragt, was Wissen ist, macht man sich daher mit seiner Antwort lächerlich, wenn man die Bezeichnung irgendeiner Kunstfertigkeit angibt. Denn man antwortet mit dem Gegenstand eines Wissens, [c] ohne danach gefragt zu sein.
Theätet. Offensichtlich.
Sokrates. Außerdem hätte man schlicht und kurz antworten können, macht aber einen unendlich langen Umweg. So könnte man auch bei der Frage nach dem Lehm ganz schlicht und einfach sagen, Lehm sei »Erde mit Wasser vermischt«, ohne anzugeben, für was es alles Lehm gibt.
Theätet. So gesehen, Sokrates, kommt mir jetzt die Sache leicht vor. Denn die Art deiner Frage scheint doch dieselbe zu sein, auf die wir auch selbst neulich in unserer Diskussion kamen, [d] ich und dein Namensvetter hier, Sokrates.
Sokrates. Was war das denn, Theätet?
Theätet. Theodoros hier zeigte uns an einer Zeichnung, daß die Längen von Quadraten mit drei und fünf Fuß Inhalt nicht kommensurabel sind mit der Länge eines Quadrates mit ein Fuß Inhalt. Genauso nahm er sich jedes Quadrat einzeln vor, bis zum siebzehnfüßigen. Bei diesem Quadrat hörte er irgendwie auf.[10] Da kam uns etwa folgender Einfall. Weil es offensichtlich unendlich viele Quadratwurzeln gibt, wollten wir sie unter einer Einheit zusammenzu-

εἰς ἕν, [e] ὅτῳ πάσας ταύτας προσαγορεύσομεν τὰς δυνάμεις.
ΣΩ. Ἦ καὶ ηὕρετέ τι τοιοῦτον;
ΘΕΑΙ. Ἔμοιγε δοκοῦμεν· σκόπει δὲ καὶ σύ.
ΣΩ. Λέγε.
ΘΕΑΙ. Τὸν ἀριθμὸν πάντα δίχα διελάβομεν· τὸν μὲν δυνάμενον ἴσον ἰσάκις γίγνεσθαι τῷ τετραγώνῳ τὸ σχῆμα ἀπεικάσαντες τετράγωνόν τε καὶ ἰσόπλευρον προσείπομεν.
ΣΩ. Καὶ εὖ γε.
ΘΕΑΙ. Τὸν τοίνυν μεταξὺ τούτου, ὧν καὶ τὰ τρία καὶ τὰ πέντε καὶ πᾶς ὃς ἀδύνατος ἴσος ἰσάκις γενέσθαι, [148a] ἀλλ' ἢ πλείων ἐλαττονάκις ἢ ἐλάττων πλεονάκις γίγνεται, μείζων δὲ καὶ ἐλάττων ἀεὶ πλευρὰ αὐτὸν περιλαμβάνει, τῷ προμήκει αὖ σχήματι ἀπεικάσαντες προμήκη ἀριθμὸν ἐκαλέσαμεν.
ΣΩ. Κάλλιστα. Ἀλλά τί τὸ μετὰ τοῦτο;
ΘΕΑΙ. Ὅσαι μὲν γραμμαὶ τὸν ἰσόπλευρον καὶ ἐπίπεδον ἀριθμὸν τετραγωνίζουσι, μῆκος ὡρισάμεθα, ὅσαι δὲ τὸν ἑτερομήκη, δυνάμεις, [b] ὡς μήκει μὲν οὐ συμμέτρους ἐκείναις, τοῖς δ' ἐπιπέδοις ἃ δύνανται. Καὶ περὶ τὰ στερεὰ ἄλλο τοιοῦτον.
ΣΩ. Ἄριστά γ' ἀνθρώπων, ὦ παῖδες· ὥστε μοι δοκεῖ ὁ Θεόδωρος οὐκ ἔνοχος τοῖς ψευδομαρτυρίοις ἔσεσθαι.
ΘΕΑΙ. Καὶ μήν, ὦ Σώκρατες, ὅ γε ἐρωτᾷς περὶ ἐπιστήμης οὐκ ἂν δυναίμην ἀποκρίνασθαι ὥσπερ περὶ τοῦ μήκους τε καὶ τῆς δυνάμεως. Καίτοι σύ γέ μοι δοκεῖς τοιοῦτόν τι ζητεῖν· ὥστε πάλιν αὖ φαίνεται ψευδὴς ὁ Θεόδωρος.

fassen versuchen, [e] mit der wir sie alle bezeichnen könnten.

Sokrates. Und habt ihr es herausgefunden?

Theätet. Ich meine schon. Prüfe es aber selber nach.

Sokrates. Dann erkläre es uns.

Theätet. Wir haben alle Zahlen in zwei Klassen eingeteilt. Die Zahlen, die ein Produkt aus zwei gleichen Zahlen darstellen, verglichen wir in ihrer Figur mit dem Quadrat und nannten sie »quadratisch und gleichseitig«.

Sokrates. Und zwar treffend.

Theätet. Die Zahlen dazwischen aber, etwa die Drei und die Fünf und jede Zahl, die kein Produkt aus zwei gleichen Zahlen darstellt, [148 a] sondern aus einer größeren und kleineren oder kleineren und größeren entsteht und die als Figur jeweils von einer größeren und einer kleineren Seite umfaßt wird, verglichen wir mit einem Rechteck und nannten sie »rechteckige Zahlen«.

Sokrates. Ausgezeichnet! Und wie ging es weiter?

Theätet. Alle Strecken nun, welche ein Viereck bilden, das eine »gleichseitige und quadratische« Zahl darstellt, nannten wir »Längen«; die Strecken aber, die als Viereck eine »rechteckige« Zahl aus verschiedenen Seiten darstellen, nannten wir [im engeren Sinne] »Quadrate«, [b] da sie mit den zuerst genannten Strecken nicht kommensurabel sind, wohl aber mit den Flächen, die aus ihnen gebildet werden können. Und bei den Kubikzahlen gibt es eine weitere solche Einteilung.

Sokrates. Ganz hervorragend, ihr beiden! Und ich habe den Eindruck, Theodoros wird sich keine Klage wegen falscher Zeugenaussage zuziehen.

Theätet. Allerdings könnte ich deine Frage nach dem Wissen, Sokrates, nicht so beantworten wie die nach der »Länge« und dem »Quadrat«. Und doch scheinst du mir nach etwas Ähnlichem zu suchen. Somit wiederum hat Theodoros offensichtlich doch eine Falschaussage gemacht.

[c] ΣΩ. Τί δέ; εἴ σε πρὸς δρόμον ἐπαινῶν μηδενὶ οὕτω δρομικῷ ἔφη τῶν νέων ἐντετυχηκέναι, εἶτα διαθέων τοῦ ἀκμάζοντος καὶ ταχίστου ἡττήθης, ἧττόν τι ἂν οἴει ἀληθῆ τόνδ' ἐπαινέσαι;
ΘΕΑΙ. Οὐκ ἔγωγε.
ΣΩ. Ἀλλὰ τὴν ἐπιστήμην, ὥσπερ νυνδὴ ἐγὼ ἔλεγον, σμικρόν τι οἴει εἶναι ἐξευρεῖν καὶ οὐ τῶν πάντῃ ἄκρων;
ΘΕΑΙ. Νὴ τὸν Δί' ἔγωγε καὶ μάλα γε τῶν ἀκροτάτων.
ΣΩ. Θάρρει τοίνυν περὶ σαυτῷ καὶ τὶ οἴου Θεόδωρον λέγειν, [d] προθυμήθητι δὲ παντὶ τρόπῳ τῶν τε ἄλλων πέρι καὶ ἐπιστήμης λαβεῖν λόγον τί ποτε τυγχάνει ὄν.
ΘΕΑΙ. Προθυμίας μὲν ἕνεκα, ὦ Σώκρατες, φανεῖται.
ΣΩ. Ἴθι δή – καλῶς γὰρ ἄρτι ὑφηγήσω – πειρῶ μιμούμενος τὴν περὶ τῶν δυνάμεων ἀπόκρισιν, ὥσπερ ταύτας πολλὰς οὔσας ἑνὶ εἴδει περιέλαβες, οὕτω καὶ τὰς πολλὰς ἐπιστήμας ἑνὶ λόγῳ προσειπεῖν.
[e] ΘΕΑΙ. Ἀλλ' εὖ ἴσθι, ὦ Σώκρατες, πολλάκις δὴ αὐτὸ ἐπεχείρησα σκέψασθαι, ἀκούων τὰς παρὰ σοῦ ἀποφερομένας ἐρωτήσεις. Ἀλλὰ γὰρ οὔτ' αὐτὸς δύναμαι πεῖσαι ἐμαυτὸν ὡς ἱκανῶς τι λέγω οὔτ' ἄλλου ἀκοῦσαι λέγοντος οὕτως ὡς σὺ διακελεύῃ, οὐ μὲν δὴ αὖ οὐδ' ἀπαλλαγῆναι τοῦ μέλειν.
ΣΩ. Ὠδίνεις γάρ, ὦ φίλε Θεαίτητε, διὰ τὸ μὴ κενὸς ἀλλ' ἐγκύμων εἶναι.
ΘΕΑΙ. Οὐκ οἶδα, ὦ Σώκρατες· ὃ μέντοι πέπονθα λέγω.
[149a] ΣΩ. Εἶτα, ὦ καταγέλαστε, οὐκ ἀκήκοας ὡς ἐγὼ

[c] *Sokrates.* Wieso eigentlich? Wenn er dich als Läufer gelobt und behauptet hätte, ihm sei unter den jungen Leuten noch kein derartiger Läufer vorgekommen, und wenn du dann im Wettlauf mit dem schnellsten Läufer, der dazu noch seine Bestform hat, verlierst, wird dann wohl sein Lob weniger berechtigt sein?
Theätet. Das glaube ich nicht.
Sokrates. Und was Wissen ist herauszufinden, hältst du das für eine Kleinigkeit, wie ich vorhin sagte, oder gehört dies nicht vielmehr zu den schwierigsten Aufgaben?
Theätet. Bei Zeus, meiner Meinung nach sogar zu den allerschwierigsten.
Sokrates. Habe also mehr Selbstvertrauen und glaube ruhig, daß Theodoros recht hat! [d] Nun bemühe dich, mit allen Mitteln, wie bei anderen Fragen, so auch vom Wissen eine Erklärung zu geben, was es eigentlich ist.
Theätet. Soweit es wenigstens an meinen Bemühungen liegt, Sokrates, wird sich die Erklärung schon finden lassen.
Sokrates. Also los! Du hast ja eben schon den Weg ganz gut gezeigt. Nimm dir also deine Antwort mit den Quadratwurzeln zum Vorbild. Wie du dort die vielen Zahlen in einer Bestimmung zusammengefaßt hast, so versuche auch jetzt, die vielen Wissensarten mit einem Begriff zu bezeichnen.
[e] *Theätet.* Glaube mir, Sokrates, ich habe mir dies schon oft klarzumachen versucht, wenn ich die Fragen hörte, die von dir im Umlauf sind. Aber ich kann mich weder selber überzeugen, daß ich hierzu etwas Haltbares beitragen kann, noch kann ich irgendeinen anderen in der von dir gewünschten Weise antworten hören. Andererseits aber kann ich von dieser Frage auch nicht loskommen.
Sokrates. Das kommt von deinen Geburtswehen, lieber Theätet. Denn du bist nicht inhaltsleer, sondern gehst schwanger.
Theätet. Darüber weiß ich nichts, Sokrates. Wie mir aber zumute ist, habe ich gesagt.
[149a] *Sokrates.* Das ist ja eigenartig; hast du denn nicht

εἰμι ὑὸς μαίας μάλα γενναίας τε καὶ βλοσυρᾶς, Φαιναρέτης;
ΘΕΑΙ. Ἤδη τοῦτό γε ἤκουσα.
ΣΩ. Ἆρα καὶ ὅτι ἐπιτηδεύω τὴν αὐτὴν τέχνην ἀκήκοας;
ΘΕΑΙ. Οὐδαμῶς.
ΣΩ. Ἀλλ' εὖ ἴσθ' ὅτι· μὴ μέντοι μου κατείπῃς πρὸς τοὺς ἄλλους. Λέληθα γάρ, ὦ ἑταῖρε, ταύτην ἔχων τὴν τέχνην· οἱ δέ, ἅτε οὐκ εἰδότες, τοῦτο μὲν οὐ λέγουσι περὶ ἐμοῦ, ὅτι δὲ ἀτοπώτατός εἰμι καὶ ποιῶ τοὺς ἀνθρώπους ἀπορεῖν. Ἦ καὶ τοῦτο ἀκήκοας;
[b] ΘΕΑΙ. Ἔγωγε.
ΣΩ. Εἴπω οὖν σοι τὸ αἴτιον;
ΘΕΑΙ. Πάνυ μὲν οὖν.
ΣΩ. Ἐννόησον δὴ τὸ περὶ τὰς μαίας ἅπαν ὡς ἔχει, καὶ ῥᾷον μαθήσῃ ὃ βούλομαι. Οἶσθα γάρ που ὡς οὐδεμία αὐτῶν ἔτι αὐτὴ κυϊσκομένη τε καὶ τίκτουσα ἄλλας μαιεύεται, ἀλλ' αἱ ἤδη ἀδύνατοι τίκτειν.
ΘΕΑΙ. Πάνυ μὲν οὖν.
ΣΩ. Αἰτίαν δέ γε τούτου φασὶν εἶναι τὴν Ἄρτεμιν, ὅτι ἄλοχος οὖσα τὴν λοχείαν εἴληχε. Στερίφαις μὲν οὖν ἄρα οὐκ ἔδωκε μαιεύεσθαι, [c] ὅτι ἡ ἀνθρωπίνη φύσις ἀσθενεστέρα ἢ λαβεῖν τέχνην ὧν ἂν ᾖ ἄπειρος· ταῖς δὲ δι' ἡλικίαν ἀτόκοις προσέταξε τιμῶσα τὴν αὑτῆς ὁμοιότητα.
ΘΕΑΙ. Εἰκός.
ΣΩ. Οὐκοῦν καὶ τόδε εἰκός τε καὶ ἀναγκαῖον, τὰς κυούσας καὶ μὴ γιγνώσκεσθαι μᾶλλον ὑπὸ τῶν μαιῶν ἢ τῶν ἄλλων;
ΘΕΑΙ. Πάνυ γε.

gehört, daß ich der Sohn einer tüchtigen und zupackenden Hebamme bin, der Phänarete[11]?
Theätet. Doch, das habe ich schon gehört.
Sokrates. Und auch, daß ich dieselbe Kunst ausübe?
Theätet. Nein, nie.
Sokrates. Es stimmt aber. Verrate mich aber nicht bei den anderen. Denn, mein lieber Freund, diese Kunstfertigkeit besitze ich nur insgeheim. Die anderen freilich wissen nichts davon und sagen es mir deshalb auch nicht nach, wohl aber, ich sei ein äußerst merkwürdiger Mensch und brächte die anderen durcheinander. Hast du davon auch schon gehört?
[b] *Theätet.* Allerdings.
Sokrates. Soll ich dir erklären, wie dies kommt?
Theätet. Ja, bitte.
Sokrates. Dann überlege dir einmal, wie es mit den Hebammen insgesamt zugeht, und du wirst leichter verstehen, was ich sagen will. Dir ist vermutlich bekannt, daß keine von ihnen andere Frauen entbindet, solange sie noch selber empfangen und gebären kann, sondern das tun nur solche, die nicht mehr gebärfähig sind.
Theätet. Natürlich.
Sokrates. Daran soll, wie man sagt, die Artemis[12] schuld sein. Denn obwohl sie selber keine Kinder haben kann, wurde ihr der Schutz der Kindsgeburt aufgetragen. Den ganz unfruchtbaren Frauen nun hat sie die Hebammenkunst nicht verliehen, [c] weil die menschliche Natur machtlos ist, ohne eigene Erfahrung eine Kunst zu lernen. Dagegen hat sie diese Kunst denen zugewiesen, die nur aus Altersgründen gebärunfähig sind. Auf diese Weise hat sie die Ähnlichkeit mit ihrem eigenen Zustand bevorzugt.
Theätet. Das klingt ganz annehmbar.
Sokrates. Ist nicht ebenso annehmbar und sogar zwingend, daß die Hebammen eher als andere erkennen können, ob eine Schwangerschaft vorliegt oder nicht?
Theätet. Aber sicher.

ΣΩ. Καὶ μὴν καὶ διδοῦσαί γε αἱ μαῖαι φαρμάκια καὶ ἐπᾴδουσαι δύνανται ἐγείρειν τε τὰς ὠδῖνας [d] καὶ μαλθακωτέρας, ἂν βούλωνται, ποιεῖν, καὶ τίκτειν τε δὴ τὰς δυστοκούσας, καὶ ἐὰν νέον ὂν δόξῃ ἀμβλίσκειν, ἀμβλίσκουσιν;

ΘΕΑΙ. Ἔστι ταῦτα.

ΣΩ. Ἆρ᾽ οὖν ἔτι καὶ τόδε αὐτῶν ᾔσθησαι, ὅτι καὶ προμνήστριαί εἰσι δεινόταται, ὡς πάσσοφοι οὖσαι περὶ τοῦ γνῶναι ποίαν χρὴ ποίῳ ἀνδρὶ συνοῦσαν ὡς ἀρίστους παῖδας τίκτειν;

ΘΕΑΙ. Οὐ πάνυ τοῦτο οἶδα.

ΣΩ. Ἀλλ᾽ ἴσθ᾽ ὅτι ἐπὶ τούτῳ μεῖζον φρονοῦσιν ἢ ἐπὶ τῇ ὀμφαλητομίᾳ. [e] Ἐννόει γάρ· τῆς αὐτῆς ἢ ἄλλης οἴει τέχνης εἶναι θεραπείαν τε καὶ συγκομιδὴν τῶν ἐκ γῆς καρπῶν καὶ αὖ τὸ γιγνώσκειν εἰς ποίαν γῆν ποῖον φυτόν τε καὶ σπέρμα καταβλητέον;

ΘΕΑΙ. Οὔκ, ἀλλὰ τῆς αὐτῆς.

ΣΩ. Εἰς γυναῖκα δέ, ὦ φίλε, ἄλλην μὲν οἴει τοῦ τοιούτου, ἄλλην δὲ συγκομιδῆς;

ΘΕΑΙ. Οὔκουν εἰκός γε.

[150a] ΣΩ. Οὐ γάρ. Ἀλλὰ διὰ τὴν ἄδικόν τε καὶ ἄτεχνον συναγωγὴν ἀνδρὸς καὶ γυναικός, ᾗ δὴ προαγωγία ὄνομα, φεύγουσι καὶ τὴν προμνηστικὴν ἅτε σεμναὶ οὖσαι αἱ μαῖαι, φοβούμεναι μὴ εἰς ἐκείνην τὴν αἰτίαν διὰ ταύτην ἐμπέσωσιν· ἐπεὶ ταῖς γε ὄντως μαίαις μόναις που προσήκει καὶ προμνήσασθαι ὀρθῶς.

ΘΕΑΙ. Φαίνεται.

ΣΩ. Τὸ μὲν τοίνυν τῶν μαιῶν τοσοῦτον, ἔλαττον δὲ τοῦ ἐμοῦ δράματος. Οὐ γὰρ πρόσεστι γυναιξὶν ἐνίοτε μὲν εἴδωλα τίκτειν, ἔστι δ᾽ ὅτε ἀληθινά, [b] τοῦτο δὲ μὴ ῥᾴ-

Sokrates. Und können sie nicht auch durch Arzneien und Zaubergesänge die Wehen hervorrufen [d] und ganz nach Belieben wieder abmildern, ferner den Schwergebärenden zur Geburt verhelfen, und treiben sie nicht auch die noch junge Leibesfrucht ab, wenn sie es so beschließen?
Theätet. So ist es.
Sokrates. Hast du nicht ferner beobachtet, daß sie sehr geschickte Ehestifterinnen sind? Denn sie verstehen es außerordentlich gut zu unterscheiden, welche Frau mit welchem Mann die besten Kinder bekommen kann.[13]
Theätet. Davon habe ich überhaupt nichts bemerkt.
Sokrates. Aber glaube mir, darauf bilden sie sich mehr ein als auf das Abschneiden der Nabelschnur. [e] Denn überlege einmal. Gehört die Pflege und das Sammeln der Früchte, die in der Erde wachsen, deiner Meinung nach zu derselben oder zu einer anderen Kunst als die Kenntnis, welche Pflanze und welcher Samen in welche Bodenart gehören?
Theätet. Nein, nicht zu einer anderen, sondern zu derselben Kunst.
Sokrates. Bei den Frauen aber, mein Lieber, meinst du, das Säen sei Sache der einen Kunst, das Sammeln Sache einer anderen?
Theätet. Das ist doch recht abwegig.
[150a] *Sokrates.* Allerdings. Aber wegen des unrechtmäßigen und nicht sachverständigen Zusammenführens von Mann und Frau, der sogenannten Kuppelei, scheuen die Hebammen, die ja schließlich in einem guten Ruf stehen, auch die Ehestiftung. Sie fürchten nämlich, sich sonst ihretwegen dieselbe Anschuldigung zuzuziehen. Denn eigentlich sind allein die wirklichen Hebammen auch die richtigen Ehestifterinnen.
Theätet. Offensichtlich.
Sokrates. So umfangreich also ist das Tätigkeitsfeld der Hebammen, und doch ist es kleiner als meines. Denn bei den Frauen kommt es nicht vor, daß sie zwar manchmal bloße Trugbilder und manchmal richtige Geburten zutage bringen,

διον εἶναι διαγνῶναι. Εἰ γὰρ προσῆν, μέγιστόν τε καὶ κάλλιστον ἔργον ἦν ἂν ταῖς μαίαις τὸ κρίνειν τὸ ἀληθές τε καὶ μή· ἢ οὐκ οἴει;

ΘΕΑΙ. Ἔγωγε.

ΣΩ. Τῇ δέ γ' ἐμῇ τέχνῃ τῆς μαιεύσεως τὰ μὲν ἄλλα ὑπάρχει ὅσα ἐκείναις, διαφέρει δὲ τῷ τε ἄνδρας ἀλλὰ μὴ γυναῖκας μαιεύεσθαι καὶ τῷ τὰς ψυχὰς αὐτῶν τικτούσας ἐπισκοπεῖν ἀλλὰ μὴ τὰ σώματα. Μέγιστον δὲ τοῦτ' ἔνι τῇ ἡμετέρᾳ τέχνῃ, [c] βασανίζειν δυνατὸν εἶναι παντὶ τρόπῳ πότερον εἴδωλον καὶ ψεῦδος ἀποτίκτει τοῦ νέου ἡ διάνοια ἢ γόνιμόν τε καὶ ἀληθές. Ἐπεὶ τόδε γε καὶ ἐμοὶ ὑπάρχει ὅπερ ταῖς μαίαις· ἄγονός εἰμι σοφίας, καὶ ὅπερ ἤδη πολλοί μοι ὠνείδισαν, ὡς τοὺς μὲν ἄλλους ἐρωτῶ, αὐτὸς δὲ οὐδὲν ἀποφαίνομαι περὶ οὐδενὸς διὰ τὸ μηδὲν ἔχειν σοφόν, ἀληθες ὀνειδίζουσιν. Τὸ δὲ αἴτιον τούτου τόδε· μαιεύεσθαί με ὁ θεὸς ἀναγκάζει, γεννᾶν δὲ ἀπεκώλυσεν. Εἰμὶ δὴ οὖν αὐτὸς μὲν οὐ πάνυ τι σοφός, [d] οὐδέ τί μοι ἔστιν εὕρημα τοιοῦτον γεγονὸς τῆς ἐμῆς ψυχῆς ἔκγονον· οἱ δ' ἐμοὶ συγγιγνόμενοι τὸ μὲν πρῶτον φαίνονται ἔνιοι μὲν καὶ πάνυ ἀμαθεῖς, πάντες δὲ προϊούσης τῆς συνουσίας, οἷσπερ ἂν ὁ θεὸς παρείκῃ, θαυμαστὸν ὅσον ἐπιδιδόντες, ὡς αὑτοῖς τε καὶ τοῖς ἄλλοις δοκοῦσι· καὶ τοῦτο ἐναργὲς ὅτι παρ' ἐμοῦ οὐδὲν πώποτε μαθόντες, ἀλλ' αὐτοὶ παρ' αὑτῶν πολλὰ καὶ καλὰ εὑρόντες τε καὶ τεκόντες. Τῆς μέντοι μαιείας ὁ θεός τε καὶ ἐγὼ αἴτιος. Ὧδε δὲ δῆλον· πολλοὶ ἤδη τοῦτο ἀγνοήσαντες, [e] καὶ ἑαυτοὺς αἰτιασάμενοι, ἐμοῦ δὲ καταφρονήσαντες, ἢ αὐτοὶ ἢ ὑπ' ἄλλων πεισθέντες ἀπῆλθον πρῳαίτερον τοῦ δέοντος, ἀπελθόντες δὲ τά τε λοιπὰ ἐξήμβλωσαν διὰ πονηρὰν συνουσίαν καὶ τὰ ὑπ'

[b] dann aber beides nicht leicht zu unterscheiden wäre. Denn käme es doch vor, wäre es die wichtigste und lobenswerteste Aufgabe für die Hebammen, das Echte vom Unechten zu trennen, nicht wahr?
Theätet. Allerdings.
Sokrates. Auf meine Hebammenkunst trifft sonst dasselbe zu wie bei ihnen. Der Unterschied aber liegt darin, daß meine Kunst Männern und nicht Frauen Geburtshilfe leistet und ihre gebärenden Seelen und nicht ihre Körper betrachtet. Das Wichtigste an meiner Kunst ist jedoch die Fähigkeit, [c] mit allen Mitteln zu prüfen, ob die Überlegung des jungen Mannes ein bloßes Trugbild und etwas Falsches herausgebracht hat oder etwas Lebenskräftiges und Wahres. Denn auch hierin trifft auf mich dasselbe wie auf die Hebammen zu: ich bringe keine klugen Gedanken hervor. Und was mir schon viele vorgeworfen haben, daß ich nämlich immer nur die anderen frage, selber aber in keinem Punkt irgend etwas zutage fördere, da ich eben keine Klugheit besäße, so ist dieser Vorwurf berechtigt. Der Grund davon ist folgender. Zum Hebammendienst zwingt mich der Gott,[14] das Gebären dagegen hat er mir vorenthalten. Ich selber bin also überhaupt nicht klug [d] und kann auch keinen Fund als Erzeugnis meiner Seele vorweisen. Dagegen lassen einige von denen, die mit mir zusammen sind, anfangs zwar recht wenig an Klugheit sehen, aber im Laufe unseres Zusammenseins machen alle, denen es der Gott vergönnt, für sich selbst und auch die anderen überraschende Fortschritte. Und dabei lernen sie offensichtlich nie auch nur irgend etwas bei mir, sondern finden selber viele hervorragende Wahrheiten bei sich heraus und bringen sie hervor. Urheber der Entbindung jedoch sind der Gott und ich. Ein Beweis hierfür ist: Schon viele haben dies nicht gewußt, [e] sondern es für ihr eigenes Werk gehalten und mich hochmütig behandelt. Sie haben sich daher eher, als es ratsam wäre, von mir entfernt, aus eigenem Antrieb oder von anderen überredet. Wenn sie dann weggegangen waren, haben sie entweder den Rest ihrer

ἐμοῦ μαιευθέντα κακῶς τρέφοντες ἀπώλεσαν, ψευδῆ καὶ εἴδωλα περὶ πλείονος ποιησάμενοι τοῦ ἀληθοῦς, τελευτῶντες δ' αὑτοῖς τε καὶ τοῖς ἄλλοις ἔδοξαν ἀμαθεῖς εἶναι. Ὧν εἷς γέγονεν Ἀριστείδης ὁ Λυσιμάχου καὶ ἄλλοι πάνυ πολλοί· [151 a] οὕς, ὅταν πάλιν ἔλθωσι δεόμενοι τῆς ἐμῆς συνουσίας καὶ θαυμαστὰ δρῶντες, ἐνίοις μὲν τὸ γιγνόμενόν μοι δαιμόνιον ἀποκωλύει συνεῖναι, ἐνίοις δὲ ἐᾷ, καὶ πάλιν οὗτοι ἐπιδιδόασι. Πάσχουσι δὲ δὴ οἱ ἐμοὶ συγγιγνόμενοι καὶ τοῦτο ταὐτὸν ταῖς τικτούσαις· ὠδίνουσι γὰρ καὶ ἀπορίας ἐμπίμπλανται νύκτας τε καὶ ἡμέρας πολὺ μᾶλλον ἢ 'κεῖναι· ταύτην δὲ τὴν ὠδῖνα ἐγείρειν τε καὶ ἀποπαύειν ἡ ἐμὴ τέχνη δύναται. Καὶ οὗτοι μὲν δὴ οὕτως. [b] Ἐνίοις δέ, ὦ Θεαίτητε, οἳ ἄν μοι μὴ δόξωσί πως ἐγκύμονες εἶναι, γνοὺς ὅτι οὐδὲν ἐμοῦ δέονται, πάνυ εὐμενῶς προμνῶμαι καί, σὺν θεῷ εἰπεῖν, πάνυ ἱκανῶς τοπάζω οἷς ἂν συγγενόμενοι ὄναιντο· ὧν πολλοὺς μὲν δὴ ἐξέδωκα Προδίκῳ, πολλοὺς δὲ ἄλλοις σοφοῖς τε καὶ θεσπεσίοις ἀνδράσι. Ταῦτα δή σοι, ὦ ἄριστε, ἕνεκα τοῦδε ἐμήκυνα· ὑποπτεύω σε, ὥσπερ καὶ αὐτὸς οἴει, ὠδίνειν τι κυοῦντα ἔνδον. Προσφέρου οὖν πρός με ὡς πρὸς μαίας ὑὸν καὶ αὐτὸν μαιευτικόν, [c] καὶ ἃ ἂν ἐρωτῶ προθυμοῦ ὅπως οἷός τ' εἶ οὕτως ἀποκρίνασθαι· καὶ ἐὰν ἄρα σκοπούμενός τι ὧν ἂν λέγῃς ἡγήσωμαι εἴδωλον καὶ μὴ ἀληθές, εἶτα ὑπεξαιρῶμαι καὶ ἀποβάλλω, μὴ ἀγρίαινε ὥσπερ αἱ πρωτοτόκοι περὶ τὰ παιδία. Πολλοὶ γὰρ ἤδη, ὦ θαυμάσιε, πρός με οὕτω διετέθησαν, ὥστε ἀτεχνῶς δάκνειν ἕτοιμοι

Geburten infolge ihres schlechten Umgangs nur als Fehlgeburten hervorgebracht oder auch die Geburten noch infolge mangelhafter Pflege verloren, von denen ich sie entbunden hatte. Denn sie schätzten Falsches und Trugbilder höher ein als Wahres, bis ihre Unwissenheit schließlich für sie selbst und die anderen offenkundig war. Zu ihnen gehörte Aristeides, der Sohn des Lysimachos,[15] [151a] und viele andere mehr. Wenn dann einige mit der Bitte zurückkommen, sich in meiner Gesellschaft aufhalten zu dürfen, und dabei alles mögliche versuchen, verbietet es manchmal meine innere göttliche Stimme und läßt es manchmal zu[16]. Und diese machen dann erneut Fortschritte. Auch in einer anderen Beziehung haben diejenigen, die mit mir zusammen sind, dasselbe zu erleiden wie gebärende Frauen. Sie haben nämlich Wehen und bei Tag und Nacht lauter Beschwerden, weit mehr noch als die Frauen. Mit meiner Kunstfertigkeit nun kann ich ihre Wehen hervorrufen oder mildern. Soweit also zu diesen. [b] Für einige von ihnen jedoch, Theätet, die mir noch nicht schwanger zu sein scheinen und von denen ich merke, daß sie meine Dienste nicht benötigen, bin ich recht gerne Ehestifter, und ich finde, Gott sei Dank, ziemlich gut heraus, wessen Umgang ihnen wohl nützen könnte. Viele von ihnen habe ich mit Prodikos[17] zusammengebracht, viele aber mit anderen klugen und gottbegnadeten Männern. Dies alles nun, mein Bester, habe ich dir aus folgendem Grund so ausführlich dargelegt: Ich vermute, und du selber glaubst es ja auch, daß du in dir mit etwas schwanger gehst und Wehen hast. Vertraue dich also mir an. Denn schließlich bin ich der Sohn einer Hebamme und verstehe auch selber etwas von dieser Kunst. [c] Und versuche, meine Fragen, so gut es geht, zu beantworten. Wenn ich bei meiner Prüfung etwas von deinen Behauptungen für ein Trugbild und nicht für wahr halte und es daher ohne weiteres Aufsehen beiseite schaffe und wegwerfe, dann werde nicht zornig wie erstgebärende Frauen wegen ihrer Geburten. Denn schon viele, mein Lieber, waren so wütend auf mich, daß sie mich am liebsten

εἶναι, ἐπειδάν τινα λῆρον αὐτῶν ἀφαιρῶμαι, καὶ οὐκ οἴονταί με εὐνοίᾳ τοῦτο ποιεῖν, πόρρω ὄντες τοῦ εἰδέναι ὅτι οὐδεὶς θεὸς δύσνους ἀνθρώποις, [d] οὐδ' ἐγὼ δυσνοίᾳ τοιοῦτον οὐδὲν δρῶ, ἀλλά μοι ψεῦδός τε συγχωρῆσαι καὶ ἀληθὲς ἀφανίσαι οὐδαμῶς θέμις. Πάλιν δὴ οὖν ἐξ ἀρχῆς, ὦ Θεαίτητε, ὅτι ποτ' ἐστὶν ἐπιστήμη, πειρῶ λέγειν· ὡς δ' οὐχ οἷός τ' εἶ, μηδέποτ' εἴπῃς. Ἐὰν γὰρ θεὸς ἐθέλῃ καὶ ἀνδρίζῃ, οἷός τ' ἔσῃ.

ΘΕΑΙ. Ἀλλὰ μέντοι, ὦ Σώκρατες, σοῦ γε οὕτω παρακελευομένου αἰσχρὸν μὴ οὐ παντὶ τρόπῳ προθυμεῖσθαι ὅτι τις ἔχει λέγειν. [e] Δοκεῖ οὖν μοι ὁ ἐπιστάμενός τι αἰσθάνεσθαι τοῦτο ὃ ἐπίσταται, καὶ ὥς γε νυνὶ φαίνεται, οὐκ ἄλλο τί ἐστιν ἐπιστήμη ἢ αἴσθησις.

ΣΩ. Εὖ γε καὶ γενναίως, ὦ παῖ· χρὴ γὰρ οὕτως ἀποφαινόμενον λέγειν. Ἀλλὰ φέρε δὴ αὐτὸ κοινῇ σκεψώμεθα, γόνιμον ἢ ἀνεμιαῖον τυγχάνει ὄν. Αἴσθησις, φῄς, ἐπιστήμη;

ΘΕΑΙ. Ναί.

ΣΩ. Κινδυνεύεις μέντοι λόγον οὐ φαῦλον εἰρηκέναι περὶ ἐπιστήμης, ἀλλ' ὃν ἔλεγε καὶ Πρωταγόρας. [152a] Τρόπον δέ τινα ἄλλον εἴρηκε τὰ αὐτὰ ταῦτα. Φησὶ γάρ που «πάντων χρημάτων μέτρον» ἄνθρωπον εἶναι, «τῶν μὲν ὄντων ὡς ἔστι, τῶν δὲ μὴ ὄντων ὡς οὐκ ἔστιν.» Ἀνέγνωκας γάρ που;

ΘΕΑΙ. Ἀνέγνωκα καὶ πολλάκις.

ΣΟ. Οὐκοῦν οὕτω πως λέγει, ὡς οἷα μὲν ἕκαστα ἐμοὶ φαίνεται, τοιαῦτα μὲν ἔστιν ἐμοί, οἷα δὲ σοί, τοιαῦτα δὲ αὖ σοί· ἄνθρωπος δὲ σύ τε κἀγώ;

ΘΕΑΙ. Λέγει γὰρ οὖν οὕτω.

[b] ΣΩ. Εἰκὸς μέντοι σοφὸν ἄνδρα μὴ ληρεῖν· ἐπακολουθήσωμεν οὖν αὐτῷ. Ἆρ' οὐκ ἐνίοτε πνέοντος ἀνέμου

sogar gebissen hätten, wenn ich sie von irgendeinem Unsinn befreit hatte. Sie glauben nämlich nicht, daß ich sie so behandle, weil ich es gut mit ihnen meine; denn sie verkennen völlig, daß kein Gott den Menschen etwas Schlechtes antun will [d] und daß auch ich derartiges nicht aus Böswilligkeit tue. Vielmehr darf ich auf keinen Fall etwas Falsches durchlassen und etwas Wahres verwerfen. Versuche also von neuem zu bestimmen, was Wissen ist, Theätet. Daß du es aber nicht kannst, solltest du niemals sagen. Denn mit Gottes Hilfe und wenn du nur mutig bist, wirst du dazu imstande sein.

Theätet. Es wäre allerdings, Sokrates, bei einer solchen Aufforderung unerhört, wenn man nicht sein Bestes täte zu sagen, was man zu sagen hat. [e] Wer etwas weiß, nimmt nun meiner Meinung nach dasjenige wahr, was er weiß. Und wie mir jetzt jedenfalls scheint, ist Wissen nichts anderes als Wahrnehmung.[18]

Sokrates. Ganz ausgezeichnet, mein Lieber! Denn das ist die richtige Art, wie man seine Meinung sagen muß. Aber jetzt wollen wir gemeinsam prüfen, ob es etwas Lebenskräftiges oder ein Windei ist. Wahrnehmung, so behauptest du, sei Wissen?

Theätet. Ja.

Sokrates. Deine Bestimmung des Wissens scheint nicht schlecht zu sein, vielmehr ist es auch die, die Protagoras[19] gegeben hat. [152a] In einer etwas anderen Weise hat er dasselbe ausgedrückt. Er sagt nämlich, »Maßstab aller Dinge« sei der Mensch, »der seienden, daß[20] sie sind, der nicht seienden, daß sie nicht sind«. Das hast du doch gelesen?

Theätet. Sicher, und sogar oft.

Sokrates. Meint er damit nicht folgendes: »Für mich ist alles so, wie es mir erscheint, für dich wiederum so, wie es dir erscheint«, Mensch aber bin ich genauso wie du?

Theätet. Ja, das meint er damit.

[b] *Sokrates.* Nun, ein kluger Mann wird vermutlich keinen Unsinn behaupten. Daher wollen wir uns mit seinem Ge-

τοῦ αὐτοῦ ὁ μὲν ἡμῶν ῥιγοῖ, ὁ δ' οὔ; καὶ ὁ μὲν ἠρέμα, ὁ δὲ σφόδρα;
ΘΕΑΙ. Καὶ μάλα.
ΣΩ. Πότερον οὖν τότε αὐτὸ ἐφ' ἑαυτοῦ τὸ πνεῦμα ψυχρὸν ἢ οὐ ψυχρὸν φήσομεν; ἢ πεισόμεθα τῷ Πρωταγόρᾳ ὅτι τῷ μὲν ῥιγοῦντι ψυχρόν, τῷ δὲ μὴ οὔ;
ΘΕΑΙ. Ἔοικεν.
ΣΩ. Οὐκοῦν καὶ φαίνεται οὕτω ἑκατέρῳ;
ΘΕΑΙ. Ναί.
ΣΩ. Τὸ δέ γε «φαίνεται» αἰσθάνεσθαί ἐστιν;
ΘΕΑΙ. Ἔστιν γάρ.
[c] ΣΩ. Φαντασία ἄρα καὶ αἴσθησις ταὐτὸν ἔν τε θερμοῖς καὶ πᾶσι τοῖς τοιούτοις. Οἷα γὰρ αἰσθάνεται ἕκαστος, τοιαῦτα ἑκάστῳ καὶ κινδυνεύει εἶναι.
ΘΕΑΙ. Ἔοικεν.
ΣΩ. Αἴσθησις ἄρα τοῦ ὄντος ἀεί ἐστιν καὶ ἀψευδὲς ὡς ἐπιστήμη οὖσα.
ΘΕΑΙ. Φαίνεται.
ΣΩ. Ἆρ' οὖν πρὸς Χαρίτων πάσσοφός τις ἦν ὁ Πρωταγόρας, καὶ τοῦτο ἡμῖν μὲν ᾐνίξατο τῷ πολλῷ συρφετῷ, τοῖς δὲ μαθηταῖς ἐν ἀπορρήτῳ τὴν ἀλήθειαν ἔλεγεν;
[d] ΘΕΑΙ. Πῶς δή, ὦ Σώκρατες, τοῦτο λέγεις;
ΣΩ. Ἐγὼ ἐρῶ καὶ μάλ' οὐ φαῦλον λόγον, ὡς ἄρα ἓν μὲν αὐτὸ καθ' αὑτὸ οὐδέν ἐστιν, οὐδ' ἄν τι προσείποις ὀρθῶς οὐδ' ὁποιονοῦν τι, ἀλλ' ἐὰν ὡς μέγα προσαγορεύῃς, καὶ σμικρὸν φανεῖται, καὶ ἐὰν βαρύ, κοῦφον, σύμπαντά τε οὕτως, ὡς μηδενὸς ὄντος ἑνὸς μήτε τινὸς μήτε ὁποιουοῦν· ἐκ δὲ δὴ φορᾶς τε καὶ κινήσεως καὶ κράσεως πρὸς ἄλληλα γίγνεται πάντα ἃ δή φαμεν εἶναι, οὐκ ὀρθῶς προσαγο-

danken näher beschäftigen. Kommt es nicht manchmal vor, daß beim Wehen desselben Windes der eine von uns friert, der andere aber nicht, oder daß der eine nur etwas friert, der andere aber sehr?
Theätet. Sicher.
Sokrates. Sollen wir nun in einem solchen Fall den Wind für sich genommen »kalt« oder »nicht kalt« nennen? Oder sollen wir übereinstimmend mit Protagoras sagen, daß er für den Frierenden kalt sei, für den anderen aber nicht?
Theätet. Natürlich.
Sokrates. Und erscheint es nicht auch beiden so?
Theätet. Ja.
Sokrates. Das »erscheint« aber bedeutet doch Wahrnehmen?
Theätet. So ist es.
[c] *Sokrates.* »Erscheinung« und »Wahrnehmung« ist also beim Warmen und bei allem derartigen dasselbe. Denn wie dieses ein jeder wahrnimmt, so ist es wohl auch für ihn.
Theätet. Offensichtlich.
Sokrates. Wahrnehmung bezieht sich folglich immer auf etwas, das ist, und ist untrüglich, so wie Wissen.
Theätet. So scheint es.
Sokrates. Bei den Chariten[21], Protagoras war also ein äußerst kluger Mann und hat nur für uns, die große Menge, in Rätseln gesprochen, seinen Schülern aber im geheimen die Wahrheit[22] mitgeteilt?
[d] *Theätet.* Wie meinst du das, Sokrates?
Sokrates. Das will ich dir erklären. Und zwar handelt es sich um keine unbedeutende Lehre. Nichts sei für sich genommen »eines«; auch könne man nichts zu Recht als »etwas« bezeichnen noch als »etwas von einer bestimmten Art«. Sondern wenn man etwas »groß« nennt, erscheint es auch als klein, und wenn »schwer«, als leicht, ebenso alles andere. Denn nichts ist »eines«, »etwas« oder »etwas von einer bestimmten Art«. Denn infolge von Schwung, Bewegung und wechselseitiger Mischung »wird« alles, von dem wir fälschli-

ῥεύοντες· [e] ἔστι μὲν γὰρ οὐδέποτ' οὐδέν, ἀεὶ δὲ γίγνεται. Καὶ περὶ τούτου πάντες ἑξῆς οἱ σοφοὶ πλὴν Παρμενίδου συμφερέσθων, Πρωταγόρας τε καὶ Ἡράκλειτος καὶ Ἐμπεδοκλῆς, καὶ τῶν ποιητῶν οἱ ἄκροι τῆς ποιήσεως ἑκατέρας, κωμῳδίας μὲν Ἐπίχαρμος, τραγῳδίας δὲ Ὅμηρος, ⟨ὃς⟩* εἰπών –

Ὠκεανόν τε θεῶν γένεσιν καὶ μητέρα Τηθύν

πάντα εἴρηκεν ἔκγονα ῥοῆς τε καὶ κινήσεως· ἢ οὐ δοκεῖ τοῦτο λέγειν;

ΘΕΑΙ. Ἔμοιγε.

[153a] ΣΩ. Τίς οὖν ἂν ἔτι πρός γε τοσοῦτον στρατόπεδον καὶ στρατηγὸν Ὅμηρον δύναιτο ἀμφισβητήσας μὴ οὐ καταγέλαστος γενέσθαι;

ΘΕΑΙ. Οὐ ῥᾴδιον, ὦ Σώκρατες.

ΣΩ. Οὐ γάρ, ὦ Θεαίτητε. Ἐπεὶ καὶ τάδε τῷ λόγῳ σημεῖα ἱκανά, ὅτι τὸ μὲν εἶναι δοκοῦν καὶ τὸ γίγνεσθαι κίνησις παρέχει, τὸ δὲ μὴ εἶναι καὶ ἀπόλλυσθαι ἡσυχία· τὸ γὰρ θερμόν τε καὶ πῦρ, ὃ δὴ καὶ τἆλλα γεννᾷ καὶ ἐπιτροπεύει, αὐτὸ γεννᾶται ἐκ φορᾶς καὶ τρίψεως· τούτω δὲ κινήσεις. Ἢ οὐχ αὗται γενέσεις πυρός;

[b] ΘΕΑΙ. Αὗται μὲν οὖν.

ΣΩ. Καὶ μὴν τό γε τῶν ζῴων γένος ἐκ τῶν αὐτῶν τούτων φύεται.

ΘΕΑΙ. Πῶς δ' οὔ;

ΣΩ. Τί δέ; ἡ τῶν σωμάτων ἕξις οὐχ ὑπὸ ἡσυχίας μὲν καὶ ἀργίας διόλλυται, ὑπὸ γυμνασίων δὲ καὶ κινήσεως ἐπὶ τὸ πολὺ σῴζεται;

ΘΕΑΙ. Ναί.

ΣΩ. Ἡ δ' ἐν τῇ ψυχῇ ἕξις οὐχὑπὸ μαθήσεως μὲν καὶ μελέτης, κινήσεων ὄντων, κτᾶταί τε μαθήματα καὶ σῴζεται καὶ γίγνεται βελτίων, ὑπὸ δ' ἡσυχίας, ἀμελετησίας τε καὶ ἀμαθίας οὔσης, [c] οὔτε τι μανθάνει ἅ τε ἂν μάθῃ ἐπιλανθάνεται;

* Zusatz von Heindorf.

cherweise sagen, es »sei«. [e] Denn nichts ist jemals, sondern es wird immer. Und in diesem Punkt waren sich außer Parmenides alle Denker der Reihe nach einig, Protagoras, Heraklit[23] und Empedokles[24], ebenso bei den Dichtern die besten Dichtungsarten, in der Komödie Epicharm[25], in der Tragödie Homer. Denn wenn Homer schreibt

»Ursprung der Götter Okeanos und Tethys die Mutter«,[26]

will er damit sagen, daß alles aus Strömung und Bewegung entsteht. Oder glaubst du, daß er dies nicht meint?
Theätet. Doch.
[153 a] *Sokrates.* Wer könnte nun noch bei einer solchen Streitmacht mit Homer an der Spitze Zweifel anmelden, ohne sich lächerlich zu machen?
Theätet. Leicht wäre es nicht, Sokrates.
Sokrates. Allerdings nicht, Theätet. Zumal auch noch folgende Beweise die Behauptung stützen, daß Bewegung das scheinbar Seiende und das Werden hervorbringt, und Ruhe das Nichtseiende und das Vergehen. Wärme und Feuer nämlich, die doch alles übrige erst hervorbringen und lenken, entstehen ihrerseits aus Schwung und Reibung. Beides aber sind Bewegungen. Oder entsteht so nicht das Feuer?
[b] *Theätet.* Doch, auf diese Weise.
Sokrates. Und auch alle lebenden Wesen werden auf dieselbe Weise erzeugt?
Theätet. Zweifellos.
Sokrates. Ferner, verschlechtert sich nicht die körperliche Verfassung bei Ruhe und Untätigkeit, verbessert sich aber bedeutend durch Leibesübungen und Bewegung?
Theätet. Ja.
Sokrates. So steht es auch um die seelische Verfassung. Erwirbt sich die Seele nicht ihre Kenntnisse durch Lernen und Üben, beides Bewegungen, und erhält sich dadurch und verbessert ihren Zustand? Durch Ruhe aber, nämlich Vernachlässigung der Übung und Lernunlust, [c] lernt sie nichts und vergißt sie alles wieder, was sie gelernt hat?

ΘΕΑΙ. Καὶ μάλα.
ΣΩ. Τὸ μὲν ἄρα ἀγαθὸν κίνησις κατά τε ψυχὴν καὶ κατὰ σῶμα, τὸ δὲ τοὐναντίον;
ΘΕΑΙ. Ἔοικεν.
ΣΩ. Ἔτι οὖν σοι λέγω νηνεμίας τε καὶ γαλήνας καὶ ὅσα τοιαῦτα, ὅτι αἱ μὲν ἡσυχίαι σήπουσι καὶ ἀπολλύασι, τὰ δ' ἕτερα σῴζει; καὶ ἐπὶ τούτοις τὸν κολοφῶνα, ἀναγκάζω προσβιβάζων τὴν χρυσῆν σειρὰν ὡς οὐδὲν ἄλλο ἢ τὸν ἥλιον Ὅμηρος λέγει, [d] καὶ δηλοῖ ὅτι ἕως μὲν ἂν ἡ περιφορὰ ᾖ κινουμένη και ὁ ἥλιος, πάντα ἔστι καὶ σῴζεται τὰ ἐν θεοῖς τε καὶ ἀνθρώποις, εἰ δὲ σταίη τοῦτο ὥσπερ δεθέν, πάντα χρήματ' ἂν διαφθαρείη καὶ γένοιτ' ἂν τὸ λεγόμενον ἄνω κάτω πάντα;
ΘΕΑΙ. Ἀλλ' ἔμοιγε δοκεῖ, ὦ Σώκρατες, ταῦτα δηλοῦν ἅπερ λέγεις.
ΣΩ. Ὑπόλαβε τοίνυν, ὦ ἄριστε, οὑτωσί· κατὰ τὰ ὄμματα πρῶτον, ὃ δὴ καλεῖς χρῶμα λευκόν, μὴ εἶναι αὐτὸ ἕτερόν τι ἔξω τῶν σῶν ὀμμάτων μηδ' ἐν τοῖς ὄμμασι μηδέ τιν' αὐτῷ χώραν ἀποτάξῃς· [e] ἤδη γὰρ ἂν εἴη τε ἄν που ἐν τάξει καὶ μένοι καὶ οὐκ ἂν ἐν γενέσει γίγνοιτο.
ΘΕΑΙ. Ἀλλὰ πῶς;
ΣΩ. Ἑπώμεθα τῷ ἄρτι λόγῳ, μηδὲν αὐτὸ καθ' αὑτὸ ἓν ὂν τιθέντες· καὶ ἡμῖν οὕτω μέλαν τε καὶ λευκὸν καὶ ὁτιοῦν ἄλλο χρῶμα ἐκ τῆς προσβολῆς τῶν ὀμμάτων πρὸς τὴν προσήκουσαν φορὰν φανεῖται γεγενημένον, καὶ ὃ δὴ ἕκαστον εἶναί φαμεν χρῶμα [154a] οὔτε τὸ προσβάλλον οὔτε τὸ προσβαλλόμενον ἔσται, ἀλλὰ μεταξύ τι ἑκάστῳ ἴδιον γεγονός· ἢ σὺ διισχυρίσαιο ἂν ὡς οἷον σοὶ φαίνεται ἕκαστον χρῶμα, τοιοῦτον καὶ κυνὶ καὶ ὁτῳοῦν ζῴῳ;
ΘΕΑΙ. Μὰ Δί' οὐκ ἔγωγε.
ΣΩ. Τί δέ; ἄλλῳ ἀνθρώπῳ ἆρ' ὅμοιον καὶ σοὶ φαίνεται

Theätet. Und wie!
Sokrates. Ist also das eine von beiden, Bewegung, gut für die Seele und den Körper, das andere aber, Ruhe, schlecht?
Theätet. Offensichtlich.
Sokrates. Soll ich ferner noch die Windstille, die ruhige See und derartiges mehr erwähnen, wo Ruhe Fäulnis und Verderben, Bewegung aber Rettung bedeutet? Oder, um die Beweise abzurunden, soll ich noch zeigen, daß Homer mit dem »goldenen Seil« nichts anderes als die Sonne meint[27] [d] und andeutet, daß alles bei den Göttern wie den Menschen bestehen bleibt und gutgeht, solange der Umschwung des Himmels und die Sonne in Bewegung sind, daß aber, wenn beides wie gefesselt stillstünde, alles zugrunde und, wie man so sagt, drunter und drüber ginge?
Theätet. Allerdings glaube ich, Sokrates, daß Homer genau das andeuten will, was du sagst.
Sokrates. Nimm einmal auch folgendes an, mein Bester. Zunächst einmal, was das Sehen angeht, sei, was du weiße Farbe nennst, weder etwas Verschiedenes außerhalb deiner Augen noch in ihnen; auch darfst du ihm keinen anderen Ort zuweisen. [e] Denn sonst wäre es ja bereits an einem festen Ort und würde dort bleiben, anstatt im Werden zu entstehen.
Theätet. Wie meinst du das?
Sokrates. Bleiben wir bei unserer obigen Behauptung und gehen davon aus, daß nichts für sich genommen ein einheitliches Seiendes ist. Somit wird uns klarwerden, daß Schwarz, Weiß oder irgendeine andere Farbe aus dem Zusammenstoß der Augen mit der passenden Bewegung wird. Was wir aber jedesmal Farbe nennen, [154 a] ist dann weder das Anstoßende noch das Angestoßene, sondern etwas, das zwischen beidem für jeden besonders wird. Oder möchtest du vielleicht die Behauptung verteidigen, daß dir jede Farbe genauso wie einem Hund oder irgendeinem anderen Lebewesen erscheint?
Theätet. Bei Zeus, ich nicht!
Sokrates. Und weiter. Erscheint einem anderen Menschen

ὁτιοῦν; ἔχεις τοῦτο ἰσχυρῶς, ἢ πολὺ μᾶλλον ὅτι οὐδὲ σοὶ αὐτῷ ταὐτὸν διὰ τὸ μηδέποτε ὁμοίως αὐτὸν σεαυτῷ ἔχειν;
ΘΕΑΙ. Τοῦτο μᾶλλόν μοι δοκεῖ ἢ ἐκεῖνο.
[b] ΣΩ. Οὐκοῦν εἰ μὲν ᾧ παραμετρούμεθα ἢ οὗ ἐφαπτόμεθα μέγα ἢ λευκὸν ἢ θερμὸν ἦν, οὐκ ἄν ποτε ἄλλῳ προσπεσὸν ἄλλο ἂν ἐγεγόνει, αὐτό γε μηδὲν μεταβάλλον· εἰ δὲ αὖ τὸ παραμετρούμενον ἢ ἐφαπτόμενον ἕκαστον ἦν τούτων, οὐκ ἂν αὖ ἄλλου προσελθόντος ἤ τι παθόντος αὐτὸ μηδὲν παθὸν ἄλλο ἂν ἐγένετο. Ἐπεὶ νῦν γε, ὦ φίλε, θαυμαστά τε καὶ γελοῖα εὐχερῶς πως ἀναγκαζόμεθα λέγειν, ὡς φαίη ἂν Πρωταγόρας τε καὶ πᾶς ὁ τὰ αὐτὰ ἐκείνῳ ἐπιχειρῶν λέγειν.
ΘΕΑΙ. Πῶς δὴ καὶ ποῖα λέγεις;
[c] ΣΩ. Σμικρὸν λαβὲ παράδειγμα, καὶ πάντα εἴσῃ ἃ βούλομαι. Ἀστραγάλους γάρ που ἕξ, ἂν μὲν τέτταρας αὐτοῖς προσενέγκῃς, πλείους φαμὲν εἶναι τῶν τεττάρων καὶ ἡμιολίους, ἐὰν δὲ δώδεκα, ἐλάττους καὶ ἡμίσεις, καὶ οὐδὲ ἀνεκτὸν ἄλλως λέγειν· ἢ σὺ ἀνέξῃ;
ΘΕΑΙ. Οὐκ ἔγωγε.
ΣΩ. Τί οὖν; ἄν σε Πρωταγόρας ἔρηται ἤ τις ἄλλος· «Ὦ Θεαίτητε, ἔσθ᾽ ὅπως τι μεῖζον ἢ πλέον γίγνεται ἄλλως ἢ αὐξηθέν;» τί ἀποκρινῇ;
ΘΕΑΙ. Ἐὰν μέν, ὦ Σώκρατες, τὸ δοκοῦν πρὸς τὴν νῦν ἐρώτησιν ἀποκρίνωμαι, ὅτι οὐκ ἔστιν· [d] ἐὰν δὲ πρὸς τὴν προτέραν, φυλάττων μὴ ἐναντία εἴπω, ὅτι ἔστιν.
ΣΩ. Εὖ γε νὴ τὴν Ἥραν, ὦ φίλε, καὶ θείως. Ἀτάρ, ὡς ἔοικεν, ἐὰν ἀποκρίνῃ ὅτι ἔστιν, Εὐριπίδειόν τι συμβήσε-

irgend etwas genauso wie dir? Bist du dessen sicher? Oder nicht vielmehr, daß nicht einmal dir selbst etwas als dasselbe erscheint, weil du niemals mit dir selbst gleich bleibst?
Theätet. Das halte ich für richtiger als das vorige.
[b] *Sokrates.* Falls also dasjenige selbst groß, weiß oder warm wäre, wonach wir uns abmessen oder was wir anfassen, könnte es doch nicht beim Zusammentreffen mit einer anderen Person etwas anderes werden, ohne sich selbst zu verändern. Und falls andererseits dasjenige, was mißt oder anfaßt, selbst eine dieser Eigenschaften hätte, dann könnte es doch auch nicht ohne eigene Veränderung etwas anderes werden, wenn etwas anderes zu ihm herankommt oder von ihm getroffen wird. Denn sonst, mein Freund, müssen wir jetzt leichtfertig seltsame und lächerliche Behauptungen aufstellen, wie Protagoras und jeder andere uns vorwerfen würde, der dasselbe wie er behaupten will.
Theätet. Wieso? Was meinst du damit?
[c] *Sokrates.* Nimm ein einfaches Beispiel, und dir wird völlig klar sein, was ich sagen will. Wenn du sechs Würfelsteinchen gegen vier hältst, sagen wir, daß sie mehr als vier sind, und zwar das Anderthalbfache, wenn aber gegen zwölf, daß sie weniger seien, und zwar die Hälfte.[28] Eine andere Behauptung aber ist unzulässig. Oder würdest du sie zulassen?
Theätet. Nein, das würde ich nicht.
Sokrates. Was aber, wenn dich Protagoras oder irgendein anderer fragte: »Theätet, kann wohl etwas größer oder mehr werden außer durch Vermehrung?« Was wirst du ihm dann antworten?
Theätet. Wenn ich, Sokrates, in bezug auf deine jetzige Frage meine Meinung sagen sollte, würde ich es verneinen, [d] wenn aber in bezug auf deine vorige Frage, würde ich es bejahen, um mir nicht zu widersprechen.
Sokrates. Sehr gut, bei der Hera, und großartig, mein Freund. Aber offensichtlich wird es dir bei deiner bejahenden Antwort so ergehen, wie Euripides einmal bemerkt: un-

ται· ἡ μὲν γὰρ γλῶττα ἀνέλεγκτος ἡμῖν ἔσται, ἡ δὲ φρὴν οὐκ ἀνέλεγκτος.
ΘΕΑΙ. Ἀληθῆ.
ΣΩ. Οὐκοῦν εἰ μὲν δεινοὶ καὶ σοφοὶ ἐγώ τε καὶ σὺ ἦμεν, πάντα τὰ τῶν φρενῶν ἐξητακότες, ἤδη ἂν τὸ λοιπὸν ἐκ περιουσίας ἀλλήλων ἀποπειρώμενοι, [e] συνελθόντες σοφιστικῶς εἰς μάχην τοιαύτην, ἀλλήλων τοὺς λόγους τοῖς λόγοις ἐκρούομεν· νῦν δὲ ἅτε ἰδιῶται πρῶτον βουλησόμεθα θεάσασθαι αὐτὰ πρὸς αὑτὰ τί ποτ' ἐστὶν ἃ διανοούμεθα, πότερον ἡμῖν ἀλλήλοις συμφωνεῖ ἢ οὐδ' ὁπωστιοῦν.
ΘΕΑΙ. Πάνυ μὲν οὖν ἔγωγε τοῦτ' ἂν βουλοίμην.
ΣΩ. Καὶ μὴν ἐγώ. Ὅτε δ' οὕτως ἔχει, ἄλλο τι ἢ ἠρέμα, ὡς πάνυ πολλὴν σχολὴν ἄγοντες, πάλιν ἐπανασκεψόμεθα, [155a] οὐ δυσκολαίνοντες ἀλλὰ τῷ ὄντι ἡμᾶς αὐτοὺς ἐξετάζοντες, ἅττα ποτ' ἐστὶ ταῦτα τὰ φάσματα ἐν ἡμῖν; ὧν πρῶτον ἐπισκοποῦντες φήσομεν, ὡς ἐγὼ οἶμαι, μηδέποτε μηδὲν ἂν μεῖζον μηδὲ ἔλαττον γενέσθαι μήτε ὄγκῳ μήτε ἀριθμῷ, ἕως ἴσον εἴη αὐτὸ ἑαυτῷ. Οὐχ οὕτως;
ΘΕΑΙ. Ναί.
ΣΩ. Δεύτερον δέ γε, ᾧ μήτε προστιθοῖτο μήτε ἀφαιροῖτο, τοῦτο μήτε αὐξάνεσθαί ποτε μήτε φθίνειν, ἀεὶ δὲ ἴσον εἶναι.
ΘΕΑΙ. Κομιδῇ μὲν οὖν.
[b] ΣΩ. Ἆρ' οὖν οὐ καὶ τρίτον, ὃ μὴ πρότερον ἦν, ὕστερον ἀλλὰ τοῦτο εἶναι ἄνευ τοῦ γενέσθαι καὶ γίγνεσθαι ἀδύνατον;
ΘΕΑΙ. Δοκεῖ γε δή.
ΣΩ. Ταῦτα δή, οἶομαι, ὁμολογήματα τρία μάχεται αὐτὰ αὑτοῖς ἐν τῇ ἡμετέρᾳ ψυχῇ, ὅταν τὰ περὶ τῶν ἀστραγάλων λέγωμεν, ἢ ὅταν φῶμεν ἐμὲ τηλικόνδε ὄντα, μήτε αὐξηθέντα μήτε τοὐναντίον παθόντα, ἐν ἐνιαυτῷ σοῦ τοῦ νέου νῦν μὲν μείζω εἶναι, ὕστερον δὲ ἐλάττω, μηδὲν τοῦ ἐμοῦ

sere Zunge nämlich wird unwiderlegt bleiben, nicht aber unsere Gedanken.[29]

Theätet. Da hast du recht.

Sokrates. Wenn wir beide nun, ich und du, berühmte und kluge Männer wären, die schon alle Gedanken geprüft haben, so würden wir uns jetzt bis zum Schluß rein zum Zeitvertreib gegenseitig herausfordern [e] und ein sophistisches Streitgespräch führen, in dem wir unsere Reden aufeinanderprallen ließen. Da wir aber gewöhnliche Leute sind, wollen wir uns lieber unsere Gedanken selbst ansehen, was es mit ihnen auf sich hat, ob sie nämlich miteinander vereinbar sind oder ob überhaupt nicht.

Theätet. Das würde ich gerne tun.

Sokrates. Ich genauso. Wollen wir daher nicht in aller Ruhe, da wir ja sehr viel Zeit haben, die Untersuchung wiederaufnehmen [155 a] und dabei nicht ärgerlich werden, sondern uns ernsthaft selbst prüfen, was es damit auf sich hat, was uns erscheint? Wenn wir uns davon den ersten Punkt ansehen, so behaupten wir, glaube ich, nichts könne jemals an Masse oder Anzahl mehr oder weniger werden, solange es mit sich selbst gleich bliebe. Stimmt's?

Theätet. Ja.

Sokrates. Zweitens aber, dem weder etwas hinzugefügt noch weggenommen werde, das werde niemals mehr oder weniger, sondern sei immer gleich.

Theätet. Zweifellos.

[b] *Sokrates.* Und nicht auch drittens, daß unmöglich etwas, das vorher nicht war, später aber doch, dies ohne geworden zu sein oder zu werden ist?

Theätet. Offensichtlich.

Sokrates. Diese drei Zugeständnisse nun, meine ich, liegen in unserem Denken im Kampf miteinander bei unseren Behauptungen über die Würfelsteinchen oder wenn wir behaupten, daß ich, ein Mann von dieser Größe, innerhalb eines Jahres, ohne zu wachsen oder zu schrumpfen, jetzt zwar größer als du bin, weil du ja noch jung bist, später

ὄγκου ἀφαιρεθέντος ἀλλὰ σοῦ αὐξηθέντος. [c] Εἰμὶ γὰρ δὴ ὕστερον ὃ πρότερον οὐκ ἦ, οὐ γενόμενος· ἄνευ γὰρ τοῦ γίγνεσθαι γενέσθαι ἀδύνατον, μηδὲν δὲ ἀπολλὺς τοῦ ὄγκου οὐκ ἄν ποτε ἐγιγνόμην ἐλάττων. Καὶ ἄλλα δὴ μυρία ἐπὶ μυρίοις οὕτως ἔχει, εἴπερ καὶ ταῦτα παραδεξόμεθα. Ἕπη γάρ που, ὦ Θεαίτητε· δοκεῖς γοῦν μοι οὐκ ἄπειρος τῶν τοιούτων εἶναι.

ΘΕΑΙ. Καὶ νὴ τοὺς θεούς γε, ὦ Σώκρατες, ὑπερφυῶς ὡς θαυμάζω τί ποτ᾽ ἐστὶ ταῦτα, καὶ ἐνίοτε ὡς ἀληθῶς βλέπων εἰς αὐτὰ σκοτοδινιῶ.

[d] ΣΩ. Θεόδωρος γάρ, ὦ φίλε, φαίνεται οὐ κακῶς τοπάζειν περὶ τῆς φύσεώς σου. Μάλα γὰρ φιλοσόφου τοῦτο τὸ πάθος, τὸ θαυμάζειν· οὐ γὰρ ἄλλη ἀρχὴ φιλοσοφίας ἢ αὕτη, καὶ ἔοικεν ὁ τὴν Ἶριν Θαύμαντος ἔκγονον φήσας οὐ κακῶς γενεαλογεῖν. Ἀλλὰ πότερον μανθάνεις ἤδη δι᾽ ὃ ταῦτα τοιαῦτ᾽ ἐστὶν ἐξ ὧν τὸν Πρωταγόραν φαμὲν λέγειν, ἢ οὔπω;

ΘΕΑΙ. Οὔπω μοι δοκῶ.

ΣΩ. Χάριν οὖν μοι εἴσῃ ἐάν σοι ἀνδρός, μᾶλλον δὲ ἀνδρῶν ὀνομαστῶν τῆς διανοίας τὴν ἀλήθειαν ἀποκεκρυμμένην [e] συνεξερευνήσωμαι αὐτῶν;

ΘΕΑΙ. Πῶς γὰρ οὐκ εἴσομαι, καὶ πάνυ γε πολλήν;

ΣΩ. Ἄθρει δὴ περισκοπῶν μή τις τῶν ἀμυήτων ἐπακούῃ. Εἰσὶν δὲ οὗτοι οἱ οὐδὲν ἄλλο οἰόμενοι εἶναι ἢ οὗ ἂν δύνωνται ἀπρὶξ τοῖν χεροῖν λαβέσθαι, πράξεις δὲ καὶ γενέσεις καὶ πᾶν τὸ ἀόρατον οὐκ ἀποδεχόμενοι ὡς ἐν οὐσίας μέρει.

ΘΕΑΙ. Καὶ μὲν δή, ὦ Σώκρατες, σκληρούς γε λέγεις [156a] καὶ ἀντιτύπους ἀνθρώπους.

dagegen kleiner bin, ohne an Körpergröße zu verlieren, nur weil du gewachsen bist. [c] Denn dann bin ich doch später, was ich vorher nicht war, ohne es geworden zu sein. Ohne das Werden nämlich ist das Gewordensein unmöglich, und ohne an Körpergröße zu verlieren, könnte ich wohl nicht kleiner werden. Genauso verhält es sich in tausend und abertausend Fällen, wenn wir auch diese Behauptungen zulassen. Offensichtlich aber kannst du mir folgen, Theätet, denn du bist, wie ich glaube, in solchen Dingen nicht unerfahren.

Theätet. Bei den Göttern, Sokrates, ich komme aus dem Staunen nicht heraus, was es alles damit auf sich hat. Und manchmal wird mir geradezu schwindlig, wenn ich es mir ansehe.

[d] *Sokrates.* Mein Lieber, offensichtlich hat Theodoros über deine Art ganz richtig geurteilt. Denn dein Zustand, die Verwunderung, ist recht typisch für einen Philosophen. Es gibt nämlich keinen anderen Anfang der Philosophie als die Verwunderung, und wer die Iris Tochter des Thaumas genannt hat, ist offensichtlich kein schlechter Genealoge.[30] Aber siehst du eigentlich schon ein, inwiefern unsere obigen Behauptungen aus der von uns dem Protagoras zugeschriebenen Lehre folgen, oder noch nicht?

Theätet. Ich sehe es noch nicht ein.

Sokrates. Wirst du mir auch Dank abstatten, wenn ich zusammen mit dir die verborgene Wahrheit im Denken dieses berühmten Mannes oder vielmehr berühmter Männer [e] herauszubekommen versuche?

Theätet. Natürlich werde ich dir dankbar sein, und wie!

Sokrates. Schau dich aber einmal in der Runde um, damit niemand von den Uneingeweihten[31] mithört. Dies sind diejenigen, die nur das für seiend halten, was sie fest mit ihren Händen ergreifen können, während sie Handeln, Werden und alles Unsichtbare nicht zum Bereich des Seienden zählen.

Theätet. Sokrates, da sprichst du aber von recht harten und [156 a] spröden Menschen.

ΣΩ. Εἰσὶν γάρ, ὦ παῖ, μάλ' εὖ ἄμουσοι· ἄλλοι δὲ πολὺ κομψότεροι, ὧν μέλλω σοι τὰ μυστήρια λέγειν. Ἀρχὴ δέ, ἐξ ἧς καὶ ἃ νυνδὴ ἐλέγομεν πάντα ἤρτηται, ἥδε αὐτῶν, ὡς τὸ πᾶν κίνησις ἦν καὶ ἄλλο παρὰ τοῦτο οὐδέν, τῆς δὲ κινήσεως δύο εἴδη, πλήθει μὲν ἄπειρον ἑκάτερον, δύναμιν δὲ τὸ μέν ποιεῖν ἔχον, τὸ δὲ πάσχειν. Ἐκ δὲ τῆς τούτων ὁμιλίας τε καὶ τρίψεως πρὸς ἄλληλα γίγνεται ἔκγονα πλήθει μὲν ἄπειρα, [b] δίδυμα δέ, τὸ μὲν αἰσθητόν, τὸ δὲ αἴσθησις, ἀεὶ συνεκπίπτουσα καὶ γεννωμένη μετὰ τοῦ αἰσθητοῦ. Αἱ μὲν οὖν αἰσθήσεις τὰ τοιάδε ἡμῖν ἔχουσιν ὀνόματα, ὄψεις τε καὶ ἀκοαὶ καὶ ὀσφρήσεις καὶ ψύξεις τε καὶ καύσεις καὶ ἡδοναί γε δὴ καὶ λῦπαι καὶ ἐπιθυμίαι καὶ φόβοι κεκλημέναι καὶ ἄλλαι, ἀπέραντοι μὲν αἱ ἀνώνυμοι, παμπληθεῖς δὲ αἱ ὠνομασμέναι· τὸ δ'αὖ αἰσθητὸν γένος τούτων ἑκάσταις ὁμόγονον, ὄψεσι μὲν χρώματα παντοδαπαῖς παντοδαπά, [c] ἀκοαῖς δὲ ὡσαύτως φωναί, καὶ ταῖς ἄλλαις αἰσθήσεσι τὰ ἄλλα αἰσθητὰ συγγενῆ γιγνόμενα. Τί δὴ οὖν ἡμῖν βούλεται οὗτος ὁ μῦθος, ὦ Θεαίτητε, πρὸς τὰ πρότερα; ἆρα ἐννοεῖς;

ΘΕΑΙ. Οὐ πάνυ, ὦ Σώκρατες.

ΣΩ. Ἀλλ' ἄθρει ἐάν πως ἀποτελεσθῇ. Βούλεται γὰρ δὴ λέγειν ὡς ταῦτα πάντα μέν, ὥσπερ λέγομεν, κινεῖται, τάχος δὲ καὶ βραδυτὴς ἔνι τῇ κινήσει αὐτῶν. Ὅσον μὲν οὖν βραδύ, ἐν τῷ αὐτῷ καὶ πρὸς τὰ πλησιάζοντα τὴν κίνησιν ἴσχει καὶ οὕτω δὴ γεννᾷ, [d] τὰ δὲ γεννώμενα οὕτω δὴ θάττω ἐστίν· φέρεται γὰρ καὶ ἐν φορᾷ αὐτῶν ἡ κίνησις πέφυκεν. Ἐπειδὰν οὖν ὄμμα καὶ ἄλλο τι τῶν τούτῳ συμμέτρων πλησιάσαν γεννήσῃ τὴν λευκότητά τε καὶ αἴσθησιν αὐτῇ σύμφυτον, ἃ οὐκ ἄν ποτε ἐγένετο ἑκατέρου

Sokrates. Sie sind in der Tat von recht roher Geistesart. Andere aber, deren Geheimnisse ich dir nun erklären will, haben eine viel geistreichere Art.[32] Der Urgrund aber, von dem auch alles, wovon wir vorhin gesprochen haben, abhängt, besteht nach ihnen darin, daß alles Bewegung ist und es nichts anderes außerdem gibt. An Bewegungen sind zwei Arten zu unterscheiden, jede von beiden in unendlich großer Anzahl: die eine ist die Fähigkeit, etwas zu tun, die andere, etwas zu leiden. Aus deren Begegnung und gegenseitiger Reibung entstehen Erzeugnisse von unbegrenzter Menge, [b] aber jeweils als Zwillingspaar, das eine das Wahrnehmbare, das andere die Wahrnehmung, die immer zusammen mit dem Wahrnehmbaren hervortritt und wird. Für die Wahrnehmungen haben wir etwa folgende Bezeichnungen: Sehen, Hören, Riechen, Frieren, Schwitzen, und auch Lust, Schmerz, Begierde und Furcht heißen sie und welche es sonst noch gibt, zahllose ohne Namen, sehr viele aber auch mit Namen. Die Arten des Wahrnehmbaren aber entstehen zugleich mit den einzelnen Wahrnehmungen, mit dem vielerlei Sehen die vielerlei Farben, [c] genauso mit dem Hören die Töne, und mit den anderen Wahrnehmungen wird das Wahrnehmbare in gemeinsamer Art. Was besagt aber diese Erzählung im Hinblick auf unsere vorigen Behauptungen, Theätet? Überblickst du das?

Theätet. Nicht so ganz, Sokrates.

Sokrates. Dann überlege einmal, ob sich die Erzählung nicht doch zu einem guten Abschluß bringen läßt. Sie besagt doch, daß sich dies alles, wie dargelegt, bewegt. Seine Bewegung aber ist schnell und langsam. Alles Langsame nun bewegt sich am selben Ort und begegnet so dem, was sich ihm nähert, [d] und erzeugt dann mit dieser Bewegungsart. Das auf diese Weise Erzeugte aber ist schneller; denn es bewegt sich von einem Ort zum anderen und hat als Bewegungsart den Ortswechsel. Das Auge nun und etwas anderes, das hierzu das entsprechende Gegenstück ist, erzeugt durch die Annäherung die weiße Farbe und die hierzu passende Wahrneh-

ἐκείνων πρὸς ἄλλο ἐλθόντος, τότε δὴ μεταξὺ φερομένων τῆς μὲν ὄψεως πρὸς τῶν ὀφθαλμῶν, [e] τῆς δὲ λευκότητος πρὸς τοῦ συναποτίκτοντος τὸ χρῶμα, ὁ μὲν ὀφθαλμὸς ἄρα ὄψεως ἔμπλεως ἐγένετο καὶ ὁρᾷ δὴ τότε καὶ ἐγένετο οὔ τι ὄψις ἀλλ' ὀφθαλμὸς ὁρῶν, τὸ δὲ συγγεννῆσαν τὸ χρῶμα λευκότητος περιεπλήσθη καὶ ἐγένετο οὐ λευκότης αὖ ἀλλὰ λευκόν, εἴτε ξύλον εἴτε λίθος εἴτε ὁτουοῦν συνέβη χρόα χρωσθῆναι τῷ τοιούτῳ χρώματι. Καὶ τἆλλα δὴ οὕτω, σκληρὸν καὶ θερμὸν καὶ πάντα, τὸν αὐτὸν τρόπον ὑποληπτέον, αὐτὸ μὲν καθ' αὑτὸ μηδὲν εἶναι, [157a] ὃ δὴ καὶ τότε ἐλέγομεν, ἐν δὲ τῇ πρὸς ἄλληλα ὁμιλίᾳ πάντα γίγνεσθαι καὶ παντοῖα ἀπὸ τῆς κινήσεως, ἐπεὶ καὶ τὸ ποιοῦν εἶναί τι καὶ τὸ πάσχον αὐτῶν ἐπὶ ἑνὸς νοῆσαι, ὥς φασιν, οὐκ εἶναι παγίως. Οὔτε γὰρ ποιοῦν ἐστί τι πρὶν ἂν τῷ πάσχοντι συνέλθῃ, οὔτε πάσχον πρὶν ἂν τῷ ποιοῦντι· τό τέ τινι συνελθὸν καὶ ποιοῦν ἄλλῳ αὖ προσπεσὸν πάσχον ἀνεφάνη. Ὥστε ἐξ ἁπάντων τούτων, ὅπερ ἐξ ἀρχῆς ἐλέγομεν, οὐδὲν εἶναι ἓν αὐτὸ καθ' αὑτό, ἀλλά τινι ἀεὶ γίγνεσθαι, τὸ δ' εἶναι πανταχόθεν ἐξαιρετέον, [b] οὐχ ὅτι ἡμεῖς πολλὰ καὶ ἄρτι ἠναγκάσμεθα ὑπὸ συνηθείας καὶ ἀνεπιστημοσύνης χρῆσθαι αὐτῷ. Τὸ δ' οὐ δεῖ, ὡς ὁ τῶν σοφῶν λόγος, οὔτε τι συγχωρεῖν· οὔτε του οὔτ' ἐμοῦ οὔτε τόδε οὔτ' ἐκεῖνο οὔτε ἄλλο οὐδὲν ὄνομα ὅτι ἂν ἱστῇ, ἀλλὰ κατὰ φύσιν φθέγγεσθαι γιγνόμενα καὶ ποιούμενα καὶ ἀπολλύμενα καὶ ἀλλοιούμενα· ὡς ἐάν τί τις στήσῃ, τῷ

mung; dies würde nicht geschehen, wenn eines von beidem auf etwas Andersartiges stieße. Indem dann zwischen beidem von den Augen aus Gesichtswahrnehmung in Bewegung gerät [e] und weiße Farbe von demjenigen aus, das zugleich die Farbe mit hervorbringt, füllt sich das Auge mit Gesichtswahrnehmung und sieht nun, und es wird keineswegs Gesichtswahrnehmung, sondern ein sehendes Auge. Und dasjenige, das zugleich die Farbe mit erzeugt, füllt sich ringsum mit weißer Farbe und wird ebenfalls nicht weiße Farbe, sondern etwas Weißes, sei es Holz, Stein oder wessen Oberfläche sich auch immer mit dieser Farbe färbt. Auch für alles übrige nun, Härte, Wärme und was es sonst alles gibt, muß man genauso davon ausgehen, daß nichts für sich selbst genommen ist, [157a] wie wir ja vorhin schon sagten, sondern daß alles insgesamt und in seiner Verschiedenheit in der gegenseitigen Berührung und infolge der Bewegung wird. Denn man könne, wie die Vertreter dieser Lehre sagen, auch nicht beim Hervorbringenden oder Erleidenden mit Festigkeit an einem einheitlichen Gegenstand feststellen, daß es etwas sei. Denn weder ist ein Hervorbringendes etwas, bevor es auf ein Erleidendes trifft, noch ein Erleidendes, bevor es auf ein Hervorbringendes trifft. Auch erweist sich dasjenige, das mit irgend etwas zusammenstößt und ein Hervorbringendes ist, beim Aufprall auf etwas anderes wiederum als ein Erleidendes. Aus alledem folgt daher, wie schon anfangs gesagt, daß nichts für sich selbst genommen eines ist, sondern immer nur im Hinblick auf irgend etwas wird. Das »sein« aber muß völlig ausgemerzt werden, [b] obwohl wir es oft genug auch eben aus lauter Gewohnheit und Unverstand gezwungenermaßen verwenden. Nach der Lehre dieser klugen Männer dagegen darf man weder »etwas« zulassen noch »von jemandem«, noch »meines«, noch »dieses« oder »jenes« noch irgendeinen anderen Ausdruck, der etwas fest-stellt, sondern man muß in Übereinstimmung mit der Natur Laute hervorstoßen wie »Gewordenes«, »Hervorgebrachtes«, »Vergehendes« und »Sich-Veränderndes«. Denn

λόγῳ, εὐέλεγκτος ὁ τοῦτο ποιῶν. Δεῖ δὲ καὶ κατὰ μέρος οὕτω λέγειν καὶ περὶ πολλῶν ἀθροισθέντων, ᾧ δὴ ἀθροίσματι ἄνθρωπόν τε τίθενται [c] καὶ λίθον καὶ ἕκαστον ζῷόν τε καὶ εἶδος. Ταῦτα δή, ὦ Θεαίτητε, ἆρ' ἡδέα δοκεῖ σοι εἶναι, καὶ γεύοιο ἂν αὐτῶν ὡς ἀρεσκόντων;

ΘΕΑΙ. Οὐκ οἶδα ἔγωγε, ὦ Σώκρατες· καὶ γὰρ οὐδὲ περὶ σοῦ δύναμαι κατανοῆσαι πότερα δοκοῦντά σοι λέγεις αὐτὰ ἢ ἐμοῦ ἀποπειρᾷ.

ΣΩ. Οὐ μνημονεύεις, ὦ φίλε, ὅτι ἐγὼ μὲν οὔτ' οἶδα οὔτε ποιοῦμαι τῶν τοιούτων οὐδὲν ἐμόν, ἀλλ' εἰμὶ αὐτῶν ἄγονος, σὲ δὲ μαιεύομαι καὶ τούτου ἕνεκα ἐπᾴδω τε καὶ παρατίθημι ἑκάστων τῶν σοφῶν ἀπογεύεσθαι, [d] ἕως ἂν εἰς φῶς τὸ σὸν δόγμα συνεξαγάγω· ἐξαχθέντος δὲ τότ' ἤδη σκέψομαι εἴτ' ἀνεμιαῖον εἴτε γόνιμον ἀναφανήσεται. Ἀλλὰ θαρρῶν καὶ καρτερῶν εὖ καὶ ἀνδρείως ἀποκρίνου ἃ ἂν φαίνηταί σοι περὶ ὧν ἂν ἐρωτῶ.

ΘΕΑΙ. Ἐρώτα δή.

ΣΩ. Λέγε τοίνυν πάλιν εἴ σοι ἀρέσκει τὸ μή τι εἶναι ἀλλὰ γίγνεσθαι ἀεὶ ἀγαθὸν καὶ καλὸν καὶ πάντα ἃ ἄρτι διῇμεν.

ΘΕΑΙ. Ἀλλ' ἔμοιγε, ἐπειδὴ σοῦ ἀκούω οὕτω διεξιόντος, θαυμασίως φαίνεται ὡς ἔχειν λόγον καὶ ὑποληπτέον ᾗπερ διελήλυθας.

[e] ΣΩ. Μὴ τοίνυν ἀπολίπωμεν ὅσον ἐλλεῖπον αὐτοῦ. Λείπεται δὲ ἐνυπνίων τε πέρι καὶ νόσων τῶν τε ἄλλων καὶ μανίας, ὅσα τε παρακούειν ἢ παρορᾶν ἤ τι ἄλλο παραισθάνεσθαι λέγεται. Οἶσθα γάρ που ὅτι ἐν πᾶσι τούτοις ὁμολογουμένως ἐλέγχεσθαι δοκεῖ ὃν ἄρτι διῇμεν λόγον,

wenn jemand in seinem Reden etwas fest-stellen will, ist er mit seinem Tun leicht zu widerlegen. So müssen wir uns aber beim Einzelnen ausdrücken und auch bei dem vielen, was zusammengefaßt ist. Einer solchen Zusammenfassung geben wir etwa den Namen »Mensch«, [c] »Stein« oder jegliches Lebewesen und jede Gattung. Kommt dir dies nun schmackhaft vor, Theätet, und möchtest du gerne davon kosten, wenn es dir gefällt?

Theätet. Ich weiß nicht so recht, Sokrates. Ich bin mir ja nicht einmal bei dir im klaren darüber, ob du hinter deiner eigenen Meinung stehst oder mich nur auf die Probe stellen willst.

Sokrates. Denkst du nicht mehr daran, mein Freund, daß ich nichts weiß und nichts davon als mein Eigentum hervorbringe, auch nichts von alledem gebäre? Dagegen leiste ich dir Geburtshilfe, spreche deshalb Zaubersprüche vor und lege dir von allen diesen Weisheiten zu kosten vor, [d] bis ich auch deine Ansicht mit ans Licht hervorgebracht habe. Wenn sie aber hervorgebracht ist, werde ich erst sehen, ob sie sich als Windei oder lebenskräftige Geburt erweisen wird. Gedulde dich also und warte ab und antworte auf meine Fragen offen und ohne Scheu, was dir erscheint.

Theätet. Frage nur!

Sokrates. Sage also noch einmal, ob es dir gefällt, daß nichts »ist«, sondern daß das Gute, Schöne und alles, was wir eben durchgegangen sind, »wird«.

Theätet. Wenn ich mir anhöre, wie du alles darlegst, kommt mir allerdings deine Behauptung bewundernswert vor und akzeptabel, wie du sie dargelegt hast.

[e] *Sokrates.* Also dürfen wir es an nichts fehlen lassen, soweit noch etwas an dieser Erklärung fehlt. Es mangelt ihr aber noch hinsichtlich der Träume und Krankheiten, insbesondere des Wahnsinns, und den sogenannten Gehörs-, Gesichts- und anderen Sinnestäuschungen. Denn du weißt doch, daß in all diesen Fällen offensichtlich unsere eben dargelegte Behauptung zugegebenermaßen widerlegt wird, weil

ὡς παντὸς μᾶλλον ἡμῖν ψευδεῖς αἰσθήσεις [158a] ἐν αὐτοῖς γιγνομένας, καὶ πολλοῦ δεῖ τὰ φαινόμενα ἑκάστῳ ταῦτα καὶ εἶναι, ἀλλὰ πᾶν τοὐναντίον οὐδὲν ὧν φαίνεται εἶναι.
ΘΕΑΙ. Ἀληθέστατα λέγεις, ὦ Σώκρατες.
ΣΩ. Τίς δὴ οὖν, ὦ παῖ, λείπεται λόγος τῷ τὴν αἴσθησιν ἐπιστήμην τιθεμένῳ καὶ τὰ φαινόμενα ἑκάστῳ ταῦτα καὶ εἶναι τούτῳ ᾧ φαίνεται;
ΘΕΑΙ. Ἐγὼ μέν, ὦ Σώκρατες, ὀκνῶ εἰπεῖν ὅτι οὐκ ἔχω τί λέγω, διότι μοι νυνδὴ ἐπέπληξας εἰπόντι αὐτό. Ἐπεὶ ὡς ἀληθῶς γε οὐκ ἂν δυναίμην ἀμφισβητῆσαι [b] ὡς οἱ μαινόμενοι ἢ ὀνειρώττοντες οὐ ψευδῆ δοξάζουσιν, ὅταν οἱ μὲν θεοὶ αὐτῶν οἴωνται εἶναι, οἱ δὲ πτηνοί τε καὶ ὡς πετόμενοι ἐν τῷ ὕπνῳ διανοῶνται.
ΣΩ. Ἆρ' οὖν οὐδὲ τὸ τοιόνδε ἀμφισβήτημα ἐννοεῖς περὶ αὐτῶν, μάλιστα δὲ περὶ τοῦ ὄναρ τε καὶ ὕπαρ;
ΘΕΑΙ. Τὸ ποῖον;
ΣΩ. Ὃ πολλάκις σε οἶμαι ἀκηκοέναι ἐρωτώντων, τί ἄν τις ἔχοι τεκμήριον ἀποδεῖξαι, εἴ τις ἔροιτο νῦν οὕτως ἐν τῷ παρόντι πότερον καθεύδομεν καὶ πάντα ἃ διανοούμεθα ὀνειρώττομεν, [c] ἢ ἐγρηγόραμέν τε καὶ ὕπαρ ἀλλήλοις διαλεγόμεθα.
ΘΕΑΙ. Καὶ μήν, ὦ Σώκρατες, ἄπορόν γε ὅτῳ χρὴ ἐπιδεῖξαι τεκμηρίῳ· πάντα γὰρ ὥσπερ ἀντίστροφα τὰ αὐτὰ παρακολουθεῖ. Ἅ τε γὰρ νυνὶ διειλέγμεθα, οὐδὲν κωλύει καὶ ἐν τῷ ὕπνῳ δοκεῖν ἀλλήλοις διαλέγεσθαι· καὶ ὅταν δὴ ὄναρ ὀνείρατα δοκῶμεν διηγεῖσθαι, ἄτοπος ἡ ὁμοιότης τούτων ἐκείνοις.
ΣΩ. Ὁρᾷς οὖν ὅτι τό γε ἀμφισβητῆσαι οὐ χαλεπόν, ὅτε καὶ πότερόν ἐστιν ὕπαρ ἢ ὄναρ ἀμφισβητεῖται, [d] καὶ δὴ ἴσου ὄντος τοῦ χρόνου ὃν καθεύδομεν ᾧ ἐγρηγόραμεν, ἐν

nämlich hier für uns zweifellos falsche Wahrnehmungen [158a] *werden.* Und weit gefehlt, daß für einen jeden das *ist,* was ihm *erscheint,* ist ganz im Gegenteil nichts von dem, was ihm erscheint.
Theätet. Was du sagst, ist vollkommen richtig, Sokrates.
Sokrates. Wie kann also jemand noch seine Behauptung verteidigen, mein Lieber, Wissen sei Wahrnehmung, und was einem jeden *erscheint,* das *sei* auch für denjenigen, dem es erscheint?
Theätet. Sokrates, ich wage kaum zu sagen, daß ich nichts erwidern kann, weil du mir eben erst eine solche Antwort ausgetrieben hast. Und ich könnte ja auch tatsächlich nicht bezweifeln, [b] daß die Wahnsinnigen oder Träumenden falsche Vorstellungen haben, wenn sich die einen für Götter halten und die anderen im Schlafe glauben, sie hätten Flügel und könnten fliegen.
Sokrates. Denkst du also dabei auch an folgende Zweifelsfrage, insbesondere beim Schlafen und Wachen?
Theätet. An welche denn?
Sokrates. Du hast vermutlich schon oft die Frage gehört, welches Beweismittel wir vorweisen könnten, wenn uns jemand etwa in unserer jetzigen Situation fragte, ob wir schlafen oder alles, was wir jetzt überlegen, nur träumen, [c] oder ob wir wach sind und im Wachzustand miteinander diskutieren.
Theätet. Sokrates, ich bin wirklich ratlos, welchen Beweis ich geben soll. Denn alles entspricht sich beidemal genau als Gegenstück. Unsere Diskussion, die wir eben hatten, kann uns ohne weiteres auch so vorkommen, als hätten wir im Schlaf miteinander diskutiert. Wenn wir andererseits meinen, im Traume nur Träume zu erzählen, so ist die Ähnlichkeit der geträumten mit den wirklichen Unterhaltungen verblüffend.
Sokrates. Du siehst also, daß durchaus Zweifel angebracht sind, wenn man sogar daran zweifeln kann, ob man wacht oder schläft. [d] Da wir aber gleich lange Zeit schlafen wie

ἑκατέρῳ διαμάχεται ἡμῶν ἡ ψυχὴ τὰ ἀεὶ παρόντα δόγματα παντὸς μᾶλλον εἶναι ἀληθῆ, ὥστε ἴσον μὲν χρόνον τάδε φαμὲν ὄντα εἶναι, ἴσον δὲ ἐκεῖνα, καὶ ὁμοίως ἐφ' ἑκατέροις διισχυριζόμεθα.
ΘΕΑΙ. Παντάπασι μὲν οὖν.
ΣΩ. Οὐκοῦν καὶ περὶ νόσων τε καὶ μανιῶν ὁ αὐτὸς λόγος, πλὴν τοῦ χρόνου, ὅτι οὐχὶ ἴσος;
ΘΕΑΙ. Ὀρθῶς.
ΣΩ. Τί οὖν; πλήθει χρόνου καὶ ὀλιγότητι τὸ ἀληθὲς ὁρισθήσεται;
[e] ΘΕΑΙ. Γελοῖον μεντἂν εἴη πολλαχῇ.
ΣΩ. Ἀλλά τι ἄλλο ἔχεις σαφὲς ἐνδείξασθαι ὁποῖα τούτων τῶν δοξασμάτων ἀληθῆ;
ΘΕΑΙ. Οὔ μοι δοκῶ.
ΣΩ. Ἐμοῦ τοίνυν ἄκουε οἷα περὶ αὐτῶν ἂν λέγοιεν οἱ τὰ ἀεὶ δοκοῦντα ὁριζόμενοι τῷ δοκοῦντι εἶναι ἀληθῆ. Λέγουσι δέ, ὡς ἐγὼ οἶμαι, οὕτως ἐρωτῶντες· «Ὦ Θεαίτητε, ὃ ἂν ἕτερον ᾖ παντάπασιν, μή πῄ τινα δύναμιν τὴν αὐτὴν ἕξει τῷ ἑτέρῳ; καὶ μὴ ὑπολάβωμεν τῇ μὲν ταὐτὸν εἶναι ὃ ἐρωτῶμεν, τῇ δὲ ἕτερον, ἀλλ' ὅλως ἕτερον.»
ΘΕΑΙ. Ἀδύνατον τοίνυν ταὐτόν τι ἔχειν ἢ ἐν δυνάμει ἢ ἐν ἄλλῳ ὁτῳοῦν, ὅταν ᾖ κομιδῇ ἕτερον.
[159a] ΣΩ. Ἆρ' οὖν οὐ καὶ ἀνόμοιον ἀναγκαῖον τὸ τοιοῦτον ὁμολογεῖν;
ΘΕΑΙ. Ἔμοιγε δοκεῖ.
ΣΩ. Εἰ ἄρα τι συμβαίνει ὅμοιόν τῳ γίγνεσθαι ἢ ἀνόμοιον, εἴτε ἑαυτῷ εἴτε ἄλλῳ, ὁμοιούμενον μὲν ταὐτὸν φήσομεν γίγνεσθαι, ἀνομοιούμενον δὲ ἕτερον;

wachen und da wir in beiden Zuständen bei unseren Überlegungen daran festhalten, daß unsere Vorstellungen, die wir jeweils haben, auf jeden Fall wahr sind, behaupten wir folglich gleich lange Zeit, das eine sei wahr, und gleich lange, das andere, und verlassen uns beide Male gleichermaßen fest darauf.
Theätet. So ist es allerdings.
Sokrates. Gilt nicht dasselbe auch von Krankheiten und Wahnvorstellungen, nur daß sie eben nicht gleich lang wie ihr Gegenteil dauern?
Theätet. Das stimmt.
Sokrates. Soll etwa durch die Länge oder Kürze der Zeit bestimmt werden, was wahr ist?
[e] *Theätet.* Das wäre ja höchst lächerlich.
Sokrates. Aber welches andere sichere Kennzeichen kannst du vorbringen, welche von beiden Vorstellungen wahr sind?
Theätet. Ich glaube, keines.
Sokrates. Dann höre einmal von mir, was diejenigen wohl dazu sagen würden, nach deren Bestimmung die jeweiligen Vorstellungen für den, der sie hat, wahr sind. Sie vertreten ihre Lehre, glaube ich, etwa durch folgende Fragen: »Theätet, was von einem anderen völlig verschieden ist, kann doch wohl nicht dasselbe Verhalten zeigen wie dieses andere?« Dabei wollen wir nicht davon ausgehen, daß der fragliche Gegenstand in einigen Beziehungen gleich, in anderen verschieden ist, sondern daß er völlig verschieden ist.
Theätet. Sicher ist es völlig unmöglich, daß etwas mit einem anderen in seinem Verhalten oder sonstwie gleich ist, wenn es vollkommen von ihm verschieden ist.
[159 a] *Sokrates.* Muß man dann nicht auch zugeben, daß so etwas völlig ungleich ist?
Theätet. Ich glaube schon.
Sokrates. Wenn also etwas sich selbst oder einem anderen gleich oder ungleich wird, werden wir doch im ersten Fall sagen, es werde dasselbe, im zweiten Fall, es werde etwas anderes?

ΘΕΑΙ. Ἀνάγκη.
ΣΩ. Οὐκοῦν πρόσθεν ἐλέγομεν ὡς πολλὰ μὲν εἴη τὰ ποιοῦντα καὶ ἄπειρα, ὡσαύτως δέ γε καὶ τὰ πάσχοντα;
ΘΕΑΙ. Ναί.
ΣΩ. Καὶ μὴν ὅτι γε ἄλλο ἄλλῳ συμμειγνύμενον καὶ ἄλλῳ οὐ ταὐτὰ ἀλλ' ἕτερα γεννήσει;
[b] ΘΕΑΙ. Πάνυ μὲν οὖν.
ΣΩ. Λέγωμεν δὴ ἐμέ τε καὶ σὲ καὶ τἆλλα ἤδη κατὰ τὸν αὐτὸν λόγον, Σωκράτη ὑγιαίνοντα καὶ Σωκράτη αὖ ἀσθενοῦντα. Πότερον ὅμοιον τοῦτ' ἐκείνῳ ἢ ἀνόμοιον φήσομεν;
ΘΕΑΙ. Ἆρα τὸν ἀσθενοῦντα Σωκράτη, ὅλον τοῦτο λέγεις ὅλῳ εκείνῳ, τῷ ὑγιαίνοντι Σωκράτει;
ΣΩ. Κάλλιστα ὑπέλαβες· αὐτὸ τοῦτο λέγω.
ΘΕΑΙ. Ἀνόμοιον δήπου.
ΣΩ. Καὶ ἕτερον ἄρα οὕτως ὥσπερ ἀνόμοιον;
ΘΕΑΙ. Ἀνάγκη.
[c] ΣΩ. Καὶ καθεύδοντα δὴ καὶ πάντα ἃ νυνδὴ διήλθομεν, ὡσαύτως φήσεις;
ΘΕΑΙ. Ἔγωγε.
ΣΩ. Ἕκαστον δὴ τῶν πεφυκότων τι ποιεῖν, ἄλλο τι, ὅταν μὲν λάβῃ ὑγιαίνοντα Σωκράτη, ὡς ἑτέρῳ μοι χρήσεται, ὅταν δὲ ἀσθενοῦντα, ὡς ἑτέρῳ;
ΘΕΑΙ. Τί δ' οὐ μέλλει;
ΣΩ. Καὶ ἕτερα δὴ ἐφ' ἑκατέρου γεννήσομεν ἐγώ τε ὁ πάσχων καὶ ἐκεῖνο τὸ ποιοῦν;
ΘΕΑΙ. Τί μήν;
ΣΩ. Ὅταν δὴ οἶνον πίνω ὑγιαίνων, ἡδύς μοι φαίνεται καὶ γλυκύς;

Theätet. Sicher.

Sokrates. Haben wir nicht vorhin behauptet, daß es vielerlei und unendlich viel Bewirkendes gebe, ebenfalls auch Erleidendes?

Theätet. Ja.

Sokrates. Und nicht auch, daß etwas, das sich immer wieder mit einem anderen vermischt, nicht jeweils dasselbe, sondern etwas anderes erzeugt?

[b] *Theätet.* Allerdings.

Sokrates. Nun wollen wir dieselben Behauptungen auf mich, dich oder andere Beispiele anwenden. Also der gesunde Sokrates und andererseits der kranke Sokrates: sollen wir das eine gleich wie das andere oder ungleich nennen?

Theätet. Meinst du mit dem kranken Sokrates den Sokrates als ganzen verglichen mit dem ganzen anderen, dem gesunden Sokrates?

Sokrates. Ausgezeichnet, wie du nachfragst! Genau das meine ich.

Theätet. Also ist die Antwort: ungleich.

Sokrates. Folglich auch einen anderen, insofern er ungleich ist?

Theätet. Ja, zwangsläufig.

[c] *Sokrates.* Und vom schlafenden Sokrates, und was wir sonst noch eben durchgesprochen haben, würdest du dasselbe sagen?

Theätet. Ja.

Sokrates. Wird nicht auch alles, was von Natur aus eine Wirkung ausübt, mich anders behandeln, wenn es auf den gesunden Sokrates trifft, und wieder anders, wenn es auf den kranken Sokrates trifft?

Theätet. Wie sollte es auch anders sein.

Sokrates. Also werden wir auch beide Male etwas anderes hervorbringen, ich als Erleidender und jenes als Bewirkendes?

Theätet. Sicher.

Sokrates. Wenn ich also im gesunden Zustand Wein trinke, erscheint er mir doch angenehm und süß.

ΘΕΑΙ. Ναί.

ΣΩ. Ἐγέννησε γὰρ δὴ ἐκ τῶν προωμολογημένων τό τε ποιοῦν καὶ τὸ πάσχον γλυκύτητά τε καὶ αἴσθησιν, [d] ἅμα φερόμενα ἀμφότερα, καὶ ἡ μὲν αἴσθησις πρὸς τοῦ πάσχοντος οὖσα αἰσθανομένην τὴν γλῶτταν ἀπηργάσατο, ἡ δὲ γλυκύτης πρὸς τοῦ οἴνου περὶ αὐτὸν φερομένη γλυκὺν τὸν οἶνον τῇ ὑγιαινούσῃ γλώττῃ ἐποίησεν καὶ εἶναι καὶ φαίνεσθαι.

ΘΕΑΙ. Πάνυ μὲν οὖν τὰ πρότερα ἡμῖν οὕτως ὡμολόγητο.

ΣΩ. Ὅταν δὲ ἀσθενοῦντα, ἄλλο τι πρῶτον μὲν τῇ ἀληθείᾳ οὐ τὸν αὐτὸν ἔλαβεν; ἀνομοίῳ γὰρ δὴ προσῆλθεν.

ΘΕΑΙ. Ναί.

[e] ΣΩ. Ἕτερα δὴ αὖ ἐγεννησάτην ὅ τε τοιοῦτος Σωκράτης καὶ ἡ τοῦ οἴνου πόσις, περὶ μὲν τὴν γλῶτταν αἴσθησιν πικρότητος, περὶ δὲ τὸν οἶνον γιγνομένην καὶ φερομένην πικρότητα, καὶ τὸν μὲν οὐ πικρότητα ἀλλὰ πικρόν, ἐμὲ δὲ οὐκ αἴσθησιν ἀλλ᾽ αἰσθανόμενον;

ΘΕΑΙ. Κομιδῇ μὲν οὖν.

ΣΩ. Οὔκουν ἐγώ τε οὐδὲν ἄλλο ποτὲ γενήσομαι οὕτως αἰσθανόμενος· τοῦ γὰρ ἄλλου ἄλλη αἴσθησις, καὶ ἀλλοῖον καὶ ἄλλον ποιεῖ τὸν αἰσθανόμενον· [160a] οὔτ᾽ ἐκεῖνο τὸ ποιοῦν ἐμὲ μήποτ᾽ ἄλλῳ συνελθὸν ταὐτὸν γεννῆσαν τοιοῦτον γένηται· ἀπὸ γὰρ ἄλλου ἄλλο γεννῆσαν ἀλλοῖον γενήσεται.

ΘΕΑΙ. Ἔστι ταῦτα.

ΣΩ. Οὐδὲ μὴν ἔγωγε ἐμαυτῷ τοιοῦτος, ἐκεῖνό τε ἑαυτῷ τοιοῦτον γενήσεται.

Theätet. Ja.
Sokrates. Nach dem, was wir übereinstimmend behaupten, bringt nämlich das Bewirkende und das Erleidende die Süßigkeit und Wahrnehmung hervor, [d] indem sie sich beide zugleich bewegen. Die Wahrnehmung seitens des Erleidenden hat bewirkt, daß die Zunge etwas wahrnimmt; die Süßigkeit aber seitens des Weines hat sich um diesen herum ausgebreitet und so zustande gebracht, daß er für die gesunde Zunge süß ist und erscheint.
Theätet. Allerdings haben wir vorher genau hierin übereingestimmt.
Sokrates. Wenn er allerdings auf einen Kranken trifft, hat doch der Wein, um damit zu beginnen, wahrhaftig nicht denselben erfaßt? Denn er traf ihn doch in einem ungleichen Zustand an.
Theätet. Ja.
[e] *Sokrates.* Ferner haben also auch ein derartiger Sokrates und sein Weintrinken etwas anderes hervorgebracht, nämlich bei der Zunge die Wahrnehmung der Bitterkeit, beim Wein aber die entstehende und sich ausbreitende Bitterkeit. Und den Wein hat dies nicht zur Bitterkeit gemacht, sondern zum bitteren Wein, und mich nicht zur Wahrnehmung, sondern zu einem, der wahrnimmt.
Theätet. Ganz sicher.
Sokrates. Also werde auch ich nie irgend etwas anderes werden, wenn ich auf diese Weise wahrnehme. Denn eine andere Wahrnehmung gibt es nur von etwas anderem, und nur sie macht den Wahrnehmenden zu einem andersartigen und anderen. [160a] Aber auch dasjenige, was auf mich wirkt, kann niemals, wenn es mit etwas anderem zusammentrifft, dasselbe hervorbringen und ein solches werden. Denn da es bei einem anderen etwas anderes hervorbringt, wird es auch etwas andersartiges.
Theätet. So ist es.
Sokrates. Auch werde ich nicht für mich selbst noch jenes für sich selbst von einer bestimmten Beschaffenheit werden.

ΘΕΑΙ. Οὐ γὰρ οὖν.
ΣΩ. Ἀνάγκη δέ γε ἐμέ τε τινὸς γίγνεσθαι, ὅταν αἰσθανόμενος γίγνωμαι· αἰσθανόμενον γάρ, μηδενὸς δὲ αἰσθανόμενον ἀδύνατον γίγνεσθαι· ἐκεῖνό τε τινὶ γίγνεσθαι, ὅταν γλυκὺ ἢ πικρὸν ἤ τι τοιοῦτον γίγνηται· [b] γλυκὺ γάρ, μηδενὶ δὲ γλυκὺ ἀδύνατον γενέσθαι.
ΘΕΑΙ. Παντάπασι μὲν οὖν.
ΣΩ. Λείπεται δὴ οἶμαι ἡμῖν ἀλλήλοις, εἴτ' ἐσμέν, εἶναι, εἴτε γιγνόμεθα, γίγνεσθαι, ἐπείπερ ἡμῶν ἡ ἀνάγκη τὴν οὐσίαν συνδεῖ μέν, συνδεῖ δὲ οὐδενὶ τῶν ἄλλων οὐδ' αὖ ἡμῖν αὐτοῖς. Ἀλλήλοις δὴ λείπεται συνδεδέσθαι. Ὥστε εἴτε τις εἶναί τι ὀνομάζει, τινὶ εἶναι ἢ τινὸς ἢ πρός τι ῥητέον αὐτῷ, εἴτε γίγνεσθαι· αὐτὸ δὲ ἐφ' αὑτοῦ τι ἢ ὂν ἢ γιγνόμενον οὔτε αὐτῷ λεκτέον [c] οὔτ' ἄλλου λέγοντος ἀποδεκτέον, ὡς ὁ λόγος ὃν διεληλύθαμεν σημαίνει.
ΘΕΑΙ. Παντάπασι μὲν οὖν, ὦ Σώκρατες.
ΣΩ. Οὐκοῦν ὅτε δὴ τὸ ἐμὲ ποιοῦν ἐμοί ἐστιν καὶ οὐκ ἄλλῳ, ἐγὼ καὶ αἰσθάνομαι αὐτοῦ, ἄλλος δ' οὔ;
ΘΕΑΙ. Πῶς γὰρ οὔ;
ΣΩ. Ἀληθὴς ἄρα ἐμοὶ ἡ ἐμὴ αἴσθησις· τῆς γὰρ ἐμῆς οὐσίας ἀεί ἐστιν, καὶ ἐγὼ κριτὴς κατὰ τὸν Πρωταγόραν τῶν τε ὄντων ἐμοὶ ὡς ἔστι, καὶ τῶν μὴ ὄντων ὡς οὐκ ἔστιν.
ΘΕΑΙ. Ἔοικεν.
[d] ΣΩ. Πῶς ἂν οὖν ἀψευδὴς ὢν καὶ μὴ πταίων τῇ διανοίᾳ περὶ τὰ ὄντα ἢ γιγνόμενα οὐκ ἐπιστήμων ἂν εἴην ὧνπερ αἰσθητής;
ΘΕΑΙ. Οὐδαμῶς ὅπως οὔ.
ΣΩ. Παγκάλως ἄρα σοι εἴρηται ὅτι ἐπιστήμη οὐκ ἄλλο τί

Theätet. Nein, auch das nicht.
Sokrates. Wenn ich aber wahrnehmend werde, muß ich es von etwas Bestimmtem werden. Denn unmöglich kann man zwar wahrnehmend, aber wahrnehmend von nichts werden.[33] Der Gegenstand aber muß, wenn er süß, bitter oder etwas derartiges wird, es für jemanden werden. [b] Denn unmöglich kann etwas zwar süß, aber süß für niemanden werden.
Theätet. Völlig richtig.
Sokrates. So bleibt also meiner Meinung nach nur übrig, daß wir wechselseitig sind, wenn wir »sind«, oder werden, wenn wir »werden«. Denn notwendigerweise ist unser Sein zwar miteinander verbunden, aber nicht jeweils mit etwas anderem und auch nicht allein mit uns selbst. Also bleibt nur eine wechselseitige Verbindung übrig. Wenn wir daher etwas als »seiend« bezeichnen, müssen wir sagen, es sei für etwas, von etwas oder in Beziehung auf etwas, auch wenn wir »werden« sagen. Daß aber etwas für sich selbst sei oder werde, darf niemand sagen [c] oder es durchgehen lassen, wenn es ein anderer sagt. Dies folgt aus der Erklärung, die wir vorgetragen haben.
Theätet. Völlig richtig, Sokrates.
Sokrates. Da nun das, was auf mich einwirkt, für mich ist und für keinen anderen, nehme ich es auch wahr, ein anderer aber nicht?
Theätet. Sicher.
Sokrates. Also ist auch meine Wahrnehmung für mich wahr, denn sie bezieht sich jeweils auf das, was für mich ist, und ich bin nach Protagoras der Richter über das, was für mich ist, daß es ist, und über das, was nicht ist, daß es nicht ist.
Theätet. Offensichtlich.
[d] *Sokrates.* Wenn ich nun untrüglich bin und keinen Fehler mache in meiner Ansicht über das Seiende oder Werdende, weiß ich doch auch, was ich wahrnehme?
Theätet. Auf jeden Fall.
Sokrates. Also hast du völlig richtig gesagt, daß Wissen

ἐστιν ἡ αἴσθησις, καὶ εἰς ταὐτὸν συμπέπτωκεν, κατὰ μὲν Ὅμηρον καὶ Ἡράκλειτον καὶ πᾶν τὸ τοιοῦτον φῦλον οἷον ῥεύματα κινεῖσθαι τὰ πάντα, κατὰ δὲ Πρωταγόραν τὸν σοφώτατον πάντων χρημάτων ἄνθρωπον μέτρον εἶναι, [e] κατὰ δὲ Θεαίτητον τούτων οὕτως ἐχόντων αἴσθησιν ἐπιστήμην γίγνεσθαι. Ἦ γάρ, ὦ Θεαίτητε; φῶμεν τοῦτο σὸν μὲν εἶναι οἷον νεογενὲς παιδίον, ἐμὸν δὲ μαίευμα; ἢ πῶς λέγεις;

ΘΕΑΙ. Οὕτως ἀνάγκη, ὦ Σώκρατες.

ΣΩ. Τοῦτο μὲν δή, ὡς ἔοικεν, μόλις ποτὲ ἐγεννήσαμεν, ὅτι δή ποτε τυγχάνει ὄν. Μετὰ δὲ τὸν τόκον τὰ ἀμφιδρόμια αὐτοῦ ὡς ἀληθῶς ἐν κύκλῳ περιθρεκτέον τῷ λόγῳ, σκοπουμένους μὴ λάθῃ ἡμᾶς οὐκ ἄξιον ὂν τροφῆς τὸ γιγνόμενον, [161a] ἀλλὰ ἀνεμιαῖόν τε καὶ ψεῦδος. Ἦ σὺ οἴει πάντως δεῖν τό γε σὸν τρέφειν καὶ μὴ ἀποτιθέναι, ἢ καὶ ἀνέξῃ ἐλεγχόμενον ὁρῶν, καὶ οὐ σφόδρα χαλεπανεῖς ἐάν τις σοῦ ὡς πρωτοτόκου αὐτὸ ὑφαιρῇ;

ΘΕΟ. Ἀνέξεται, ὦ Σώκρατες, Θεαίτητος· οὐδαμῶς γὰρ δύσκολος. Ἀλλὰ πρὸς θεῶν εἰπέ, ἦ αὖ οὐχ οὕτως ἔχει;

ΣΩ. Φιλόλογός γ' εἶ ἀτεχνῶς καὶ χρηστός, ὦ Θεόδωρε, ὅτι με οἴει λόγων τινὰ εἶναι θύλακον καὶ ῥᾳδίως ἐξελόντα ἐρεῖν ὡς [b] οὐκ αὖ ἔχει οὕτω ταῦτα· τὸ δὲ γιγνόμενον οὐκ ἐννοεῖς, ὅτι οὐδεὶς τῶν λόγων ἐξέρχεται παρ' ἐμοῦ ἀλλ' ἀεὶ παρὰ τοῦ ἐμοὶ προσδιαλεγομένου, ἐγὼ δὲ οὐδὲν ἐπίσταμαι πλέον πλὴν βραχέος, ὅσον λόγον παρ' ἑτέρου

nichts anderes als Wahrnehmung sei. Und es kommt auf dasselbe hinaus, wenn nach Homer, Heraklit und deren ganzen Anhängern alles sich wie Flüsse bewegt, nach Protagoras, diesem so klugen Menschen, der Mensch der Maßstab aller Dinge ist, [e] und wenn nach Theätet auf Grund dieser Lehren Wahrnehmung Wissen wird. Oder nicht, Theätet? Wollen wir sagen, diese Behauptung sei gleichsam dein neugeborenes Kind und das Ergebnis meiner Hebammenkunst? Oder was meinst du dazu?

Theätet. Das müssen wir, Sokrates.

Sokrates. Dieses Ergebnis haben wir also, wie es scheint, mit einiger Mühe herausgebracht, mag es auch beschaffen sein, wie es will. Nach der Geburt aber müssen wir mit dem Neugeborenen ganz im Kreis herumgehen.[34] Dabei müssen wir uns das Neugeborene durch weitere Untersuchungen genau ansehen, damit uns nicht entgeht, daß es möglicherweise gar nicht der Aufzucht wert, [161 a] sondern ein Windei und Trugbild ist. Oder glaubst du, wir müssen deine Geburt auf jeden Fall aufziehen und nicht beiseite schaffen? Oder wirst du es auch aushalten, wenn du siehst, daß sie die Prüfung nicht besteht, und wirst du nicht äußerst wütend werden, wenn man sie dir wie einer Erstgebärenden wegnimmt?

Theodoros. Das wird Theätet aushalten, Sokrates. Denn er neigt kein bißchen dazu, etwas übelzunehmen. Aber, bei den Göttern, sage doch, ob dies alles sich wiederum nicht so verhält?

Sokrates. Du bist ja geradezu ein Liebhaber solcher Gespräche, Theodoros, und nimmst recht großzügig an, ich sei ein Sack voller Argumente, aus dem ich mühelos etwas herausholen könne, um zu beweisen, [b] daß es sich wiederum nicht so verhält. Du verkennst aber die Tatsache, daß keine der Behauptungen von mir selber stammt, sondern immer von meinem Diskussionspartner. Ich verstehe mich auf nichts weiter als auf die Kleinigkeit, von einem anderen klugen Menschen die Behauptungen aufzugreifen und angemes-

σοφοῦ λαβεῖν καὶ ἀποδέξασθαι μετρίως. Καὶ νῦν τοῦτο παρὰ τοῦδε πειράσομαι, οὔ τι αὐτὸς εἰπεῖν.

ΘΕΟ. Σὺ κάλλιον, ὦ Σώκρατες, λέγεις· καὶ ποίει οὕτως.

ΣΩ. Οἶσθ' οὖν, ὦ Θεόδωρε, ὃ θαυμάζω τοῦ ἑταίρου σου Πρωταγόρου;

[c] ΘΕΟ. Τὸ ποῖον;

ΣΩ. Τὰ μὲν ἄλλα μοι πάνυ ἡδέως εἴρηκεν, ὡς τὸ δοκοῦν ἑκάστῳ τοῦτο καὶ ἔστιν· τὴν δ' ἀρχὴν τοῦ λόγου τεθαύμακα, ὅτι οὐκ εἶπεν ἀρχόμενος τῆς 'Αληθείας ὅτι «Πάντων χρημάτων μέτρον ἐστὶν ὗς» ἢ «κυνοκέφαλος» ἤ τι ἄλλο ἀτοπώτερον τῶν ἐχόντων αἴσθησιν, ἵνα μεγαλοπρεπῶς καὶ πάνυ καταφρονητικῶς ἤρξατο ἡμῖν λέγειν, ἐνδεικνύμενος ὅτι ἡμεῖς μὲν αὐτὸν ὥσπερ θεὸν ἐθαυμάζομεν ἐπὶ σοφίᾳ, ὁ δ' ἄρα ἐτύγχανεν ὢν εἰς φρόνησιν οὐδὲν βελτίων βατράχου γυρίνου, [d] μὴ ὅτι ἄλλου του ἀνθρώπων. Ἢ πῶς λέγωμεν, ὦ Θεόδωρε; εἰ γὰρ δὴ ἑκάστῳ ἀληθὲς ἔσται ὃ ἂν δι' αἰσθήσεως δοξάζῃ, καὶ μήτε τὸ ἄλλου πάθος ἄλλος βέλτιον διακρινεῖ, μήτε τὴν δόξαν κυριώτερος ἔσται ἐπισκέψασθαι ἕτερος τὴν ἑτέρου ὀρθὴ ἢ ψευδής, ἀλλ' ὃ πολλάκις εἴρηται, αὐτὸς τὰ αὑτοῦ ἕκαστος μόνος δοξάσει, ταῦτα δὲ πάντα ὀρθὰ καὶ ἀληθῆ, τί δή ποτε, ὦ ἑταῖρε, Πρωταγόρας μὲν σοφός, ὥστε καὶ ἄλλων διδάσκαλος ἀξιοῦσθαι δικαίως μετὰ μεγάλων μισθῶν, [e] ἡμεῖς δὲ ἀμαθέστεροί τε καὶ φοιτητέον ἡμῖν ἦν παρ' ἐκεῖνον, μέτρῳ ὄντι αὐτῷ ἑκάστῳ τῆς αὑτοῦ σοφίας; ταῦτα πῶς μὴ φῶμεν δημούμενον λέγειν τὸν Πρωταγόραν; τὸ δὲ δὴ ἐμόν τε καὶ τῆς ἐμῆς τέχνης τῆς μαιευτικῆς σιγῶ ὅσον γέλωτα ὀφλισκάνομεν, οἶμαι δὲ καὶ σύμπασα ἡ τοῦ διαλέγεσθαι πραγματεία. Τὸ γὰρ ἐπισκοπεῖν καὶ ἐπιχειρεῖν ἐλέγχειν τὰς ἀλλήλων φαντασίας τε καὶ δόξας, ὀρθὰς ἑκά-

sen zu behandeln. Dies will ich auch jetzt bei Theätet versuchen, ohne selber etwas zu behaupten.

Theodoros. Das ist besser, Sokrates. Mach dies nur so!

Sokrates. Weißt du, Theodoros, was mich bei deinem Freund Protagoras wundert?

[c] *Theodoros.* Was denn?

Sokrates. Sonst hat mir ja seine Erklärung recht gut gefallen, daß das, was einem jeden scheint, für ihn auch ist. Beim Anfang seiner Darlegungen aber habe ich mich gewundert, daß er seine »Wahrheit« nicht damit eingeleitet hat, daß »der Maßstab aller Dinge das Schwein ist« oder »der Pavian« oder sonst etwas Abwegiges, das Wahrnehmung besitzt. Somit hätte er gleich am Anfang einen großspurigen und recht stolzen Ton uns gegenüber angeschlagen. Denn er hätte gezeigt, daß wir ihn wegen seiner Weisheit wie einen Gott bewundern, obwohl er doch hinsichtlich seiner Einsicht einem jungen Frosch nichts voraus hat, [d] geschweige denn irgendeinem anderen Menschen. Oder was sollen wir sagen, Theodoros? Denn setzen wir voraus: für jeden ist das wahr, was er auf Grund seiner Wahrnehmung meint; kein anderer kann den Zustand des anderen besser beurteilen und kein anderer kann eher die Meinung des anderen überprüfen, ob sie richtig oder falsch ist, sondern, zum wiederholten Male, jeder kann nur selber seine eigenen Meinungen haben, und zwar durchweg richtige und wahre. Wieso eigentlich, mein Freund, soll dann Protagoras so klug sein, daß er zu Recht gegen hohe Bezahlung auch von anderen als Lehrer genommen wird, [e] während wir weniger klug sein und zu ihm in den Unterricht gehen sollen, obwohl doch jeder für sich selber der Maßstab seiner eigenen Weisheit ist? Müssen wir nicht annehmen, daß Protagoras nur zur breiten Menge so redet? Einmal abgesehen von mir und meiner Hebammenkunst, macht sich doch wohl auch die gesamte Diskussionstätigkeit zu Recht lächerlich. Denn ist es nicht ein weitschweifiges und übertriebenes Geschwätz, gegenseitig zu prüfen und zu widerlegen versuchen, was dem anderen er-

στου οὖσας, οὐ μακρὰ μὲν καὶ διωλύγιος φλυαρία, [162a] εἰ ἀληθὴς ἡ ᾿Αλήθεια Πρωταγόρου ἀλλὰ μὴ παίζουσα ἐκ τοῦ ἀδύτου τῆς βίβλου ἐφθέγξατο;

ΘΕΟ. Ὦ Σώκρατες, φίλος ἀνήρ, ὥσπερ σὺ νυνδὴ εἶπες. Οὐκ ἂν οὖν δεξαίμην δι' ἐμοῦ ὁμολογοῦντος ἐλέγχεσθαι Πρωταγόραν, οὐδ' αὖ σοὶ παρὰ δόξαν ἀντιτείνειν. Τὸν οὖν Θεαίτητον πάλιν λαβέ· πάντως καὶ νυνδὴ μάλ' ἐμμελῶς σοι ἐφαίνετο ὑπακούειν.

[b] ΣΩ. Ἆρα κἂν εἰς Λακεδαίμονα ἐλθών, ὦ Θεόδωρε, πρὸς τὰς παλαίστρας ἀξιοῖς ἂν ἄλλους θεώμενος γυμνούς, ἐνίους φαύλους, αὐτὸς μὴ ἀντεπιδεικνύναι τὸ εἶδος παραποδυόμενος;

ΘΕΟ. ᾿Αλλὰ τί μὴν δοκεῖς, εἴπερ μέλλοιέν μοι ἐπιτρέψειν καὶ πείσεσθαι; ὥσπερ νῦν οἶμαι ὑμᾶς πείσειν ἐμὲ μὲν ἐᾶν θεᾶσθαι καὶ μὴ ἕλκειν πρὸς τὸ γυμνάσιον σκληρὸν ἤδη ὄντα, τῷ δὲ δὴ νεωτέρῳ τε καὶ ὑγροτέρῳ ὄντι προσπαλαίειν.

ΣΩ. ᾿Αλλ' εἰ οὕτως, ὦ Θεόδωρε, σοὶ φίλον, οὐδ' ἐμοὶ ἐχθρόν, [c] φασὶν οἱ παροιμιαζόμενοι. Πάλιν δὴ οὖν ἐπὶ τὸν σοφὸν Θεαίτητον ἰτέον. Λέγε δή, ὦ Θεαίτητε, πρῶτον μὲν ἃ νυνδὴ διήλθομεν, ἆρα οὐ σὺ θαυμάζεις εἰ ἐξαίφνης οὕτως ἀναφανήσῃ μηδὲν χείρων εἰς σοφίαν ὁτουοῦν ἀνθρώπων ἢ καὶ θεῶν; ἢ ἧττόν τι οἴει τὸ Πρωταγόρειον μέτρον εἰς θεοὺς ἢ εἰς ἀνθρώπους λέγεσθαι;

ΘΕΑΙ. Μὰ Δί' οὐκ ἔγωγε· καὶ ὅπερ γε ἐρωτᾷς, πάνυ θαυμάζω. Ἡνίκα γὰρ διῇμεν ὃν τρόπον λέγοιεν τὸ δοκοῦν ἑκάστῳ τοῦτο καὶ εἶναι τῷ δοκοῦντι, [d] πάνυ μοι εὖ ἐφαίνετο λέγεσθαι· νῦν δὲ τοὐναντίον ταχὺ μεταπέπτωκεν.

ΣΩ. Νέος γὰρ εἶ, ὦ φίλε παῖ· τῆς οὖν δημηγορίας ὀξέως

scheint und was er meint, wenn doch jeder recht hat? [162 a] Vorausgesetzt, die »Wahrheit« des Protagoras ist wahr und tönt nicht nur zum Scherz aus dem Geheimbezirk des Buches heraus.

Theodoros. Wie du eben selber gesagt hast, Sokrates, ist er mein Freund. Daher ist es mir weder angenehm, wenn Protagoras durch mein Zugeständnis widerlegt würde, noch auch, wenn ich dir gegen meine eigene Auffassung widerspreche. Nimm dir also wieder Theätet vor. Denn ganz offensichtlich hat er dir ja auch eben schon sehr sorgfältig zugehört.

[b] *Sokrates.* Wenn du nach Sparta in eine Ringschule kämst, Theodoros, würdest du dir dann andere, einige auch von armseligem Anblick, nackt anschauen wollen, ohne dich selber auszuziehen und deine Gestalt zu zeigen?

Theodoros. Warum meinst du denn nicht, falls sie es mir erlauben und mir nachgeben wollten? Genauso hoffe ich jetzt, euch zu überreden, mich zuschauen zu lassen und mich nicht auf den Übungsplatz zu ziehen, da ich ja schon steif geworden bin, sondern mit dem Jüngeren und Gewandteren zu ringen.

Sokrates. Wenn es so steht, Theodoros, soll dein Wunsch mir Befehl sein, [c] wie man so sagt. Also wollen wir uns wieder an den klugen Theätet wenden. Sage mir doch zunächst einmal, Theätet, hast du dich nicht eben bei dem, was wir durchgesprochen haben, gewundert, daß du plötzlich auf diese Weise an Weisheit offensichtlich keinem Menschen oder sogar Gott nachstehst? Oder meinst du, daß der Protagoreische Maßstab von den Göttern weniger als von den Menschen gilt?

Theätet. Bei Gott, das glaube ich nicht. Deine Frage aber wundert mich sehr. Denn als wir eben durchgingen, welche Bedeutung wohl der Satz habe, was einem jeden scheint, das *sei* auch für ihn, dem es scheint, [d] da kam er mir sehr vernünftig vor. Jetzt aber hat es sich völlig ins Gegenteil verkehrt.

Sokrates. Du bist eben noch jung, mein lieber Junge; daher

ὑπακούεις καὶ πείθῃ. Πρὸς γὰρ ταῦτα ἐρεῖ Πρωταγόρας ἤ τις ἄλλος ὑπὲρ αὐτοῦ. «Ὦ γενναῖοι παῖδές τε καὶ γέροντες, δημηγορεῖτε συγκαθεζόμενοι, θεούς τε εἰς τὸ μέσον ἄγοντες, οὓς ἐγὼ ἔκ τε τοῦ λέγειν καὶ τοῦ γράφειν περὶ αὐτῶν ὡς εἰσὶν ἢ ὡς οὐκ εἰσίν, ἐξαιρῶ, [e] καὶ ἃ οἱ πολλοὶ ἂν ἀποδέχοιντο ἀκούοντες, λέγετε ταῦτα, ὡς δεινὸν εἰ μηδὲν διοίσει εἰς σοφίαν ἕκαστος τῶν ἀνθρώπων βοσκήματος ὁτουοῦν· ἀπόδειξιν δὲ καὶ ἀνάγκην οὐδ᾽ ἡντινοῦν λέγετε ἀλλὰ τῷ εἰκότι χρῆσθε, ᾧ εἰ ἐθέλοι Θεόδωρος ἢ ἄλλος τις τῶν γεωμετρῶν χρώμενος γεωμετρεῖν, ἄξιος οὐδὲ μόνου ἂν εἴη. Σκοπεῖτε οὖν σύ τε καὶ Θεόδωρος εἰ ἀποδέξεσθε πιθανολογίᾳ [163a] τε καὶ εἰκόσι περὶ τηλικούτων λεγομένους λόγους.»

ΘΕΑΙ. Ἀλλ᾽ οὐ δίκαιον, ὦ Σώκρατες, οὔτε σὺ οὔτε ἂν ἡμεῖς φαῖμεν.

ΣΩ. Ἄλλῃ δὴ σκεπτέον, ὡς ἔοικεν, ὡς ὅ τε σὸς καὶ ὁ Θεοδώρου λόγος.

ΘΕΑΙ. Πάνυ μὲν οὖν ἄλλῃ.

ΣΩ. Τῇδε δὴ σκοπῶμεν εἰ ἄρα ἐστὶν ἐπιστήμη τε καὶ αἴσθησις ταὐτὸν ἢ ἕτερον. Εἰς γὰρ τοῦτό που πᾶς ὁ λόγος ἡμῖν ἔτεινεν, καὶ τούτου χάριν τὰ πολλὰ καὶ ἄτοπα ταῦτα ἐκινήσαμεν. Οὐ γάρ;

ΘΕΑΙ. Παντάπασι μὲν οὖν.

[b] ΣΩ. Ἦ οὖν ὁμολογήσομεν, ἃ τῷ ὁρᾶν αἰσθανόμεθα ἢ τῷ ἀκούειν, πάντα ταῦτα ἅμα καὶ ἐπίστασθαι; οἷον τῶν βαρβάρων πρὶν μαθεῖν τὴν φωνὴν πότερον οὐ φήσομεν ἀκούειν ὅταν φθέγγωνται, ἢ ἀκούειν τε καὶ ἐπίστασθαι ἃ

hörst du bereitwillig auf bloße Volksrednerei und läßt dich von ihr überreden. Denn darauf wird Protagoras oder irgendein anderer für ihn antworten: »Ihr Lieben, jung und alt, sitzt da beisammen und führt bloße Volksreden. Ihr hebt die Götter hervor, obwohl ich die Frage ihres Daseins oder Nichtdaseins aus meinen Reden und Schriften verbanne.[35] [e] Außerdem führt ihr genau das an, was die breite Menge recht gerne hört, nämlich, wie schlimm es doch wäre, wenn sich die Menschen durchweg kein bißchen in ihrer Klugheit vom ersten besten Stück Vieh unterschieden. Einen zwingenden Beweis aber bringt ihr damit nicht im entferntesten an, sondern stützt euch lediglich auf Scheingründe. Wenn Theodoros oder sonst ein Geometriker von derartigem Gebrauch machte, würde er auch nicht die Spur von Ansehen mehr besitzen. Seht also zu, du und Theodoros, ob ihr euch bei einer so wichtigen Frage mit Redereien zufriedengeben wollt, die nur aus Überredungskunst [163a] und Scheingründen bestehen.«

Theätet. Das würdest weder du, Sokrates, noch wir angemessen finden.

Sokrates. Offensichtlich müssen wir also ein anderes Untersuchungsverfahren wählen, wie du und Theodoros behaupten.

Theätet. Allerdings, ein anderes.

Sokrates. Also laßt uns auf folgende Weise prüfen, ob Wissen und Wahrnehmung dasselbe oder etwas anderes ist. Darauf zielte doch unsere gesamte Erläuterung ab, und dafür haben wir doch diese vielen sonderbaren Behauptungen in Bewegung gesetzt, oder nicht?

Theätet. Völlig richtig.

[b] *Sokrates.* Wollen wir also zugeben, daß wir alles, was wir durch Sehen oder Hören wahrnehmen, zugleich auch wissen? Wollen wir zum Beispiel, bevor wir die Sprache von Fremden erlernt haben, entweder leugnen, wir hörten etwas, wenn sie Töne von sich geben, oder aber behaupten, wir hörten und wüßten zugleich, was sie sagen? Ferner, wenn

λέγουσι; καὶ αὖ γράμματα μὴ ἐπιστάμενοι, βλέποντες εἰς αὐτὰ πότερον οὐχ ὁρᾶν ἢ ἐπίστασθαι εἴπερ ὁρῶμεν διισχυριούμεθα;

ΘΕΑΙ. Αὐτό γε, ὦ Σώκρατες, τοῦτο αὐτῶν, ὅπερ ὁρῶμέν τε καὶ ἀκούομεν, ἐπίστασθαι φήσομεν· τῶν μὲν γὰρ τὸ σχῆμα καὶ τὸ χρῶμα ὁρᾶν τε καὶ ἐπίστασθαι, τῶν δὲ τὴν ὀξύτητα καὶ βαρύτητα ἀκούειν τε ἅμα καὶ εἰδέναι· [c] ἃ δὲ οἵ τε γραμματισταὶ περὶ αὐτῶν καὶ οἱ ἑρμηνῆς διδάσκουσιν, οὔτε αἰσθάνεσθαι τῷ ὁρᾶν ἢ ἀκούειν οὔτε ἐπίστασθαι.

ΣΩ. Ἄριστά γ', ὦ Θεαίτητε, καὶ οὐκ ἄξιόν σοι πρὸς ταῦτα ἀμφισβητῆσαι, ἵνα καὶ αὐξάνῃ. Ἀλλ' ὅρα δὴ καὶ τόδε ἄλλο προσιόν, καὶ σκόπει πῇ αὐτὸ διωσόμεθα.

ΘΕΑΙ. Τὸ ποῖον δή;

[d] ΣΩ. Τὸ τοιόνδε· εἴ τις ἔροιτο· «Ἆρα δυνατὸν ὅτου τις ἐπιστήμων γένοιτό ποτε, ἔτι ἔχοντα μνήμην αὐτοῦ τούτου καὶ σῳζόμενον, τότε ὅτε μέμνηται μὴ ἐπίστασθαι αὐτὸ τοῦτο ὃ μέμνηται»; μακρολογῶ δέ, ὡς ἔοικε, βουλόμενος ἐρέσθαι εἰ μαθών τίς τι μεμνημένος μὴ οἶδε.

ΘΕΑΙ. Καὶ πῶς, ὦ Σώκρατες; τέρας γὰρ ἂν εἴη ὃ λέγεις.

ΣΩ. Μὴ οὖν ἐγὼ ληρῶ; σκόπει δέ. Ἆρα τὸ ὁρᾶν οὐκ αἰσθάνεσθαι λέγεις καὶ τὴν ὄψιν αἴσθησιν;

ΘΕΑΙ. Ἔγωγε.

[e] ΣΩ. Οὐκοῦν ὁ ἰδών τι ἐπιστήμων ἐκείνου γέγονεν ὃ εἶδεν κατὰ τὸν ἄρτι λόγον;

ΘΕΑΙ. Ναί.

ΣΩ. Τί δέ; μνήμην οὐ λέγεις μέντοι τι;

ΘΕΑΙ. Ναί.

ΣΩ. Πότερον οὐδενὸς ἢ τινός;

wir ihre Schrift nicht kennen, sie uns aber ansehen, wollen wir dann versichern, wir sähen sie nicht, oder aber, wir verstünden sie, da wir sie ja sehen?
Theätet. Wir werden behaupten, Sokrates, wir würden genau das an ihnen verstehen, was wir sehen und hören. In einem Fall nämlich sähen und verstünden wir die Gestalt und Farbe, im anderen Fall hörten und verstünden wir zugleich die Höhe und Tiefe. [c] Was aber die Schreiblehrer und Dolmetscher darüber lehren, nähmen wir weder durch Sehen und Hören wahr, noch verstünden wir es.
Sokrates. Ausgezeichnet, Theätet! Und es wäre nicht richtig, hieran Zweifel anzumelden, denn du sollst ja mehr Selbstvertrauen gewinnen. Sieh dir vielmehr folgenden Einwurf an und überlege, wie wir ihn abwehren können.
Theätet. Welchen denn?
[d] *Sokrates.* Folgenden: Wenn jemand fragte: »Ist es wohl für jemanden möglich, der von etwas ein Wissen erlangt und davon auch noch eine Erinnerung bewahrt hat, daß er dann, wenn er sich daran erinnert, das nicht weiß, woran er sich erinnert?« Ich rede aber, wie mir scheint, zuviel um die Sache herum, wo ich doch nur fragen will, ob jemand das, was er gelernt hat, wenn er sich daran erinnert, nicht weiß?
Theätet. Wie sollte er nicht, Sokrates? Deine Annahme wäre ja völlig abwegig.
Sokrates. Ich rede doch nicht etwa Unsinn? Aber überlege einmal. Bezeichnest du das Sehen nicht als Wahrnehmen und den Gesichtseindruck nicht als Wahrnehmung?
Theätet. Allerdings.
[e] *Sokrates.* Also hat jemand, der etwas gesehen hat, davon ein Wissen erlangt, was er gesehen hat, wie aus der vorhin aufgestellten Behauptung folgt?
Theätet. Ja.
Sokrates. Weiter, du bezeichnest doch etwas auch als Erinnerung.
Theätet. Ja.
Sokrates. An nichts oder an etwas?

ΘΕΑΙ. Τινὸς δήπου.
ΣΩ. Οὐκοῦν ὧν ἔμαθε καὶ ὧν ᾔσθετο, τοιουτωνί τινων;
ΘΕΑΙ. Τί μήν;
ΣΩ. Ὃ δὴ εἶδέ τις, μέμνηταί που ἐνίοτε;
ΘΕΑΙ. Μέμνηται.
ΣΩ. Ἦ καὶ μύσας; ἢ τοῦτο δράσας ἐπελάθετο;
ΘΕΑΙ. Ἀλλὰ δεινόν, ὦ Σώκρατες, τοῦτό γε φάναι.
[164 a] ΣΩ. Δεῖ γε μέντοι, εἰ σώσομεν τὸν πρόσθε λόγον· εἰ δὲ μή, οἴχεται.
ΘΕΑΙ. Καὶ ἐγώ, νὴ τὸν Δία, ὑποπτεύω, οὐ μὴν ἱκανῶς γε συννοῶ· ἀλλ' εἰπὲ πῇ.
ΣΩ. Τῇδε· ὁ μὲν ὁρῶν ἐπιστήμων, φαμέν, τούτου γέγονεν οὗπερ ὁρῶν· ὄψις γὰρ καὶ αἴσθησις καὶ ἐπιστήμη ταὐτὸν ὡμολόγηται.
ΘΕΑΙ. Πάνυ γε.
ΣΩ. Ὁ δέ γε ὁρῶν καὶ ἐπιστήμων γεγονὼς οὗ ἑώρα, ἐὰν μύσῃ, μέμνηται μέν, οὐχ ὁρᾷ δὲ αὐτό. Ἦ γάρ;
ΘΕΑΙ. Ναί.
[b] ΣΩ. Τὸ δέ γε «οὐχ ὁρᾷ» «οὐκ ἐπίσταταί» ἐστιν, εἴπερ καὶ τὸ «ὁρᾷ» «ἐπίσταται».
ΘΕΑΙ. Ἀληθῆ.
ΣΩ. Συμβαίνει ἄρα, οὗ τις ἐπιστήμων ἐγένετο, ἔτι μεμνημένον αὐτὸν μὴ ἐπίστασθαι, ἐπειδὴ οὐχ ὁρᾷ· ὃ τέρας ἔφαμεν ἂν εἶναι εἰ γίγνοιτο.
ΘΕΑΙ. Ἀληθέστατα λέγεις.
ΣΩ. Τῶν ἀδυνάτων δή τι συμβαίνειν φαίνεται ἐάν τις ἐπιστήμην καὶ αἴσθησιν ταὐτὸν φῇ εἶναι.

Theätet. An etwas natürlich.
Sokrates. Doch wohl genau daran, was man gelernt und wahrgenommen hat?
Theätet. Sicher.
Sokrates. Was jemand gesehen hat, daran erinnert er sich auch manchmal?
Theätet. Ja, daran erinnert er sich.
Sokrates. Auch mit geschlossenen Augen? Oder hat man es dann vergessen?
Theätet. Das wäre doch eine gewagte Behauptung, Sokrates.
[164 a] *Sokrates.* Und dennoch muß man sie aufstellen, wenn wir unsere frühere Annahme aufrechterhalten wollen. Wenn wir es aber nicht tun, geht sie verloren.
Theätet. Bei Gott, auch ich ahne es schon, kann es aber noch nicht klar genug fassen. Erkläre mir also, inwiefern es so ist.
Sokrates. Folgendermaßen: wer etwas sieht, so behaupten wir, erhält ein Wissen davon, was er sieht. Denn Gesichtseindruck, Wahrnehmung und Wissen sind zugegebenerweise dasselbe.
Theätet. Allerdings.
Sokrates. Wenn derjenige, der etwas sieht und ein Wissen davon erhält, was er sieht, die Augen schließt, dann erinnert er sich zwar daran, sieht es aber nicht. Ist es nicht so?
Theätet. Ja.
[b] *Sokrates.* »Er sieht es nicht« aber ist gleichbedeutend mit »er weiß es nicht«, da ja auch »er sieht es« gleichbedeutend ist mit »er weiß es«.
Theätet. Das stimmt.
Sokrates. Also stellt sich heraus, daß man das, wovon man ein Wissen erhalten hat und woran man sich noch erinnert, nicht weiß, weil man es ja nicht sieht. Wir haben dies aber als völlig abwegig bezeichnet, sollte es sich herausstellen.
Theätet. Da hast du völlig recht.
Sokrates. Offensichtlich kommt also etwas Unmögliches heraus, wenn man Wissen und Wahrnehmung gleichsetzt.

ΘΕΑΙ. Ἔοικεν.
ΣΩ. Ἄλλο ἄρα ἑκάτερον φατέον.
ΘΕΑΙ. Κινδυνεύει.
[c] ΣΩ. Τί οὖν δῆτ᾽ ἂν εἴη ἐπιστήμη; πάλιν ἐξ ἀρχῆς, ὡς ἔοικεν, λεκτέον. Καίτοι τί ποτε μέλλομεν, ὦ Θεαίτητε, δρᾶν;
ΘΕΑΙ. Τίνος πέρι;
ΣΩ. Φαινόμεθά μοι ἀλεκτρυόνος ἀγεννοῦς δίκην πρὶν νενικηκέναι ἀποπηδήσαντες ἀπὸ τοῦ λόγου ᾄδειν.
ΘΕΑΙ. Πῶς δή;
ΣΩ. Ἀντιλογικῶς ἐοίκαμεν πρὸς τὰς τῶν ὀνομάτων ὁμολογίας ἀνομολογησάμενοι καὶ τοιούτῳ τινὶ περιγενόμενοι τοῦ λόγου ἀγαπᾶν, καὶ οὐ φάσκοντες ἀγωνισταὶ ἀλλὰ φιλόσοφοι εἶναι [d] λανθάνομεν ταὐτὰ ἐκείνοις τοῖς δεινοῖς ἀνδράσιν ποιοῦντες.
ΘΕΑΙ. Οὔπω μανθάνω ὅπως λέγεις.
ΣΩ. Ἀλλ᾽ ἐγὼ πειράσομαι δηλῶσαι περὶ αὐτῶν ὅ γε δὴ νοῶ. Ἠρόμεθα γὰρ δὴ εἰ μαθὼν καὶ μεμνημένος τίς τι μὴ ἐπίσταται, καὶ τὸν ἰδόντα καὶ μύσαντα μεμνημένον ὁρῶντα δὲ οὔ ἀποδείξαντες, οὐκ εἰδότα ἀπεδείξαμεν καὶ ἅμα μεμνημένον· τοῦτο δ᾽ εἶναι ἀδύνατον. Καὶ οὕτω δὴ μῦθος ἀπώλετο ὁ Πρωταγόρειος, καὶ ὁ σὸς ἅμα ὁ τῆς ἐπιστήμης καὶ αἰσθήσεως ὅτι ταὐτόν ἐστιν.
[e] ΘΕΑΙ. Φαίνεται.
ΣΩ. Οὔ τι ἄν, οἶμαι, ὦ φίλε, εἴπερ γε ὁ πατὴρ τοῦ ἑτέρου μύθου ἔζη, ἀλλὰ πολλὰ ἂν ἤμυνε· νῦν δὲ ὀρφανὸν αὐτὸν ἡμεῖς προπηλακίζομεν. Καὶ γὰρ οὐδ᾽ οἱ ἐπίτροποι, οὓς Πρωταγόρας κατέλιπεν, βοηθεῖν ἐθέλουσιν, ὧν Θεόδω-

Theätet. Allerdings.
Sokrates. Also muß man beides als etwas Verschiedenes bezeichnen.
Theätet. So sieht es aus.
[c] *Sokrates.* Was aber wäre dann Wissen? Das müssen wir wohl, wie es scheint, wieder erneut besprechen. Aber dennoch, was wollen wir da eigentlich gerade tun, Theätet?
Theätet. In welcher Hinsicht?
Sokrates. Wir scheinen wie ein gewöhnlicher Hahn von der Untersuchung abzuspringen und loszukrähen, bevor wir gesiegt haben.
Theätet. Wieso denn?
Sokrates. Wie Wortstreitkünstler haben wir uns, wie es scheint, damit begnügt, nach bloßer Wortübereinkunft unsere Gegenbehauptungen aufzustellen und auf diese Weise die Anfangsbehauptung zu entkräften. Und obwohl wir abstritten, Streitkünstler zu sein, sondern Philosophen zu sein beanspruchten, [d] haben wir unvermerkt dasselbe wie jene berühmten Männer gemacht.
Theätet. Ich verstehe noch nicht, was du meinst.
Sokrates. Dann will ich dir zu erklären versuchen, was ich damit im Sinn habe. Wir haben doch gefragt, ob jemand, der etwas gelernt hat und sich daran erinnert, es dann nicht weiß. Daraufhin haben wir gezeigt, daß derjenige, der etwas gesehen hat und die Augen schließt, sich daran erinnert, es aber nicht sieht; somit haben wir nachgewiesen, daß er es nicht weiß, sich gleichzeitig aber daran erinnert. Dies aber sei unmöglich. Und somit ist die Protagoreische Behauptung in sich zusammengebrochen, und deine ebenfalls, nach der Wissen und Wahrnehmung dasselbe sind.
[e] *Theätet.* Offensichtlich.
Sokrates. Das wäre, glaube ich, nicht eingetreten, mein Lieber, wenn der Vater der ersten Behauptung noch lebte; er hätte sie vielfach verteidigt. Nun aber, als Waise, mißhandeln wir sie. Nicht einmal die Vormünder, die Protagoras bestimmt hat, wollen ihr helfen – einer von ihnen ist Theodo-

ρος εἷς ὅδε. Ἀλλὰ δὴ αὐτοὶ κινδυνεύσομεν τοῦ δικαίου ἕνεκ᾽ αὐτῷ βοηθεῖν.

ΘΕΟ. Οὐ γὰρ ἐγώ, ὦ Σώκρατες, ἀλλὰ μᾶλλον Καλλίας ὁ Ἱππονίκου τῶν ἐκείνου ἐπίτροπος· [165a] ἡμεῖς δε πως θᾶττον ἐκ τῶν ψιλῶν λόγων πρὸς τὴν γεωμετρίαν ἀπενεύσαμεν. Χάριν γε μέντοι σοὶ ἕξομεν ἐὰν αὐτῷ βοηθῇς.

ΣΩ. Καλῶς λέγεις, ὦ Θεόδωρε. Σκέψαι οὖν τήν γ᾽ ἐμὴν βοήθειαν. Τῶν γὰρ ἄρτι δεινότερα ἄν τις ὁμολογήσειεν μὴ προσέχων τοῖς ῥήμασι τὸν νοῦν, ᾗ τὸ πολὺ εἰθίσμεθα φάναι τε καὶ ἀπαρνεῖσθαι. Σοὶ λέγω ὅπῃ, ἢ Θεαιτήτῳ;

ΘΕΟ. Εἰς τὸ κοινὸν μὲν οὖν, ἀποκρινέσθω δὲ ὁ νεώτερος· [b] σφαλεὶς γὰρ ἧττον ἀσχημονήσει.

ΣΩ. Λέγω δὴ τὸ δεινότατον ἐρώτημα, ἔστι δὲ οἶμαι τοιόνδε τι· «Ἆρα οἷόν τε τὸν αὐτὸν εἰδότα τι τοῦτο ὃ οἶδεν μὴ εἰδέναι;»

ΘΕΟ. Τί δὴ οὖν ἀποκρινούμεθα, ὦ Θεαίτητε;

ΘΕΑΙ. Ἀδύνατόν που, οἶμαι ἔγωγε.

ΣΩ. Οὔκ, εἰ τὸ ὁρᾶν γε ἐπίστασθαι θήσεις. Τί γὰρ χρήσῃ ἀφύκτῳ ἐρωτήματι, τὸ λεγόμενον ἐν φρέατι συσχόμενος, ὅταν ἐρωτᾷ ἀνέκπληκτος ἀνήρ, καταλαβὼν τῇ χειρὶ σοῦ τὸν ἕτερον ὀφθαλμόν, [c] εἰ ὁρᾷς τὸ ἱμάτιον τῷ κατειλημμένῳ;

ΘΕΑΙ. Οὐ φήσω οἶμαι τούτῳ γε, τῷ μέντοι ἑτέρῳ.

ΣΩ. Οὐκοῦν ὁρᾷς τε καὶ οὐχ ὁρᾷς ἅμα ταὐτόν;

ΘΕΑΙ. Οὕτω γέ πως.

ΣΩ. Οὐδὲν ἐγώ, φήσει, τοῦτο οὔτε τάττω οὔτ᾽ ἠρόμην τὸ ὅπως, ἀλλ᾽ εἰ ὃ ἐπίστασαι, τοῦτο καὶ οὐκ ἐπίστασαι. Νῦν

ros hier. Aus Gründen der Gerechtigkeit müssen wir selber also ihr zu helfen wagen.
Theodoros. Nicht ich, Sokrates, sondern vielmehr Kallias[36], der Sohn des Hipponikos, ist Verwalter seiner Angelegenheiten. [165a] Dagegen habe ich mich recht bald vom anschauungslosen Denken der Geometrie zugewandt. Dennoch wäre ich dir dankbar, wenn du ihm helfen könntest.
Sokrates. Eine geschickte Antwort, Theodoros! Sieh dir also an, was ich an Hilfe zu bieten habe. Denn man käme zu noch bedenklicheren Zugeständnissen als eben, wenn man nicht auf die Worte achtgibt, wie wir für gewöhnlich etwas bejahen oder verneinen. Soll ich es dir sagen, wie, oder dem Theätet?
Theodoros. Sprich zu uns allen, antworten aber soll der Jüngere. [b] Denn wenn er einen Fehler macht, ist es für ihn nicht so schlimm.
Sokrates. Ich stelle jetzt also die verfänglichste Frage, die meiner Meinung nach etwa folgendermaßen lautet: »Kann wohl derselbe etwas wissen und zugleich das, was er weiß, nicht wissen?«
Theodoros. Was sollen wir darauf antworten, Theätet?
Theätet. Unmöglich, wie ich jedenfalls meine.
Sokrates. Er kann es aber, wenn du Sehen als Wissen ansiehst. Denn wie hältst du es mit folgender Fangfrage, bei der du, wie man sagt, mit dem Hals in der Schlinge steckst: wenn dir nämlich ein Mann, der sich nicht so schnell beeindrucken läßt, ein Auge zuhielte und dich fragte, [c] ob du mit dem zugehaltenen Auge seinen Mantel sehen kannst?
Theätet. Ich werde, glaube ich, sagen, mit diesem Auge zwar nicht, aber mit dem anderen.
Sokrates. Folglich siehst du und siehst dasselbe zugleich nicht?
Theätet. Gewissermaßen, jedenfalls auf diese Weise.
Sokrates. Die Art und Weise, wird er sagen, habe ich nicht gemeint oder danach gefragt, sondern danach, ob du das, was du weißt, auch wiederum nicht weißt. Nun aber siehst

δὲ ὃ οὐχ ὁρᾷς ὁρῶν φαίνῃ. Ὡμολογηκὼς δὲ τυγχάνεις τὸ ὁρᾶν ἐπίστασθαι καὶ τὸ μὴ ὁρᾶν μὴ ἐπίστασθαι. Ἐξ οὖν τούτων λογίζου τί σοι συμβαίνει.
[d] ΘΕΑΙ. Ἀλλὰ λογίζομαι ὅτι τἀναντία οἷς ὑπεθέμην.
ΣΩ. Ἴσως δέ γ', ὦ θαυμάσιε, πλείω ἂν τοιαῦτ' ἔπαθες εἴ τίς σε προσηρώτα εἰ ἐπίστασθαι ἔστι μὲν ὀξύ, ἔστι δὲ ἀμβλύ, καὶ ἐγγύθεν μὲν ἐπίστασθαι, πόρρωθεν δὲ μή, καὶ σφόδρα καὶ ἠρέμα τὸ αὐτό, καὶ ἄλλα μυρία, ἃ ἐλλοχῶν ἂν πελταστικὸς ἀνὴρ μισθοφόρος ἐν λόγοις ἐρόμενος, ἡνίκ' ἐπιστήμην καὶ αἴσθησιν ταὐτὸν ἔθου, ἐμβαλὼν ἂν εἰς τὸ ἀκούειν καὶ ὀσφραίνεσθαι καὶ τὰς τοιαύτας αἰσθήσεις, [e] ἤλεγχεν ἂν ἐπέχων καὶ οὐκ ἀνιεὶς πρὶν θαυμάσας τὴν πολυάρατον σοφίαν συνεποδίσθης ὑπ' αὐτοῦ, οὗ δή σε χειρωσάμενός τε καὶ συνδήσας ἤδη ἂν τότε ἐλύτρου χρημάτων ὅσων σοί τε κἀκείνῳ ἐδόκει. Τίν' οὖν ὁ Πρωταγόρας, φαίης ἂν ἴσως, λόγον ἐπίκουρον τοῖς αὑτοῦ ἐρεῖ; ἄλλο τι πειρώμεθα λέγειν;
ΘΕΑΙ. Πάνυ μὲν οὖν.
ΣΩ. Ταῦτά τε δὴ πάντα ὅσα ἡμεῖς ἐπαμύνοντες αὐτῷ λέγομεν, [166a] καὶ ὁμόσε οἶμαι χωρήσεται καταφρονῶν ἡμῶν καὶ λέγων· «Οὗτος δὴ ὁ Σωκράτης ὁ χρηστός, ἐπειδὴ αὐτῷ παιδίον τι ἐρωτηθὲν ἔδεισεν εἰ οἷόν τε τὸν αὐτὸν τὸ αὐτὸ μεμνῆσθαι ἅμα καὶ μὴ εἰδέναι, καὶ δεῖσαν ἀπέφησεν διὰ τὸ μὴ δύνασθαι προορᾶν, γέλωτα δὴ τὸν ἐμὲ ἐν τοῖς λόγοις ἀπέδειξεν. Τὸ δέ, ὦ ῥᾳθυμότατε Σώκρατες, τῇδ' ἔχει· ὅταν τι τῶν ἐμῶν δι' ἐρωτήσεως σκοπῇς, ἐὰν μὲν ὁ ἐρωτηθεὶς οἷάπερ ἂν ἐγὼ ἀποκριναίμην ἀποκρινόμενος

du offensichtlich, was du nicht siehst. Du hast aber zugestimmt, Sehen sei Wissen und Nichtsehen sei Nichtwissen. Daraus ziehe nun deine Schlußfolgerung.

[d] *Theätet.* Nun, ich folgere daraus, daß sich das Gegenteil von meiner Ausgangsbehauptung ergibt.

Sokrates. Wahrscheinlich, mein Lieber, würdest du noch viel mehr Derartiges erleben, wenn dich jemand außerdem noch fragte, ob man etwas scharf erkennen kann, aber auch ungenau, und ob man von nahem etwas erkennen, von weitem aber nicht erkennen könne, und ob dasselbe mehr oder weniger deutlich. Und es gibt tausenderlei Dinge mehr, nach denen dich ein Leichtbewaffneter, ein Söldner im Wortkampf, hinterhältig fragen könnte, wenn du Wissen und Wahrnehmung gleichsetzt. Er könnte sich auf das Hören und Riechen und derartige Wahrnehmungen stürzen [e] und dich hartnäckig widerlegen und so lange fortfahren, bis du voller Bewunderung seiner hochgepriesenen Weisheit von ihm gefesselt wärest. Wenn er dich überwältigt und gefesselt hätte, dann würde er dich gegen soviel Lösegeld freilassen, wie dir und ihm angemessen erscheint. Was wird nun, wirst du vielleicht fragen, Protagoras zur Rettung seiner Behauptungen erwidern? Wollen wir nicht versuchen, dies vorzutragen?

Theätet. Auf jeden Fall.

Sokrates. Er wird sicher alles das erwidern, was wir bereits zu seiner Verteidigung sagten, [166a] und er würde, glaube ich, in einem verächtlichen Ton über uns herfallen und sagen: »Als dieser ehrenwerte Sokrates hier einem Knaben mit der Frage Angst einjagte, ob derselbe sich zugleich an dasselbe erinnern und es nicht wissen könne, und als dieser Knabe es aus lauter Angst leugnete, weil er es eben nicht überblikken konnte, hat er einen Mann wie mich mit seinen Redereien lächerlich gemacht. Du machst es dir viel zu leicht, Sokrates; denn es verhält sich so: wenn du eine meiner Behauptungen durch Fragen prüfst und wenn der Gefragte mit einer Antwort, die auch ich gegeben hätte, zu Fall kommt, dann

σφάλληται, ἐγὼ ἐλέγχομαι, [b] εἰ δὲ ἀλλοῖα, αὐτὸς ὁ ἐρωτηθείς. Αὐτίκα γὰρ δοκεῖς τινά σοι συγχωρήσεσθαι μνήμην παρεῖναί τῳ ὧν ἔπαθε, τοιοῦτόν τι οὖσαν πάθος οἷον ὅτε ἔπασχε, μηκέτι πάσχοντι; πολλοῦ γε δεῖ. Ἢ αὖ ἀποκνήσειν ὁμολογεῖν οἷόν τ' εἶναι εἰδέναι καὶ μὴ εἰδέναι τὸν αὐτὸν τὸ αὐτό; ἢ ἐάνπερ τοῦτο δείσῃ, δώσειν ποτὲ τὸν αὐτὸν εἶναι τὸν ἀνομοιούμενον τῷ πρὶν ἀνομοιοῦσθαι ὄντι; μᾶλλον δὲ τὸν εἶναί τινα ἀλλ' οὐχὶ τούς, καὶ τούτους γιγνομένους ἀπείρους, ἐάνπερ ἀνομοίωσις γίγνηται, [c] εἰ δὴ ὀνομάτων γε δεήσει θηρεύσεις διευλαβεῖσθαι ἀλλήλων; ἀλλ', ὦ μακάριε», φήσει, «γενναιοτέρως ἐπ' αὐτὸ ἐλθὼν ὃ λέγω, εἰ δύνασαι, ἐξέλεγξον ὡς οὐχὶ ἴδιαι αἰσθήσεις ἑκάστῳ ἡμῶν γίγνονται, ἢ ὡς ἰδίων γιγνομένων οὐδέν τι ἂν μᾶλλον τὸ φαινόμενον μόνῳ ἐκείνῳ γίγνοιτο, ἢ εἰ εἶναι δεῖ ὀνομάζειν, εἴη ᾧπερ φαίνεται· ὗς δὲ δὴ καὶ κυνοκεφάλους λέγων οὐ μόνον αὐτὸς ὑηνεῖς, ἀλλὰ καὶ τοὺς ἀκούοντας τοῦτο δρᾶν εἰς τὰ συγγράμματά μου ἀναπείθεις, οὐ καλῶς ποιῶν. [d] Ἐγὼ γάρ φημι μὲν τὴν ἀλήθειαν ἔχειν ὡς γέγραφα· μέτρον γὰρ ἕκαστον ἡμῶν εἶναι τῶν τε ὄντων καὶ μή, μυρίον μέντοι διαφέρειν ἕτερον ἑτέρου αὐτῷ τούτῳ, ὅτι τῷ μὲν ἄλλα ἔστι τε καὶ φαίνεται, τῷ δὲ ἄλλα. Καὶ σοφίαν καὶ σοφὸν ἄνδρα πολλοῦ δέω τὸ μὴ φάναι εἶναι, ἀλλ' αὐτὸν τοῦτον καὶ λέγω σοφόν, ὃς ἄν τινι ἡμῶν, ᾧ φαίνεται καὶ ἔστι κακά, μεταβάλλων ποιήσῃ ἀγαθὰ φαίνεσθαί τε καὶ εἶναι. Τὸν δὲ λόγον αὖ μὴ τῷ ῥήματί μου δίωκε, [e] ἀλλ' ὧδε ἔτι σαφέστερον μάθε τί

werde auch ich widerlegt; [b] wenn aber mit einer anderen, dann nur er, der Gefragte. Glaubst du etwa, um gleich damit zu beginnen, jemand würde dir zugeben, daß die Erinnerung an etwas, das man einmal erlebte, ein Zustand von derselben Art sei wie der erlebte selbst, während man jetzt ja nicht mehr die Dinge erlebt? Weit gefehlt! Glaubst du ferner, jemand würde zögern zuzugeben, derselbe könne dasselbe wissen und auch nicht wissen? Oder falls er doch Angst hätte, er würde jemals zugeben, daß der veränderte Mensch noch derselbe sei wie vor seiner Veränderung? Mehr noch, jemand sei *der* und nicht vielmehr *die,* und zwar diese in unendlicher Anzahl geworden, wenn ja eine Veränderung stattfindet? [c] Denn wir müssen uns doch davor hüten, uns gegenseitig bloß mit Worten zu fangen. Nein, mein Hochverehrter«, wird er sagen, »gehe doch etwas wohlgesonnener an meine Behauptungen heran, und zeige, wenn du es kannst, daß nicht jedem einzelnen von uns seine eigenen Wahrnehmungen werden, oder, falls doch jedem seine eigenen werden, daß dann trotzdem das, was erscheint, nicht nur für den allein wird, oder wenn man es ›sein‹ nennen muß, ist, dem es erscheint. Und wenn du dann von Schweinen und Pavianen redest, benimmst du dich nicht nur selber schweinisch[37], sondern verleitest auch die Zuhörenden zu demselben Benehmen gegenüber meinen Schriften, was keineswegs recht ist. [d] Denn ich behaupte zwar, daß es sich mit der Wahrheit so verhält, wie ich geschrieben habe, nämlich Maßstab sei ein jeder von uns, für das Seiende und für das Nichtseiende. Tausendfach aber unterscheidet sich der eine vom anderen genau dadurch, daß für den einen dieses ist und erscheint, für den anderen aber jenes. Und ich bin auch weit davon entfernt zu leugnen, daß es Weisheit gibt und weise Menschen. Sondern genau den nenne ich weise, der einen von uns, dem Schlechtes erscheint und ist, umwandelt und so erreicht, daß ihm Gutes erscheint und ist. Greife aber diese meine Behauptung nicht wiederum nur nach dem bloßen Wortlaut auf, [e] sondern laß dich folgendermaßen deut-

λέγω. Οἷον γὰρ ἐν τοῖς πρόσθεν ἐλέγετο ἀναμνήσθητι, ὅτι τῷ μὲν ἀσθενοῦντι πικρὰ φαίνεται ἃ ἐσθίει καὶ ἔστι, τῷ δὲ ὑγιαίνοντι τἀναντία ἔστι καὶ φαίνεται. Σοφώτερον μὲν οὖν τούτων οὐδέτερον δεῖ ποιῆσαι – οὐδὲ γὰρ δυνατόν – οὐδὲ κατηγορητέον ὡς ὁ μὲν κάμνων ἀμαθὴς [167a] ὅτι τοιαῦτα δοξάζει, ὁ δὲ ὑγιαίνων σοφὸς ὅτι ἀλλοῖα, μεταβλητέον δ' ἐπὶ θάτερα· ἀμείνων γὰρ ἡ ἑτέρα ἕξις. Οὕτω δὲ καὶ ἐν τῇ παιδείᾳ ἀπὸ ἑτέρας ἕξεως ἐπὶ τὴν ἀμείνω μεταβλητέον· ἀλλ' ὁ μὲν ἰατρὸς φαρμάκοις μεταβάλλει, ὁ δὲ σοφιστὴς λόγοις. Ἐπεὶ οὔ τί γε ψευδῆ δοξάζοντά τίς τινα ὕστερον ἀληθῆ ἐποίησε δοξάζειν· οὔτε γὰρ τὰ μὴ ὄντα δυνατὸν δοξάσαι, οὔτε ἄλλα παρ' ἃ ἂν πάσχῃ, ταῦτα δὲ ἀεὶ ἀληθῆ. [b] Ἀλλ' οἶμαι πονηρᾷ ψυχῆς ἕξει δοξάζοντα συγγενῆ αὐτῆς χρηστῇ ἐποίησε δοξάσαι ἕτερα τοιαῦτα, ἃ δή τινες τὰ φαντάσματα ὑπὸ ἀπειρίας ἀληθῆ καλοῦσιν, ἐγὼ δὲ βελτίω μὲν τὰ ἕτερα τῶν ἑτέρων, ἀληθέστερα δὲ οὐδέν. Καὶ τοὺς σοφούς, ὦ φίλε Σώκρατες, πολλοῦ δέω βατράχους λέγειν, ἀλλὰ κατὰ μὲν σώματα ἰατροὺς λέγω, κατὰ δὲ φυτὰ γεωργούς. Φημὶ γὰρ καὶ τούτους τοῖς φυτοῖς ἀντὶ πονηρῶν αἰσθήσεων, [c] ὅταν τι αὐτῶν ἀσθενῇ, χρηστὰς καὶ ὑγιεινὰς αἰσθήσεις τε καὶ ἕξεις ἐμποιεῖν, τοὺς δέ γε σοφούς τε καὶ ἀγαθοὺς ῥήτορας ταῖς πόλεσι τὰ χρηστὰ ἀντὶ τῶν πονηρῶν δίκαια δοκεῖν εἶναι ποιεῖν. Ἐπεὶ οἷά γ' ἂν ἑκάστῃ πόλει δίκαια καὶ καλὰ δοκῇ, ταῦτα καὶ εἶναι αὐτῇ ἕως ἂν αὐτὰ νομίζῃ· ἀλλ' ὁ σοφὸς ἀντὶ πονηρῶν ὄντων αὐτοῖς ἑκάστων χρηστὰ ἐποίησεν εἶναι καὶ δοκεῖν. Κατὰ δὲ τὸν αὐτὸν λόγον καὶ ὁ σοφιστὴς τοὺς παιδευομένους οὕτω δυνάμενος παιδαγωγεῖν σοφός τε [d] καὶ ἄξιος πολλῶν χρημάτων τοῖς παι-

licher belehren, was ich damit meine. Ruf dir ins Gedächtnis, was wir vorhin gesagt haben: was der Kranke ißt, erscheint und ist ihm bitter, während dem Gesunden das Gegenteil ist und erscheint. Weiser nun darf man keinen von beiden machen, denn das ist auch gar nicht möglich. Auch darf man vom Kranken nicht behaupten, er sei unwissend, [167 a] weil er derartiges meint, und vom Gesunden nicht, er sei weise, nur weil er andersartiges meint. Man muß den Kranken aber in diesen Zustand versetzen, denn es ist der bessere Zustand. Genauso muß man auch in der Erziehung einen Wechsel von dem einen zu dem besseren Zustand bewirken. Während jedoch der Arzt diesen Wandel durch Arznei erreicht, macht es der Sophist durch Reden. Aber keineswegs kann man jemanden, der Falsches meint, dazu bringen, daß er später Richtiges meint. Man kann nämlich weder Nichtseiendes meinen noch etwas anderes außer dem, was man erlebt, und dieses ist immer wahr. [b] Allerdings glaube ich, daß man bei jemandem, der infolge einer schlechten seelischen Verfassung auch Dementsprechendes meint, durch eine gute seelische Verfassung bewirkt, etwas entsprechend anderes zu meinen. Diese Vorstellungen nun nennen einige aus Unkenntnis wahr. Ich dagegen nenne die einen besser als die anderen, wahrer aber keineswegs. Die Weisen aber, mein lieber Sokrates, bezeichne ich nicht im entferntesten als Frösche, sondern bezüglich der Körper nenne ich sie Ärzte, bezüglich der Pflanzen Bauern. Denn ich behaupte, daß auch sie den Pflanzen anstelle der lästigen Empfindungen, [c] wenn eine von ihnen krank ist, gute und gesunde Empfindungen und Zustände verschaffen. Die weisen und guten Redner aber bewirken, daß den Städten das Gute anstelle des Lästigen gerecht zu sein scheint. Denn was einer jeden Polis gerecht und gut erscheint, das ist es auch für sie, solange sie es glaubt. Aber der Weise bewirkt, daß für sie anstelle dessen, was jedesmal lästig für sie ist, das ist und erscheint, was gut ist. Aus demselben Grund ist auch der Sophist, der seine Schüler auf diese Weise erziehen kann, weise [d] und ver-

δευθεῖσιν. Καὶ οὕτω σοφώτεροί τέ εἰσιν ἕτεροι ἑτέρων καὶ οὐδεὶς ψευδῆ δοξάζει, καὶ σοί, ἐάντε βούλῃ ἐάντε μή, ἀνεκτέον ὄντι μέτρῳ· σῴζεται γὰρ ἐν τούτοις ὁ λόγος οὗτος. Ὧι σὺ εἰ μὲν ἔχεις ἐξ ἀρχῆς ἀμφισβητεῖν, ἀμφισβήτει λόγῳ ἀντιδιεξελθών· εἰ δὲ δι' ἐρωτήσεων βούλει, δι' ἐρωτήσεων· οὐδὲ γὰρ τοῦτο φευκτέον, ἀλλὰ πάντων μάλιστα διωκτέον τῷ νοῦν ἔχοντι. Ποίει μέντοι οὑτωσί· μὴ ἀδίκει ἐν τῷ ἐρωτᾶν. [e] Καὶ γὰρ πολλὴ ἀλογία ἀρετῆς φάσκοντα ἐπιμελεῖσθαι μηδὲν ἀλλ' ἢ ἀδικοῦντα ἐν λόγοις διατελεῖν. Ἀδικεῖν δ' ἐστὶν ἐν τῷ τοιούτῳ, ὅταν τις μὴ χωρὶς μὲν ὡς ἀγωνιζόμενος τὰς διατριβὰς ποιῆται, χωρὶς δὲ διαλεγόμενος, καὶ ἐν μὲν τῷ παίζῃ τε καὶ σφάλλῃ καθ' ὅσον ἂν δύνηται, ἐν δὲ τῷ διαλέγεσθαι σπουδάζῃ τε καὶ ἐπανορθοῖ τὸν προσδιαλεγόμενον, ἐκεῖνα μόνα αὐτῷ ἐνδεικνύμενος τὰ σφάλματα, [168a] ἃ αὐτὸς ὑφ' ἑαυτοῦ καὶ τῶν προτέρων συνουσιῶν παρεκέκρουστο. Ἂν μὲν γὰρ οὕτω ποιῇς, ἑαυτοὺς αἰτιάσονται οἱ προσδιατρίβοντές σοι τῆς αὑτῶν ταραχῆς καὶ ἀπορίας ἀλλ' οὐ σέ, καὶ σὲ μὲν διώξονται καὶ φιλήσουσιν, αὑτοὺς δὲ μισήσουσι καὶ φεύξονται ἀφ' ἑαυτῶν εἰς φιλοσοφίαν, ἵν' ἄλλοι γενόμενοι ἀπαλλαγῶσι τῶν οἳ πρότερον ἦσαν· ἐὰν δὲ τἀναντία τούτων δρᾷς ὥσπερ οἱ πολλοί, τἀναντία συμβήσεταί σοι καὶ τοὺς συνόντας ἀντὶ φιλοσόφων μισοῦντας τοῦτο τὸ πρᾶγμα ἀποφανεῖς [b] ἐπειδὰν πρεσβύτεροι γένωνται. Ἐὰν οὖν ἐμοὶ πείθῃ, ὃ καὶ πρότερον ἐρρήθη, οὐ δυσμενῶς οὐδὲ μαχητικῶς ἀλλ' ἵλεῳ τῇ διανοίᾳ συγκαθεὶς ὡς

dient reichlichen Lohn von denen, die er erzogen hat. Und auf diese Weise sind die einen weiser als die anderen und meint zugleich keiner etwas Falsches. Du aber mußt es dir wohl oder übel gefallen lassen, Maßstab zu sein. Denn meine Lehre habe ich durch meine Darlegungen wieder gerettet. Wenn du gegen sie von neuem Zweifel vorzubringen hast, dann bringe sie vor, indem du sie in einer Gegenrede durchgehst. Wenn du es aber lieber mit Fragen tun willst, dann tue es ruhig. Denn auch dieses Verfahren braucht ein Mann von Verstand nicht zu fürchten, sondern muß es geradezu wünschen. Das eine beachte aber dabei: [e] Verfahre bei deinem Fragen nicht unfair! Denn es ist doch äußerst widersprüchlich, wenn jemand sich um Anständigkeit zu bemühen behauptet, sich aber um nichts anderes bemüht, als bei seinen Argumentationen andauernd unfair zu sein. Die Unfairneß aber besteht in diesem Fall darin, daß man nicht jeweils getrennt ein bloßes Wortgefecht und eine ernsthafte Diskussion führt. Beim ersten kann man ruhig etwas bloß leichthin sagen und dem Gegner nach besten Kräften Fallen stellen; bei der Diskussion aber soll man ernsthaft dabeisein und seinen Diskussionspartner wieder auf die richtige Spur bringen, indem man ihm nur solche Fehler nachweist, [168 a] in die er durch sich selbst oder seine früheren Gespräche verfallen ist. Denn wenn du so verfährst, werden deine Gesprächspartner sich selber als Urheber ihrer Verwirrung und Ratlosigkeit ansehen und nicht dich. Und mit dir wollen sie zusammensein und fassen Zuneigung zu dir, sich selber aber hassen sie und fliehen weg von sich zur Philosophie, um andere Menschen zu werden und sich davon zu befreien, was sie vorher waren. Wenn du aber, wie die meisten, das Gegenteil hiervon tust, dann wirst du auch das Gegenteil erleben. Denn du wirst deine Gesprächspartner nicht zu Philosophen machen, sondern erreichen, daß sie das ganze Treiben hassen, [b] wenn sie älter geworden sind. Wenn du also meinen Rat befolgst, dann wirst du, wie schon vorhin gesagt, nicht feindselig und streitsüchtig, sondern indem du dich um

ἀληθῶς σκέψῃ τί ποτε λέγομεν, κινεῖσθαί τε ἀποφαινόμενοι τὰ πάντα, τό τε δοκοῦν ἑκάστῳ τοῦτο καὶ εἶναι ἰδιώτῃ τε καὶ πόλει. Καὶ ἐκ τούτων ἐπισκέψῃ εἴτε ταὐτὸν εἴτε καὶ ἄλλο ἐπιστήμη καὶ αἴσθησις, ἀλλ᾽ οὐχ ὥσπερ ἄρτι ἐκ συνηθείας ῥημάτων τε καὶ ὀνομάτων, ἃ οἱ πολλοὶ ὅπῃ ἂν τύχωσιν ἕλκοντες [c] ἀπορίας ἀλλήλοις παντοδαπὰς παρέχουσι.» Ταῦτα, ὦ Θεόδωρε, τῷ ἑταίρῳ σου εἰς βοήθειαν προσηρξάμην κατ᾽ ἐμὴν δύναμιν, σμικρὰ ἀπὸ σμικρῶν· εἰ δ᾽ αὐτὸς ἔζη, μεγαλειότερον ἂν τοῖς αὑτοῦ ἐβοήθησεν.

ΘΕΟ. Παίζεις, ὦ Σώκρατες· πάνυ γὰρ νεανικῶς τῷ ἀνδρὶ βεβοήθηκας.

ΣΩ. Εὖ λέγεις, ὦ ἑταῖρε. Καί μοι εἰπέ· ἐνενόησάς που λέγοντος ἄρτι τοῦ Πρωταγόρου καὶ ὀνειδίζοντος ἡμῖν ὅτι πρὸς παιδίον τοὺς λόγους ποιούμενοι [d] τῷ τοῦ παιδὸς φόβῳ ἀγωνιζοίμεθα εἰς τὰ ἑαυτοῦ, καὶ χαριεντισμόν τινα ἀποκαλῶν, ἀποσεμνύνων δὲ τὸ πάντων μέτρον, σπουδάσαι ἡμᾶς διεκελεύσατο περὶ τὸν αὑτοῦ λόγον;

ΘΕΟ. Πῶς γὰρ οὐκ ἐνενόησα, ὦ Σώκρατες;

ΣΩ. Τί οὖν; κελεύεις πείθεσθαι αὐτῷ;

ΘΕΟ. Σφόδρα γε.

ΣΩ. Ὁρᾷς οὖν ὅτι τάδε πάντα πλὴν σοῦ παιδία ἐστίν. Εἰ οὖν πεισόμεθα τῷ ἀνδρί, ἐμὲ καὶ σὲ δεῖ ἐρωτῶντάς τε καὶ ἀποκρινομένους ἀλλήλοις [e] σπουδάσαι αὐτοῦ περὶ τὸν λόγον, ἵνα μὴ τοῦτό γε ἔχῃ ἐγκαλεῖν, ὡς παίζοντες πρὸς μειράκια διεσκεψάμεθ᾽ αὖ τοῦτον τὸν λόγον.

ΘΕΟ. Τί δ᾽; οὐ πολλῶν τοι Θεαίτητος μεγάλους πώγωνας

eine gutwillige Gesinnung bemühst, wirst du tatsächlich untersuchen, was meine Behauptung bedeutet, daß alles sich bewegt und daß, was einem jeden erscheint, auch für den Einzelnen und die Polis wirklich ist. Auf Grund dieser Behauptungen kannst du dann beurteilen, ob Wissen und Wahrnehmung dasselbe oder etwas Verschiedenes sind, aber nicht, wie eben, lediglich gestützt auf den üblichen Gebrauch von Zeit- und Hauptwörtern. Die meisten nämlich zerren die Wörter hin und her, wie es gerade kommt, [c] und bringen sich so gegenseitig in die verschiedensten Schwierigkeiten.« Dies, Theodoros, habe ich deinem Freund als Hilfe geschenkt, soweit es in meinen Kräften stand, wenn es auch nicht gerade viel war. Wenn er aber noch selbst lebte, hätte er seinen eigenen Behauptungen wohl großartiger beigestanden.

Theodoros. Das ist ja nicht dein Ernst, Sokrates. Denn du hast diesem Mann doch recht tatkräftig geholfen.

Sokrates. Gut gesagt, mein Freund! Aber sage mir, hast du bemerkt, was Protagoras eben sagte und wie er uns beschimpfte, daß wir bloß mit einem Knäblein redeten [d] und mit Hilfe der Angst dieses Knaben seine Lehre bekämpften? Ferner, wie er das als üblen Scherz bezeichnete, seinen »Maßstab von allem« aber stark machte und uns aufforderte, seine Lehre ernsthaft zu prüfen?

Theodoros. Wie hätte ich das auch überhören können, Sokrates!

Sokrates. Was nun? Sollen wir ihm deiner Meinung nach Folge leisten?

Theodoros. Auf jeden Fall.

Sokrates. Du siehst ja, daß alle Anwesenden noch Jungen sind, bis auf dich. Wenn wir uns daher nach ihm richten wollen, müssen wir uns, ich und du, in gegenseitigen Fragen und Antworten [e] um seine Lehre ernsthaft bemühen. Dann kann er uns wenigstens nicht vorwerfen, wir hätten nur zum Scherz mit jungen Bürschchen seine Lehre geprüft.

Theodoros. Wieso? Könnte nicht Theätet besser als viele

ἐχόντων ἄμεινον ἂν ἐπακολουθήσειε λόγῳ διερευνωμένῳ;

ΣΩ. Ἀλλ' οὔ τι σοῦ γε, ὦ Θεόδωρε, ἄμεινον. Μὴ οὖν οἴου ἐμὲ μὲν τῷ σῷ ἑταίρῳ τετελευτηκότι δεῖν παντὶ τρόπῳ ἐπαμύνειν, σὲ δὲ μηδενί. [169a] Ἀλλ' ἴθι, ὦ ἄριστε, ὀλίγον ἐπίσπου, μέχρι τούτου αὐτοῦ ἕως ἂν εἰδῶμεν εἴτε ἄρα σὲ δεῖ διαγραμμάτων πέρι μέτρον εἶναι, εἴτε πάντες ὁμοίως σοὶ ἱκανοὶ ἑαυτοῖς εἴς τε ἀστρονομίαν καὶ τἆλλα ὧν δὴ σὺ πέρι αἰτίαν ἔχεις διαφέρειν.

ΘΕΟ. Οὐ ῥᾴδιον, ὦ Σώκρατες, σοὶ παρακαθήμενον μὴ διδόναι λόγον, ἀλλ' ἐγὼ ἄρτι παρελήρησα φάσκων σε ἐπιτρέψειν μοι μὴ ἀποδύεσθαι, καὶ οὐχὶ ἀναγκάσειν καθάπερ Λακεδαιμόνιοι· σὺ δέ μοι δοκεῖς πρὸς τὸν Σκίρωνα μᾶλλον τείνειν. [b] Λακεδαιμόνιοι μὲν γὰρ ἀπιέναι ἢ ἀποδύεσθαι κελεύουσι, σὺ δὲ κατ' Ἀνταῖόν τί μοι μᾶλλον δοκεῖς τὸ δρᾶμα δρᾶν· τὸν γὰρ προσελθόντα οὐκ ἀνίης πρὶν ⟨ἂν⟩* ἀναγκάσῃς ἀποδύσας ἐν τοῖς λόγοις προσπαλαῖσαι.

ΣΩ. Ἄριστά γε, ὦ Θεόδωρε, τὴν νόσον μου ἀπῄκασας· ἰσχυρικώτερος μέντοι ἐγὼ ἐκείνων. Μυρίοι γὰρ ἤδη μοι Ἡρακλέες τε καὶ Θησέες ἐντυχόντες καρτεροὶ πρὸς τὸ λέγειν μάλ' εὖ συγκεκόφασιν, ἀλλ' ἐγὼ οὐδέν τι μᾶλλον ἀφίσταμαι· [c] οὕτω τις ἔρως δεινὸς ἐνδέδυκε τῆς περὶ ταῦτα γυμνασίας. Μὴ οὖν μηδὲ σὺ φθονήσῃς προσανατριψάμενος σαυτόν τε ἅμα καὶ ἐμὲ ὀνῆσαι.

ΘΕΟ. Οὐδὲν ἔτι ἀντιλέγω, ἀλλ' ἄγε ὅπῃ 'θέλεις· πάντως τὴν περὶ ταῦτα εἱμαρμένην ἣν ἂν σὺ ἐπικλώσῃς δεῖ ἀνα-

* Zusatz von Heindorf.

Männer, die bereits lange Bärte haben, einem Untersuchungsgang folgen?

Sokrates. Aber jedenfalls nicht besser als du, Theodoros. Glaube also nicht weiterhin, ich müßte deinem verstorbenen Freund jede erdenkliche Hilfe leisten, du aber keinerlei. [169a] Also vorwärts, mein Bester, folge uns ein wenig, jedenfalls bis zu dem Punkt, wo wir sehen, ob du notwendigerweise bei geometrischen Figuren der Maßstab bist oder ob sich alle genauso wie du in der Astronomie und in den sonstigen Gebieten, in denen du dich anerkanntermaßen auszeichnest, auf sich selber verlassen können.

Theodoros. Es ist nicht leicht, Sokrates, neben dir zu sitzen, ohne Rechenschaft zu geben. Vielmehr habe ich vorhin Unsinn geredet, als ich sagte, du würdest mir erlauben, mich nicht auszuziehen, und mich nicht wie die Spartaner dazu zwingen. Du aber scheinst es mir eher wie Skiron[38] zu machen. [b] Denn bei den Spartanern kann man noch zwischen Weggehen und Sichausziehen wählen, du aber scheinst deine Tätigkeit mehr nach Antaios[39] auszurichten. Du läßt nämlich den Ankömmling nicht eher los, als bis du ihn gezwungen hast, sich zu entkleiden und in einem Redekampf mit dir zu ringen.

Sokrates. Ganz hervorragend, Theodoros, hast du meine krankhafte Leidenschaft mit deinem Vergleich geschildert! Ich bin jedoch noch hartnäckiger als jene beiden. Denn mir sind schon Tausende von Leuten nach Art des Herakles und Theseus begegnet, die mich mit ihrer Redegewalt ziemlich übel zugerichtet haben, aber trotzdem lasse ich nicht locker. [c] Eine solch gewaltige Leidenschaft zu dieser Kampfart hat mich ergriffen. Also verweigere auch du mir nicht den Kampf mit dir, zu unserem gemeinsamen Nutzen.

Theodoros. Ich erhebe keinen Einspruch mehr, sondern führe mich nur, wohin du willst! Das Schicksal, das du hierbei über mich verhängst, muß ich völlig über mich ergehen lassen, wenn du mich widerlegst. Ich werde dir jedoch nicht

τλῆναι ἐλεγχόμενον. Οὐ μέντοι περαιτέρω γε ὧν προτίθεσαι οἷός τ' ἔσομαι παρασχεῖν ἐμαυτόν σοι.
ΣΩ. Ἀλλ' ἀρκεῖ καὶ μέχρι τούτων. Καί μοι πάνυ τήρει τὸ τοιόνδε, μή που παιδικόν τι λάθωμεν εἶδος τῶν λόγων ποιούμενοι, [d] καί τις πάλιν ἡμῖν αὐτὸ ὀνειδίσῃ.
ΘΕΟ. Ἀλλὰ δὴ πειράσομαί γε καθ' ὅσον ἂν δύνωμαι.
ΣΩ. Τοῦδε τοίνυν πρῶτον πάλιν ἀντιλαβώμεθα οὗπερ τὸ πρότερον, καὶ ἴδωμεν ὀρθῶς ἢ οὐκ ὀρθῶς ἐδυσχεραίνομεν ἐπιτιμῶντες τῷ λόγῳ ὅτι αὐτάρκη ἕκαστον εἰς φρόνησιν ἐποίει, καὶ ἡμῖν συνεχώρησεν ὁ Πρωταγόρας περί τε τοῦ ἀμείνονος καὶ χεὶρονος διαφέρειν τινάς, οὓς δὴ καὶ εἶναι σοφούς. Οὐχί;
ΘΕΟ. Ναί.
ΣΩ. Εἰ μὲν τοίνυν αὐτὸς παρὼν ὡμολόγει ἀλλὰ μὴ ἡμεῖς βοηθοῦντες ὑπὲρ αὐτοῦ συνεχωρήσαμεν, [e] οὐδὲν ἂν πάλιν ἔδει ἐπαναλαβόντας βεβαιοῦσθαι· νῦν δὲ τάχ' ἄν τις ἡμᾶς ἀκύρους τιθείη τῆς ὑπὲρ ἐκείνου ὁμολογίας. Διὸ καλλιόνως ἔχει σαφέστερον περὶ τούτου αὐτοῦ διομολογήσασθαι· οὐ γάρ τι σμικρὸν παραλλάττει οὕτως ἔχον ἢ ἄλλως.
ΘΕΟ. Λέγεις ἀληθῆ.
ΣΩ. Μὴ τοίνυν δι' ἄλλων ἀλλ' ἐκ τοῦ ἐκείνου λόγου ὡς [170a] διὰ βραχυτάτων λάβωμεν τὴν ὁμολογίαν.
ΘΕΟ. Πῶς;
ΣΩ. Οὑτωσί· τὸ δοκοῦν ἑκάστῳ τοῦτο καὶ εἶναί φησί που ᾧ δοκεῖ;
ΘΕΟ. Φησὶ γὰρ οὖν.
ΣΩ. Οὐκοῦν, ὦ Πρωταγόρα, καὶ ἡμεῖς ἀνθρώπου, μᾶλλον δὲ πάντων ἀνθρώπων δόξας λέγομεν, καὶ φαμὲν οὐδένα ὅντινα οὐ τὰ μὲν αὑτὸν ἡγεῖσθαι τῶν ἄλλων σοφώτερον,

weiter zur Verfügung stehen können, als du es bereits markiert hast.
Sokrates. Nun, auch bis dahin reicht es. Hüte dich aber auf jeden Fall davor, daß wir nicht unversehens in einen kindischen Gesprächston verfallen [d] und man uns dies wieder vorwirft.
Theodoros. Das will ich jedenfalls versuchen, so gut ich kann.
Sokrates. Nehmen wir also zunächst den bereits früher behandelten Punkt wieder auf und sehen zu, ob wir zu Recht oder Unrecht ärgerlich seine Lehre kritisierten, daß sie einen jeden hinsichtlich der Einsicht sich selbst genügen lasse; und ob uns Protagoras zu Recht oder Unrecht einräumte, hinsichtlich des Besseren und Schlechteren würden sich einige auszeichnen, und das seien dann eben die weisen Männer. War es nicht so?
Theodoros. ja.
Sokrates. Wenn er selber anwesend wäre und uns zustimmte, nicht aber wir als seine Helfer nur an seiner Stelle die Zugeständnisse gemacht hätten, [e] dann bedürfte es keiner nochmaligen Bekräftigung. So aber könnte uns jemand leicht das Recht absprechen, an seiner Stelle zuzustimmen. Daher ist es besser, wenn wir uns gerade über diesen Punkt genauer verständigen. Denn es macht keinen geringen Unterschied aus, ob es sich so oder anders verhält.
Theodoros. Da hast du recht.
Sokrates. Wir wollen also nicht durch fremde Worte, sondern aus seinen eigenen Worten [170 a] auf möglichst kurzem Wege seine Zustimmung gewinnen.
Theodoros. Wie denn?
Sokrates. Folgendermaßen: was ein jeder meint, sagt er doch, das sei auch für denjenigen, der es meint?
Theodoros. Ja, so sagt er.
Sokrates. Nicht wahr, Protagoras, auch wir sprechen die Meinungen eines, vielmehr aller Menschen aus, wenn wir behaupten, daß sich jeder teils selber für klüger als die ande-

τὰ δὲ ἄλλους ἑαυτοῦ, καὶ ἔν γε τοῖς μεγίστοις κινδύνοις, ὅταν ἐν στρατείαις ἢ νόσοις ἢ ἐν θαλάττῃ χειμάζωνται, ὥς πρὸς θεοὺς ἔχειν τοὺς ἐν ἑκάστοις ἄρχοντας, σωτῆρας σφῶν προσδοκῶντας, [b] οὐκ ἄλλῳ τῳ διαφέροντας ἢ τῷ εἰδέναι· καὶ πάντα που μεστὰ τἀνθρώπινα ζητούντων διδασκάλους τε καὶ ἄρχοντας ἑαυτῶν τε καὶ τῶν ἄλλων ζῴων τῶν τε ἐργασιῶν, οἰομένων τε αὖ ἱκανῶν μὲν διδάσκειν, ἱκανῶν δὲ ἄρχειν εἶναι. Καὶ ἐν τούτοις ἅπασι τί ἄλλο φήσομεν ἢ αὐτοὺς τοὺς ἀνθρώπους ἡγεῖσθαι σοφίαν καὶ ἀμαθίαν εἶναι παρὰ σφίσιν;

ΘΕΟ. Οὐδὲν ἄλλο.

ΣΩ. Οὐκοῦν τὴν μὲν σοφίαν ἀληθῆ διάνοιαν ἡγοῦνται, τὴν δὲ ἀμαθίαν ψευδῆ δόξαν;

[c] ΘΕΟ. Τί μήν;

ΣΩ. Τί οὖν, ὦ Πρωταγόρα, χρησόμεθα τῷ λόγῳ; πότερον ἀληθῆ φῶμεν ἀεὶ τοὺς ἀνθρώπους δοξάζειν, ἢ τοτὲ μὲν ἀληθῆ, τοτὲ δὲ ψευδῆ; ἐξ ἀμφοτέρων γάρ που συμβαίνει μὴ ἀεὶ ἀληθῆ ἀλλ' ἀμφότερα αὐτοὺς δοξάζειν. Σκόπει γάρ, ὦ Θεόδωρε, εἰ ἐθέλοι ἄν τις τῶν ἀμφὶ Πρωταγόραν ἢ σὺ αὐτὸς διαμάχεσθαι ὡς οὐδεὶς ἡγεῖται ἕτερος ἕτερον ἀμαθῆ τε εἶναι καὶ ψευδῆ δοξάζειν.

ΘΕΟ. Ἀλλ' ἄπιστον, ὦ Σώκρατες.

[d] ΣΩ. Καὶ μὴν εἰς τοῦτό γε ἀνάγκης ὁ λόγος ἥκει ὁ πάντων χρημάτων μέτρον ἄνθρωπον λέγων.

ΘΕΟ. Πῶς δή;

ΣΩ. Ὅταν σὺ κρίνας τι παρὰ σαυτῷ πρός με ἀποφαίνῃ περί τινος δόξαν, σοὶ μὲν δὴ τοῦτο κατὰ τὸν ἐκείνου λόγον ἀληθὲς ἔστω, ἡμῖν δὲ δὴ τοῖς ἄλλοις περὶ τῆς σῆς κρίσεως πότερον οὐκ ἔστιν κριταῖς γενέσθαι, ἢ ἀεὶ σὲ κρίνομεν ἀληθῆ δοξάζειν; ἢ μυρίοι ἑκάστοτέ σοι μάχον-

ren hält, teils die anderen für klüger als sich selber. Und jedenfalls in den größten Gefahren, wenn sie auf Feldzügen, in Krankheiten oder auf dem Meere in Bedrängnis geraten, wenden sie sich an ihre jeweiligen Führer gleichsam wie an Götter und hoffen auf sie als ihre Retter, [b] wobei diese sich durch nichts anderes unterscheiden als durch ihr Wissen. Und bei allen menschlichen Angelegenheiten gibt es eine Menge Leute, die Lehrer und Führer für sich und die anderen Geschöpfe samt ihren Handlungen suchen, aber auch solche, die sich für geeignete Lehrer und geeignete Herrscher halten. Und in allen diesen Fällen können wir doch nur annehmen, daß die Menschen selbst glauben, bei ihnen gebe es Weisheit und Unwissenheit?

Theodoros. Allerdings.

Sokrates. Halten sie nicht Weisheit für wahres Urteil, Unwissenheit aber für falsche Meinung?

[c] *Theodoros.* Sicher.

Sokrates. Was sollen wir also mit deiner Lehre anfangen, Protagoras? Sollen wir annehmen, daß die Menschen stets Wahres meinen oder mal Wahres, mal aber Falsches? Denn aus beiden Annahmen folgt, daß sie nicht immer Wahres, sondern beides meinen. Denn überlege doch, Theodoros, ob einer der Protagoras-Anhänger oder auch du selbst die Behauptung verteidigen wollte, niemand glaube, ein anderer sei unwissend und meine Falsches.

Theodoros. Das ist unglaubwürdig, Sokrates.

[d] *Sokrates.* Dennoch führt der Satz notwendig dazu, nach dem der Mensch Maßstab aller Dinge ist.

Theodoros. Wieso denn?

Sokrates. Wenn du für dich über irgend etwas ein Urteil gebildet hast und mir dann deine Meinung darüber darlegst, dann soll dies nach der Lehre des Protagoras für dich ruhig richtig sein. Steht es uns anderen aber nicht frei, uns über dein Urteil ein Urteil zu bilden, oder urteilen wir immer, daß deine Meinung wahr ist? Oder werden nicht jedesmal Tausende mit einer Gegenmeinung gegen dich

ται ἀντιδοξάζοντες, ἡγούμενοι ψευδῆ κρίνειν τε καὶ οἴεσθαι;
[e] ΘΕΟ. Νὴ τὸν Δία, ὦ Σώκρατες, μάλα μυρίοι δῆτα, φησὶν Ὅμηρος, οἵ γέ μοι τὰ ἐξ ἀνθρώπων πράγματα παρέχουσιν.
ΣΩ. Τί οὖν; βούλει λέγωμεν ὡς σὺ τότε σαυτῷ μὲν ἀληθῆ δοξάζεις, τοῖς δὲ μυρίοις ψευδῆ;
ΘΕΟ. Ἔοικεν ἔκ γε τοῦ λόγου ἀνάγκη εἶναι.
ΣΩ. Τί δὲ αὐτῷ Πρωταγόρᾳ; ἆρ᾽ οὐχὶ ἀνάγκη, εἰ μὲν μηδὲ αὐτὸς ᾤετο μέτρον εἶναι ἄνθρωπον μηδὲ οἱ πολλοί, ὥσπερ οὐδὲ οἴονται, μηδενὶ δὴ εἶναι ταύτην τὴν ἀλήθειαν ἣν ἐκεῖνος ἔγραψεν; [171a] εἰ δὲ αὐτὸς μὲν ᾤετο, τὸ δὲ πλῆθος μὴ συνοίεται, οἶσθ᾽ ὅτι πρῶτον μὲν ὅσῳ πλείους οἷς μὴ δοκεῖ ἢ οἷς δοκεῖ, τοσούτῳ μᾶλλον οὐκ ἔστιν ἢ ἔστιν.
ΘΕΟ. Ἀνάγκη, εἴπερ γε καθ᾽ ἑκάστην δόξαν ἔσται καὶ οὐκ ἔσται.
ΣΩ. Ἔπειτά γε τοῦτ᾽ ἔχει κομψότατον· ἐκεῖνος μὲν περὶ τῆς αὑτοῦ οἰήσεως τὴν τῶν ἀντιδοξαζόντων οἴησιν, ᾗ ἐκεῖνον ἡγοῦνται ψεύδεσθαι, συγχωρεῖ που ἀληθῆ εἶναι ὁμολογῶν τὰ ὄντα δοξάζειν ἅπαντας.
ΘΕΟ. Πάνυ μὲν οὖν.
[b] ΣΩ. Οὐκοῦν τὴν αὑτοῦ ἂν ψευδῆ συγχωροῖ, εἰ τὴν τῶν ἡγουμένων αὐτὸν ψεύδεσθαι ὁμολογεῖ ἀληθῆ εἶναι;
ΘΕΟ. Ἀνάγκη.
ΣΩ. Οἱ δέ γ᾽ ἄλλοι οὐ συγχωροῦσιν ἑαυτοῖς ψεύδεσθαι;
ΘΕΟ. Οὐ γὰρ οὖν.

streiten, in der Überzeugung, daß du Falsches urteilst und annimmst?
[e] *Theodoros.* Bei Gott, Sokrates, doch wohl »Abertausende«, um mit Homer zu reden,[40] die mir alle menschenmöglichen Schwierigkeiten machen.
Sokrates. Was folgt daraus? Sollen wir nun deiner Meinung nach sagen, daß in diesem Fall deine Meinung für dich wahr ist, für die Tausende aber falsch?
Theodoros. Offensichtlich ist das nach der vorigen Behauptung jedenfalls notwendig.
Sokrates. Was aber folgt für Protagoras selbst? Falls nämlich nicht einmal Protagoras glaubte, der Mensch sei Maßstab, und auch die Leute nicht – die es ja tatsächlich nicht glauben –, ergibt sich dann nicht zwingend, daß diese von ihm geschriebene »Wahrheit« für niemand *ist*? [171 a] Falls er selber es aber doch glaubte, die große Menge aber diese Auffassung nicht teilt, dann ergibt sich doch zunächst einmal, daß mit dem Übergewicht der Nichtglaubenden über die Glaubenden auch das Übergewicht des Nichtseins über das Sein wächst?
Theodoros. Zwangsläufig, wenn sich jedenfalls ihr Sein und Nichtsein nach der jeweiligen Meinung richtet.
Sokrates. Weiter ergibt sich aber noch folgende höchst witzige Konsequenz[41]: Protagoras gibt doch zu, daß die Auffassung derjenigen, die über seine Auffassung eine andere Meinung haben, insofern sie glauben, daß er sich irrt, wahr sei; denn er gibt doch zu, daß alle etwas meinen, das *ist*.
Theodoros. Sicher.
[b] *Sokrates.* Also würde er auch die Falschheit seiner These einräumen, wenn er zugibt, daß die Meinung derjenigen wahr ist, die glauben, daß er sich irrt?
Theodoros. Notwendigerweise.
Sokrates. Die anderen aber geben von sich selbst nicht zu, sich zu irren?
Theodoros. Auf keinen Fall.

ΣΩ. Ὁ δέ γ᾽ αὖ ὁμολογεῖ καὶ ταύτην ἀληθῆ τὴν δόξαν ἐξ ὧν γέγραφεν.
ΘΕΟ. Φαίνεται.
ΣΩ. Ἐξ ἁπάντων ἄρα ἀπὸ Πρωταγόρου ἀρξαμένων ἀμφισβητήσεται, μᾶλλον δὲ ὑπό γε ἐκείνου ὁμολογήσεται, ὅταν τῷ τἀναντία λέγοντι συγχωρῇ ἀληθῆ αὐτὸν δοξάζειν, [c] τότε καὶ ὁ Πρωταγόρας αὐτὸς συγχωρήσεται μήτε κύνα μήτε τὸν ἐπιτυχόντα ἄνθρωπον μέτρον εἶναι μηδὲ περὶ ἑνὸς οὗ ἂν μὴ μάθῃ. Οὐχ οὕτως;
ΘΕΟ. Οὕτως.
ΣΩ. Οὐκοῦν ἐπειδὴ ἀμφισβητεῖται ὑπὸ πάντων, οὐδενὶ ἂν εἴη ἡ Πρωταγόρου Ἀλήθεια ἀληθής, οὔτε τινὶ ἄλλῳ οὔτ᾽ αὐτῷ ἐκείνῳ.
ΘΕΟ. Ἄγαν, ὦ Σώκρατες, τὸν ἑταῖρόν μου καταθέομεν.
ΣΩ. Ἀλλά τοι, ὦ φίλε, ἄδηλον εἰ καὶ παραθέομεν τὸ ὀρθόν. Εἰκός γε ἄρα ἐκεῖνον πρεσβύτερον ὄντα σοφώτερον ἡμῶν εἶναι· [d] καὶ εἰ αὐτίκα ἐντεῦθεν ἀνακύψειε μέχρι τοῦ αὐχένος, πολλὰ ἂν ἐμέ τε ἐλέγξας ληροῦντα, ὡς τὸ εἰκός, καὶ σὲ ὁμολογοῦντα, καταδὺς ἂν οἴχοιτο ἀποτρέχων. Ἀλλ᾽ ἡμῖν ἀνάγκη οἶμαι χρῆσθαι ἡμῖν αὐτοῖς ὁποῖοί τινές ἐσμεν, καὶ τὰ δοκοῦντα ἀεὶ ταῦτα λέγειν. Καὶ δῆτα καὶ νῦν ἄλλο τι φῶμεν ὁμολογεῖν ἂν τοῦτό γε ὁντινοῦν, τὸ εἶναι σοφώτερον ἕτερον ἑτέρου, εἶναι δὲ καὶ ἀμαθέστερον;
ΘΕΟ. Ἐμοὶ γοῦν δοκεῖ.
ΣΩ. Ἦ καὶ ταύτῃ ἂν μάλιστα ἵστασθαι τὸν λόγον, ᾗ ἡμεῖς ὑπεγράψαμεν βοηθοῦντες Πρωταγόρᾳ, [e] ὡς τὰ μὲν πολλὰ ᾗ δοκεῖ, ταύτῃ καὶ ἔστιν ἑκάστῳ, θερμά, ξηρά, γλυκέα, πάντα ὅσα τοῦ τύπου τούτου· εἰ δέ που ἔν τισι συγχωρήσεται διαφέρειν ἄλλον ἄλλου, περὶ τὰ ὑγιεινὰ καὶ νοσώδη ἐθελῆσαι ἂν φάναι μὴ πᾶν γύναιον καὶ παιδίον, καὶ θη-

Sokrates. Er aber gibt auf Grund seiner Schrift zu, daß auch diese Meinung wahr ist?
Theodoros. Offensichtlich.
Sokrates. Alle also, bei Protagoras angefangen, werden die Gegenbehauptung aufstellen, oder vielmehr wird es von ihm zugegeben: Wenn Protagoras demjenigen, der eine gegenteilige Behauptung aufstellt, einräumt, Wahres zu meinen, [c] dann muß auch er selber zugeben, daß weder ein Hund noch jeder beliebige Mensch Maßstab auch nur für ein Gebiet ist, das er nicht gelernt hat. Stimmt es nicht?
Theodoros. Ja.
Sokrates. Da nun alle diese Gegenbehauptung aufstellen, dürfte die Protagoreische »Wahrheit« für niemanden wahr sein, weder für irgendeinen anderen noch für ihn selbst.
Theodoros. Wir gehen gegen meinen Freund zu scharf vor, Sokrates!
Sokrates. Aber es ist keineswegs klar, mein Freund, ob wir nicht am Richtigen vorbeigehen. Jedenfalls ist anzunehmen, daß er als der Ältere auch weiser als wir ist. [d] Und wenn er jetzt bis zum Hals hier auftauchte, würde er mir wahrscheinlich große Geschwätzigkeit vorhalten, dir aber deine Zustimmung; dann würde er wieder untertauchen und wäre verschwunden. Wir müssen uns jedoch mit den Kräften zufriedengeben, die wir eben haben, und das vorbringen, was wir jeweils meinen. Und müssen wir nicht auch jetzt behaupten, daß jedermann wenigstens dies zugeben wird, daß der eine weiser, aber auch unwissender als der andere ist?
Theodoros. Ich glaube schon.
Sokrates. Und auch, daß Protagoras' Lehre am ehesten an der Stelle feststeht, an der wir sie bei unserer Hilfe für ihn beschrieben haben: [e] Das meiste nämlich ist genau so für jeden, wie es ihm erscheint, Warmes, Trockenes, Süßes und alles von dieser Art. Wenn er aber in einigen Punkten Unterschiede zwischen dem einen und dem anderen zugibt, wird er wohl beim Gesunden und Kranken behaupten wollen, daß hier nicht jede Frau und jedes Kind oder auch Tier dazu

ρίον δέ, ἱκανὸν εἶναι ἰᾶσθαι αὑτὸ γιγνῶσκον ἑαυτῷ τὸ ὑγιεινόν, ἀλλὰ ἐνταῦθα δὴ ἄλλον ἄλλου διαφέρειν, εἴπερ που;

ΘΕΟ. Ἔμοιγε δοκεῖ οὕτως.

[172a] ΣΩ. Οὐκοῦν καὶ περὶ πολιτικῶν, καλὰ μὲν καὶ αἰσχρὰ καὶ δίκαια καὶ ἄδικα καὶ ὅσια καὶ μή, οἷα ἂν ἑκάστη πόλις οἰηθεῖσα θῆται νόμιμα αὑτῇ, ταῦτα καὶ εἶναι τῇ ἀληθείᾳ ἑκάστῃ, καὶ ἐν τούτοις μὲν οὐδὲν σοφώτερον οὔτε ἰδιώτην ἰδιώτου οὔτε πόλιν πόλεως εἶναι· ἐν δὲ τῷ συμφέροντα ἑαυτῇ ἢ μὴ συμφέροντα τίθεσθαι, ἐνταῦθ', εἴπερ που, αὖ ὁμολογήσει σύμβουλόν τε συμβούλου διαφέρειν καὶ πόλεως δόξαν ἑτέραν ἑτέρας πρὸς ἀλήθειαν, καὶ οὐκ ἂν πάνυ τολμήσειε φῆσαι, [b] ἃ ἂν θῆται πόλις συμφέροντα οἰηθεῖσα αὑτῇ, παντὸς μᾶλλον ταῦτα καὶ συνοίσειν· ἀλλ' ἐκεῖ οὗ λέγω, ἐν τοῖς δικαίοις καὶ ἀδίκοις καὶ ὁσίοις καὶ ἀνοσίοις, ἐθέλουσιν ἰσχυρίζεσθαι ὡς οὐκ ἔστι φύσει αὐτῶν οὐδέν οὐσίαν ἑαυτοῦ ἔχον, ἀλλὰ τὸ κοινῇ δόξαν τοῦτο γίγνεται ἀληθὲς τότε, ὅταν δόξῃ καὶ ὅσον ἂν δοκῇ χρόνον. Καὶ ὅσοι γε δὴ μὴ παντάπασι τὸν Πρωταγόρου λόγον λέγωσιν, ὧδέ πως τὴν σοφίαν ἄγουσι. Λόγος δὲ ἡμᾶς, ὦ Θεόδωρε, ἐκ λόγου μείζων ἐξ ἐλάττονος καταλαμβάνει.

[c] ΘΕΟ. Οὐκοῦν σχολὴν ἄγομεν, ὦ Σώκρατες;

ΣΩ. Φαινόμεθα. Καὶ πολλάκις μέν γε δή, ὦ δαιμόνιε, καὶ ἄλλοτε κατενόησα, ἀτὰρ καὶ νῦν, ὡς εἰκότως οἱ ἐν ταῖς φιλοσοφίαις πολὺν χρόνον διατρίψαντες εἰς τὰ δικαστήρια ἰόντες γελοῖοι φαίνονται ῥήτορες.

ΘΕΟ. Πῶς δὴ οὖν λέγεις;

ΣΩ. Κινδυνεύουσιν οἱ ἐν δικαστηρίοις καὶ τοῖς τοιούτοις

in der Lage ist, sich selbst zu heilen, indem sie wüßten, was für sie gesund ist, sondern daß sich hier der eine von dem anderen unterscheidet, wenn überhaupt irgendwo.
Theodoros. Das ist auch meine Meinung.
[172a] *Sokrates.* Ferner wird er auch behaupten, daß in den Angelegenheiten der Polis das Angemessene und Unangemessene, Gerechte und Ungerechte, Heilige und Unheilige tatsächlich für eine jede Polis genau so ist, wie sie es ansieht und daher für sich in den Gesetzen festlegt, und daß hierin weder der einzelne Bürger noch die Polis im geringsten weiser ist als die andere. In der Bestimmung des für sie Nützlichen jedoch und des Schädlichen, da wird er doch wiederum, wenn überhaupt irgendwo, zugeben, daß sich ein Ratgeber vom anderen unterscheidet und auch die Meinung einer Polis von der anderen hinsichtlich ihrer Wahrheit, und er würde wohl nicht zu behaupten wagen, [b] was eine Polis für sich als nützlich ansieht und daher festlegt, das würde dann auch ohne weiteres tatsächlich nützen. Bei den eben genannten Begriffen jedoch, dem Gerechten und Ungerechten, Heiligen und Unheiligen, macht man sich bereitwillig dafür stark, daß hiervon nichts von Natur aus ist und ein eigenes Wesen hat, sondern daß die gemeinsame Meinung dann wahr wird, wenn man sie eben hat und solange man sie hat. Und alle diejenigen, die dem Protagoras nicht völlig Wort für Wort folgen, beurteilen etwa folgendermaßen das Wissen. Indes, Theodoros, wir kommen ja immer von einer Erklärung zur anderen, und zu immer längeren!
[c] *Theodoros.* Haben wir denn nicht genug Muße, Sokrates?
Sokrates. Offensichtlich. Aber wie schon oft und auch sonstwo, mein Lieber, kommt mir auch jetzt der Gedanke, daß wahrscheinlich diejenigen, die sich lange Zeit mit der Philosophie abgeben, bei Auftritten vor dem Gericht als Redner einen lächerlichen Eindruck machen.[42]
Theodoros. Wie meinst du das denn?
Sokrates. Die sich von Jugend auf im Gericht und ähnlichen

ἐκ νέων κυλινδούμενοι πρὸς τοὺς ἐν φιλοσοφίᾳ καὶ τῇ τοιᾷδε διατριβῇ τεθραμμένους [d] ὡς οἰκέται πρὸς ἐλευθέρους τεθράφθαι.

ΘΕΟ. Πῇ δή;

ΣΩ. Ἧι τοῖς μὲν τοῦτο ὃ σὺ εἶπες ἀεὶ πάρεστι, σχολή, καὶ τοὺς λόγους ἐν εἰρήνῃ ἐπὶ σχολῆς ποιοῦνται· ὥσπερ ἡμεῖς νυνὶ τρίτον ἤδη λόγον ἐκ λόγου μεταλαμβάνομεν, οὕτω κἀκεῖνοι, ἐὰν αὐτοὺς ὁ ἐπελθὼν τοῦ προκειμένου μᾶλλον καθάπερ ἡμᾶς ἀρέσῃ· καὶ διὰ μακρῶν ἢ βραχέων μέλει οὐδὲν λέγειν, ἂν μόνον τύχωσι τοῦ ὄντος· οἱ δὲ ἐν ἀσχολίᾳ τε ἀεὶ λέγουσι – κατεπείγει γὰρ ὕδωρ ῥέον – καὶ οὐκ [e] ἐγχωρεῖ περὶ οὗ ἂν ἐπιθυμήσωσι τοὺς λόγους ποιεῖσθαι, ἀλλ' ἀνάγκην ἔχων ὁ ἀντίδικος ἐφέστηκεν καὶ ὑπογραφὴν παραναγιγνωσκομένην ὧν ἐκτὸς οὐ ῥητέον, ἣν ἀντωμοσίαν καλοῦσιν· οἱ δὲ λόγοι ἀεὶ περὶ ὁμοδούλου πρὸς δεσπότην καθήμενον, ἐν χειρί τινα δίκην ἔχοντα, καὶ οἱ ἀγῶνες οὐδέποτε τὴν ἄλλως ἀλλ' ἀεὶ τὴν περὶ αὐτοῦ, πολλάκις δὲ καὶ περὶ ψυχῆς ὁ δρόμος· [173a] ὥστ' ἐξ ἁπάντων τούτων ἔντονοι καὶ δριμεῖς γίγνονται, ἐπιστάμενοι τὸν δεσπότην λόγῳ τε θωπεῦσαι καὶ ἔργῳ ὑπελθεῖν, σμικροὶ δὲ καὶ οὐκ ὀρθοὶ τὰς ψυχάς. Τὴν γὰρ αὔξην καὶ τὸ εὐθύ τε καὶ τὸ ἐλευθέριον ἡ ἐκ νέων δουλεία ἀφῄρηται, ἀναγκάζουσα πράττειν σκολιά, μεγάλους κινδύνους καὶ φόβους ἔτι ἁπαλαῖς ψυχαῖς ἐπιβάλλουσα, οὓς οὐ δυνάμενοι μετὰ τοῦ δικαίου καὶ ἀληθοῦς ὑποφέρειν, εὐθὺς ἐπὶ τὸ ψεῦδός τε καὶ τὸ ἀλλήλους ἀνταδικεῖν τρεπόμενοι [b] πολλὰ κάμπτονται καὶ συγκλῶνται, ὥσθ' ὑγιὲς οὐδὲν ἔχοντες τῆς διανοίας εἰς ἄνδρας ἐκ μειρακίων τελευτῶσι,

Orten herumtreiben, scheinen im Vergleich zu denjenigen, die mit der Philosophie und ähnlicher Beschäftigung aufgewachsen sind, [d] wie Sklaven im Gegensatz zu freien Menschen ausgebildet worden zu sein.

Theodoros. Wieso denn?

Sokrates. Weil sie immer die von dir angesprochene Muße haben und ihre Untersuchungen in Ruhe und Frieden durchführen.[43] Wie wir jetzt gerade bereits die dritte Erörterung auf die früheren folgen lassen, so machen auch sie es, wenn ihnen wie uns jetzt die neu aufkommende Fragestellung mehr als die vorhergehende zusagt. Und dabei kommt es nicht auf Länge oder Kürze an, wenn man nur auf das stößt, was wirklich ist. Die anderen aber reden immer unter Zeitdruck – denn das abrinnende Wasser drängt sie[44] –, und sie können sich nicht [e] ihre Themen nach ihren eigenen Wünschen aussuchen, sondern der Gegner steht daneben und übt Zwang auf sie aus. Denn man muß sich streng an den vorgelesenen Aufriß der Punkte, die sogenannte Antomosie[45], halten. Die Reden aber handeln immer von einem Mitsklaven und sind an einen Herrn gerichtet, der zu Gericht sitzt und in dessen Händen die Rechtsprechung liegt. Und bei den Prozessen geht es nie um Belangloses, sondern immer um einen selbst, ja oft ist es ein Wettlauf um Leben oder Tod. [173 a] Aus all diesen Gründen werden sie zwar hartnäckig und gewitzt, indem sie sich darauf verstehen, ihrem Herrn mit Worten zu schmeicheln und ihn mit Taten zu überlisten. Sie sind jedoch engstirnig und haben kein Rückgrat. Denn ihre Knechtschaft von Jugend auf hat ihre Entwicklung und eine geradlinige, freie Haltung verhindert. Denn sie zwang diese Leute zu krummen Unternehmungen, indem sie ihrem noch zarten Gemüt große Gefahren und Ängste aufbürdete, die sie nicht mit Recht und Wahrheit vereinbaren und aushalten konnten. Sie nehmen vielmehr ganz bei der Lüge und gegenseitigem Unrechttun ihre Zuflucht, [b] werden dadurch vielfach verbogen und verkrüppelt und haben keinerlei gesunde Gesinnung mehr, wenn sie

δεινοί τε καὶ σοφοὶ γεγονότες, ὡς οἴονται. Καὶ οὗτοι μὲν δὴ τοιοῦτοι, ὦ Θεόδωρε· τοὺς δὲ τοῦ ἡμετέρου χοροῦ πότερον βούλει διελθόντες ἢ ἐάσαντες πάλιν ἐπὶ τὸν λόγον τρεπώμεθα, ἵνα μὴ καί, ὃ νυνδὴ ἐλέγομεν, λίαν πολὺ τῇ ἐλευθερίᾳ καὶ μεταλήψει τῶν λόγων καταχρώμεθα;

ΘΕΟ. Μηδαμῶς, ὦ Σώκρατες, ἀλλὰ διελθόντες. Πάνυ γὰρ εὖ τοῦτο εἴρηκας, [c] ὅτι οὐχ ἡμεῖς οἱ ἐν τῷ τοιῷδε χορεύοντες τῶν λόγων ὑπηρέται, ἀλλ᾽ οἱ λόγοι ἡμέτεροι ὥσπερ οἰκέται, καὶ ἕκαστος αὐτῶν περιμένει ἀποτελεσθῆναι ὅταν ἡμῖν δοκῇ· οὔτε γὰρ δικαστὴς οὔτε θεατὴς ὥσπερ ποιηταῖς ἐπιτιμήσων τε καὶ ἄρξων ἐπιστατεῖ παρ᾽ ἡμῖν.

ΣΩ. Λέγωμεν δή, ὡς ἔοικεν, ἐπεὶ σοί γε δοκεῖ, περὶ τῶν κορυφαίων· τί γὰρ ἄν τις τούς γε φαύλως διατρίβοντας ἐν φιλοσοφίᾳ λέγοι; οὗτοι δέ που ἐκ νέων πρῶτον μὲν εἰς ἀγορὰν οὐκ ἴσασι τὴν ὁδόν, [d] οὐδὲ ὅπου δικαστήριον ἢ βουλευτήριον ἤ τι κοινὸν ἄλλο τῆς πόλεως συνέδριον· νόμους δὲ καὶ ψηφίσματα λεγόμενα ἢ γεγραμμένα οὔτε ὁρῶσιν οὔτε ἀκούουσι· σπουδαὶ δὲ ἑταιριῶν ἐπ᾽ ἀρχὰς καὶ σύνοδοι καὶ δεῖπνα καὶ σὺν αὐλητρίσι κῶμοι, οὐδὲ ὄναρ πράττειν προσίσταται αὐτοῖς. Εὖ δὲ ἢ κακῶς τι γέγονεν ἐν πόλει, ἤ τί τῳ κακόν ἐστιν ἐκ προγόνων γεγονὸς ἢ πρὸς ἀνδρῶν ἢ γυναικῶν, μᾶλλον αὐτὸν λέληθεν ἢ οἱ τῆς θαλάττης λεγόμενοι χόες. [e] Καὶ ταῦτα πάντ᾽ οὐδ᾽ ὅτι οὐκ οἶδεν, οἶδεν· οὐδὲ γὰρ αὐτῶν ἀπέχεται τοῦ εὐδοκιμεῖν χάριν, ἀλλὰ τῷ ὄντι τὸ σῶμα μόνον ἐν τῇ πόλει κεῖται αὐτοῦ καὶ ἐπιδημεῖ, ἡ δὲ διάνοια, ταῦτα πάντα ἡγησαμένη σμικρὰ καὶ οὐδέν, ἀτιμάσασα πανταχῇ πέτεται κατὰ Πίν-

schließlich aus Knaben zu Männern werden. Sie selber aber halten sich für fähige und kluge Leute. So steht es also um sie, Theodoros. Was aber unseren eigenen Kreis angeht, willst du, daß wir ihn durchmustern, oder sollen wir es seinlassen und uns wieder unserer Untersuchung zuwenden? Denn sonst könnten wir uns allzu freizügig der erwähnten Freiheit und des Wechsels in den Reden bedienen.
Theodoros. Auf keinen Fall, Sokrates, sondern wir sollten die Prüfung aufnehmen. Denn du hast sehr treffend gesagt, [c] daß wir hier in diesem Kreis nicht Knechte der Reden, sondern die Reden gleichsam unsere Diener sind. Und jede von ihnen muß auf ihre Abfertigung warten, wie es uns paßt. Denn bei uns führt weder ein Richter noch wie bei den Dichtern ein Zuschauer den Vorsitz, der uns richten oder etwas befehlen könnte.
Sokrates. Wenn du also meinst, wollen wir nun über die führenden Köpfe sprechen. Denn wozu sollte man von denen reden, die sich mit der Philosophie nur recht mäßig abgeben? Die anderen aber kennen, um damit zu beginnen, von Jugend an weder den Weg zum Marktplatz, [d] noch wissen sie, wo das Gericht, das Rathaus oder eine andere Versammlungsstätte der Polis liegt. Gesetze und Volksbeschlüsse ferner, vorgelesene oder geschriebene, sehen und hören sie nicht. Wettbewerbe der politischen Gruppen um öffentliche Ämter, Versammlungen, Festgelage und Umzüge mit Flötenspielerinnen – dabei mitzumachen kommt ihnen nicht einmal im Traum in den Sinn. Ob jemand in der Polis von vornehmer oder niedriger Herkunft ist oder ob jemand einen Makel väterlicher- oder mütterlicherseits geerbt hat, das bleibt ihm noch mehr verborgen als die sprichwörtlichen Tropfen des Meeres. [e] Und von all diesem weiß er nicht einmal, daß er es nicht weiß. Denn er hält sich davon nicht etwa seines guten Rufes wegen fern, sondern tatsächlich befindet sich allein sein Körper in dieser Polis und hält sich dort als Fremder auf. Sein Denken aber hält dies alles für unbedeutend und nichtig; verächtlich schweift es überall

δαρον «τά τε γᾶς ὑπένερθε» καὶ τὰ ἐπίπεδα γεωμετροῦσα, «οὐρανοῦ θ' ὕπερ» ἀστρονομοῦσα, καὶ πᾶσαν πάντῃ φύσιν ἐρευνωμένη τῶν ὄντων ἑκάστου ὅλου, [174a] εἰς τῶν ἐγγὺς οὐδὲν αὑτὴν συγκαθιεῖσα.

ΘΕΟ. Πῶς τοῦτο λέγεις, ὦ Σώκρατες;

ΣΩ. Ὥσπερ καὶ Θαλῆν ἀστρονομοῦντα, ὦ Θεόδωρε, καὶ ἄνω βλέποντα, πεσόντα εἰς φρέαρ, Θρᾷττά τις ἐμμελὴς καὶ χαρίεσσα θεραπαινὶς ἀποσκῶψαι λέγεται ὡς τὰ μὲν ἐν οὐρανῷ προθυμοῖτο εἰδέναι, τὰ δ' ἔμπροσθεν αὐτοῦ καὶ παρὰ πόδας λανθάνοι αὐτόν. Ταὐτὸν δὲ ἀρκεῖ σκῶμμα ἐπὶ πάντας ὅσοι ἐν φιλοσοφίᾳ διάγουσι. [b] Τῷ γὰρ ὄντι τὸν τοιοῦτον ὁ μὲν πλησίον καὶ ὁ γείτων λέληθεν, οὐ μόνον ὅτι πράττει, ἀλλ' ὀλίγου καὶ εἰ ἄνθρωπός ἐστιν ἤ τι ἄλλο θρέμμα· τί δέ ποτ' ἐστὶν ἄνθρωπος καὶ τί τῇ τοιαύτῃ φύσει προσήκει διάφορον τῶν ἄλλων ποιεῖν ἢ πάσχειν, ζητεῖ τε καὶ πράγματ' ἔχει διερευνώμενος. Μανθάνεις γάρ που, ὦ Θεόδωρε· ἢ οὔ;

ΘΕΟ. Ἔγωγε· καὶ ἀληθῆ λέγεις.

ΣΩ. Τοιγάρτοι, ὦ φίλε, ἰδίᾳ τε συγγιγνόμενος ὁ τοιοῦτος ἑκάστῳ [c] καὶ δημοσίᾳ, ὅπερ ἀρχόμενος ἔλεγον, ὅταν ἐν δικαστηρίῳ ἤ που ἄλλοθι ἀναγκασθῇ περὶ τῶν παρὰ πόδας καὶ τῶν ἐν ὀφθαλμοῖς διαλέγεσθαι, γέλωτα παρέχει οὐ μόνον Θρᾴτταις ἀλλὰ καὶ τῷ ἄλλῳ ὄχλῳ, εἰς φρέατά τε καὶ πᾶσαν ἀπορίαν ἐμπίπτων ὑπὸ ἀπειρίας, καὶ ἡ ἀσχημοσύνη δεινή, δόξαν ἀβελτερίας παρεχομένη· ἔν τε γὰρ ταῖς λοιδορίαις ἴδιον ἔχει οὐδὲν οὐδένα λοιδορεῖν, ἅτ' οὐκ εἰδὼς κακὸν οὐδὲν οὐδενὸς ἐκ τοῦ μὴ μεμελετηκέναι· ἀπορῶν οὖν γελοῖος φαίνεται. [d] Ἔν τε τοῖς ἐπαίνοις καὶ

umher, mißt, wie Pindar[46] sagt, alle »Tiefen der Erde« und was auf ihr ist, betrachtet »über dem Himmel« die Sterne und erforscht überall jegliche Natur aller Dinge, die es insgesamt gibt, [174a] ohne sich auf irgend etwas Naheliegendes einzulassen.
Theodoros. Wie meinst du das, Sokrates?
Sokrates. So wie man sich von Thales[47] erzählt, Theodoros. Als er einmal, um die Sterne zu betrachten, nach oben schaute und dabei in einen Brunnen fiel, soll ihn eine schlagfertige und tüchtige thrakische Magd mit den Worten verspottet haben, daß er zwar darauf aus sei zu wissen, was am Himmel vor sich gehe, ihm aber verborgen bleibe, was in seiner Nähe und vor seinen Füßen liege. Derselbe Spott gilt für alle, [b] die ganz in der Philosophie aufgehen. Tatsächlich bleibt einem solchen nicht nur unbekannt, was sein Mitbürger und Nachbar tut, sondern beinahe auch, ob er überhaupt ein Mensch ist oder etwa ein anderes Lebewesen. Was aber der Mensch ist[48] und was einer derartigen Natur im Unterschied zu anderen zu tun oder zu leiden zukommt, danach sucht er und gibt sich Mühe, es herauszufinden. Du verstehst doch, was ich meine, Theodoros, oder nicht?
Theodoros. Doch, und du hast recht.
Sokrates. Und immer wenn daher, mein Freund, ein solcher privat mit jemandem zusammenkommt [c] oder vor der Öffentlichkeit, wie ja bereits gesagt, vor Gericht oder sonstwo gezwungen wird, über solche Dinge zu reden, die vor seinen Füßen oder vor aller Augen liegen, so erregt er nicht nur bei Thrakerinnen Gelächter, sondern auch sonst bei der großen Menge. Denn er stürzt aus Unerfahrenheit in Brunnen und jede sonstige Ausweglosigkeit. Seine Unbeholfenheit ist gewaltig und verschafft ihm den Ruf, einfältig zu sein. Denn wenn es um Schmähreden geht, hat er gegen niemanden seinerseits etwas vorzubringen. Denn er kennt ja von keinem etwas Schlechtes, weil er sich darum nicht gekümmert hat. Mit seiner Hilflosigkeit macht er dann einen lächerlichen Eindruck. [d] Bei Lobesreden ferner und wenn über andere

ταῖς τῶν ἄλλων μεγαλαυχίαις οὐ προσποιήτως ἀλλὰ τῷ ὄντι γελῶν ἔνδηλος γιγνόμενος ληρώδης δοκεῖ εἶναι. Τύραννόν τε γὰρ ἢ βασιλέα ἐγκωμιαζόμενον, ἕνα τῶν νομέων, οἷον συβώτην ἢ ποιμένα ἤ τινα βουκόλον, ἡγεῖται ἀκούειν εὐδαιμονιζόμενον πολὺ βδάλλοντα· δυσκολώτερον δὲ ἐκείνων ζῷον καὶ ἐπιβουλότερον ποιμαίνειν τε καὶ βδάλλειν νομίζει αὐτούς, ἄγροικον δὲ καὶ ἀπαίδευτον ὑπὸ ἀσχολίας οὐδὲν ἧττον τῶν νομέων τὸν τοιοῦτον ἀναγκαῖον γίγνεσθαι, [e] σηκὸν ἐν ὄρει τὸ τεῖχος περιβεβλημένον. Γῆς δὲ ὅταν μυρία πλέθρα ἢ ἔτι πλείω ἀκούσῃ ὥς τις ἄρα κεκτημένος θαυμαστὰ πλήθει κέκτηται, πάνσμικρα δοκεῖ ἀκούειν εἰς ἅπασαν εἰωθὼς τὴν γῆν βλέπειν. Τὰ δὲ δὴ γένη ὑμνούντων, ὡς γενναῖός τις ἑπτὰ πάππους πλουσίους ἔχων ἀποφῆναι, παντάπασιν ἀμβλὺ καὶ ἐπὶ σμικρὸν ὁρώντων ἡγεῖται τὸν ἔπαινον, [175a] ὑπὸ ἀπαιδευσίας οὐ δυναμένων εἰς τὸ πᾶν ἀεὶ βλέπειν οὐδὲ λογίζεσθαι ὅτι πάππων καὶ προγόνων μυριάδες ἑκάστῳ γεγόνασιν ἀναρίθμητοι, ἐν αἷς πλούσιοι καὶ πτωχοὶ καὶ βασιλῆς καὶ δοῦλοι βάρβαροί τε καὶ Ἕλληνες πολλάκις μυρίοι γεγόνασιν ὁτῳοῦν· ἀλλ' ἐπὶ πέντε καὶ εἴκοσι καταλόγῳ προγόνων σεμνυνομένων καὶ ἀναφερόντων εἰς Ἡρακλέα τὸν Ἀμφιτρύωνος ἄτοπα αὐτῷ καταφαίνεται τῆς σμικρολογίας, [b] ὅτι δὲ ὁ ἀπ' Ἀμφιτρύωνος εἰς τὸ ἄνω πεντεκαιεικοστὸς τοιοῦτος ἦν οἵα συνέβαινεν αὐτῷ τύχη, καὶ ὁ πεντηκοστὸς ἀπ' αὐτοῦ, γελᾷ οὐ δυναμένων λογίζεσθαί τε καὶ χαυνότητα ἀνοήτου ψυχῆς ἀπαλλάττειν. Ἐν ἅπασι δὴ τούτοις ὁ τοιοῦτος ὑπὸ τῶν πολλῶν καταγελᾶται, τὰ μὲν ὑπερηφάνως ἔχων, ὡς δοκεῖ, τὰ δ' ἐν ποσὶν ἀγνοῶν τε καὶ ἐν ἑκάστοις ἀπορῶν.

große Worte gemacht werden, dann tut er nicht nur so, sondern lacht offensichtlich wirklich darüber und erscheint somit töricht. Denn wenn er hört, wie man einen Tyrannen oder König preist, dann meint er, den Lobpreis eines der Hirten zu hören, etwa eines Schweine-, Schaf- oder Kuhhirten, weil er eine Menge Milch gemolken habe. Seiner Meinung nach aber weiden und melken diese ein störrischeres und boshafteres Tier als die Hirten, und ein solcher muß aus Mangel an freier Zeit genauso roh und ungebildet werden wie die Hirten, [e] da ihn seine Mauer wie eine Hürde in den Bergen einzwängt. Wenn er ferner hört, jemand besitze mit dem Erwerb von tausend oder noch mehr Morgen Land eine erstaunlich große Menge, dann glaubt er, von einer Winzigkeit zu hören, da er ja gewohnt ist, über die ganze Erde zu blicken. Wenn man aber schließlich an Familien lobt, daß irgendein vornehmer Bürger sieben reiche Ahnen vorweisen könne, dann hält er dies für ein Lob von kurzsichtigen Leuten, die nur einen kleinen Teil überblicken, [175 a] weil sie aus Unbildung nicht stets das Ganze ins Auge fassen und sich nicht klarmachen können, daß jeder unzählige Tausende von Ahnen und Vorfahren hat; unter ihnen können oftmals beim ersten besten Zehntausende Reiche und Arme, Könige und Sklaven, Fremde und Griechen gewesen sein. Wenn manche sich aber mit einer Aufzählung von fünfundzwanzig Vorfahren brüsten und ihre Herkunft auf Herakles, den Sohn des Amphitryon[49] zurückführen, so kommt ihm das als Gipfel der Kleinkrämerei vor. [b] Daß aber von Amphitryon an aufwärts der fünfundzwanzigste, also der fünfzigste von ihm selbst aus gesehen, ein solcher war, wie es gerade der Zufall brachte, dies könnten sie nicht nachrechnen, lacht er sie aus, und so ihre aufgeblasene, unvernünftige Gesinnung loswerden. In all diesen Fällen also erregt ein solcher Mann bei der Menge Gelächter, teils wegen seines scheinbaren Hochmuts, teils wegen seines Nichtwissens über das Naheliegende und seiner Ratlosigkeit in allen Angelegenheiten.

ΘΕΟ. Παντάπασι τὰ γιγνόμενα λέγεις, ὦ Σώκρατες.

ΣΩ. Ὅταν δέ γέ τινα αὐτός, ὦ φίλε, ἑλκύσῃ ἄνω, καὶ ἐθελήσῃ τις αὐτῷ ἐκβῆναι ἐκ τοῦ [c] «Τί ἐγὼ σὲ ἀδικῶ ἢ σὺ ἐμέ;» εἰς σκέψιν αὐτῆς δικαιοσύνης τε καὶ ἀδικίας, τί τε ἑκάτερον αὐτοῖν καὶ τί τῶν πάντων ἢ ἀλλήλων διαφέρετον, ἢ ἐκ τοῦ «εἰ βασιλεὺς εὐδαίμων κεκτημένος ταῦ χρυσίον», βασιλείας πέρι καὶ ἀνθρωπίνης ὅλως εὐδαιμονίας καὶ ἀθλιότητος ἐπὶ σκέψιν, ποίω τέ τινε ἐστὸν καὶ τίνα τρόπον ἀνθρώπου φύσει προσήκει τὸ μὲν κτήσασθαι αὐτοῖν, τὸ δὲ ἀποφυγεῖν – περὶ πάντων τούτων ὅταν αὖ δέῃ λόγον διδόναι [d] τὸν σμικρὸν ἐκεῖνον τὴν ψυχὴν καὶ δριμὺν καὶ δικανικόν, πάλιν αὖ τὰ ἀντίστροφα ἀποδίδωσιν· εἰλιγγιῶν τε ἀπὸ ὑψηλοῦ κρεμασθεὶς καὶ βλέπων μετέωρος ἄνωθεν ὑπὸ ἀηθείας ἀδημονῶν τε καὶ ἀπορῶν καὶ βατταρίζων γέλωτα Θρᾴτταις μὲν οὐ παρέχει οὐδ' ἄλλῳ ἀπαιδεύτῳ οὐδενί, οὐ γὰρ αἰσθάνονται, τοῖς δ' ἐναντίως ἢ ὡς ἀνδραπόδοις τραφεῖσι πᾶσιν. Οὗτος δὴ ἑκατέρου τρόπος, ὦ Θεόδωρε, ὁ μὲν τῷ ὄντι ἐν ἐλευθερίᾳ τε καὶ σχολῇ τεθραμμένου, [e] ὃν δὴ φιλόσοφον καλεῖς, ᾧ ἀνεμέσητον εὐήθει δοκεῖν καὶ οὐδενὶ εἶναι ὅταν εἰς δουλικὰ ἐμπέσῃ διακονήματα, οἷον στρωματόδεσμον μὴ ἐπισταμένου συσκευάσασθαι μηδὲ ὄψον ἡδῦναι ἢ θῶπας λόγους· ὁ δ' αὖ τὰ μὲν τοιαῦτα πάντα δυναμένου τορῶς τε καὶ ὀξέως διακονεῖν, ἀναβάλλεσθαι δὲ οὐκ ἐπισταμένου ἐπιδέξια ἐλευθερίως οὐδέ γ' ἁρμονίαν λόγων λαβόντος [176a] ὀρθῶς ὑμνῆσαι θεῶν τε καὶ ἀνδρῶν εὐδαιμόνων βίον ἀληθῆ.

ΘΕΟ. Εἰ πάντας, ὦ Σώκρατες, πείθοις ἃ λέγεις ὥσπερ

Theodoros. Du beschreibst alles genauso, wie es geschieht, Sokrates.

Sokrates. Zieht er selber einmal jemanden, mein Freund, zu sich herauf und wendet sich dieser ihm zuliebe ab von der Frage [c] »Worin tue ich dir oder tust du mir Unrecht?« hin zur Untersuchung der Gerechtigkeit und Ungerechtigkeit selbst, was jede von beiden ist und worin sie sich von allem anderen und voneinander unterscheiden; oder er wendet sich ab von der Frage, »ob ein König glücklich ist, der viel Gold besitzt« hin zur Untersuchung des Königtums und des menschlichen Glücks und Unglücks insgesamt, wie sie beschaffen sind und inwiefern es der menschlichen Natur zukommt, das eine zu erwerben und das andere zu vermeiden. Und wenn dann über all dieses jener kleingeistige, listenreiche und rechthaberische Mensch Rede und Antwort stehen soll, [d] dann gibt er das genaue Gegenbild ab. Denn wenn ihm schwindlig wird von der Höhe, in der er schwebt, und wenn er von hoch oben herabschaut und, weil er es nicht gewohnt ist, ängstlich und ratlos ist und nur noch »ba, ba« sagen kann, dann erregt er zwar nicht bei den Thrakerinnen Gelächter und auch nicht bei irgendeinem anderen Ungebildeten – denn sie nehmen es ja gar nicht wahr –, wohl aber bei all denen, die ganz anders als die Sklaven erzogen worden sind. So ist es also mit beiden bestellt, Theodoros. Der eine ist wahrhaft in Freiheit und Muße aufgewachsen, [e] den du Philosophen nennst und für den es kein Vorwurf ist, als einfältig zu gelten und als Nichtsnutz, wenn er Sklavendienste leisten soll und wenn er es dann etwa nicht versteht, Reisegepäck zu packen und eine Speise oder Schmeichelreden schmackhaft zuzubereiten.[50] Der andere kann dies alles zwar geschickt und schnell verrichten; aber er versteht es nicht, seinen Mantel geschickt nach der Art eines freien Mannes in Falten zu werfen, und auch nicht, in wohlklingender Rede [176 a] auf die rechte Weise das wahrhafte Leben der Götter und seligen Menschen zu preisen.

Theodoros. Wenn du alle wie mich, Sokrates, mit deinen

ἐμέ, πλείων ἂν εἰρήνη καὶ κακὰ ἐλάττω κατ' ἀνθρώπους εἴη.

ΣΩ. 'Αλλ' οὔτ' ἀπολέσθαι τὰ κακὰ δυνατόν, ὦ Θεόδωρε – ὑπεναντίον γάρ τι τῷ ἀγαθῷ ἀεὶ εἶναι ἀνάγκη – οὔτ' ἐν θεοῖς αὐτὰ ἱδρῦσθαι, τὴν δὲ θνητὴν φύσιν καὶ τόνδε τὸν τόπον περιπολεῖ ἐξ ἀνάγκης. Διὸ καὶ πειρᾶσθαι χρὴ ἐνθένδε ἐκεῖσε φεύγειν ὅτι τάχιστα. [b] Φυγὴ δὲ ὁμοίωσις θεῷ κατὰ τὸ δυνατόν· ὁμοίωσις δὲ δίκαιον καὶ ὅσιον μετὰ φρονήσεως γενέσθαι. 'Αλλὰ γάρ, ὦ ἄριστε, οὐ πάνυ τι ῥᾴδιον πεῖσαι ὡς ἄρα οὐχ ὧν ἕνεκα οἱ πολλοί φασι δεῖν πονηρίαν μὲν φεύγειν, ἀρετὴν δὲ διώκειν, τούτων χάριν τὸ μὲν ἐπιτηδευτέον, τὸ δ' οὔ, ἵνα δὴ μὴ κακὸς καὶ ἵνα ἀγαθὸς δοκῇ εἶναι· ταῦτα μὲν γάρ ἐστιν ὁ λεγόμενος γραῶν ὕθλος, ὡς ἐμοὶ φαίνεται· τὸ δὲ ἀληθὲς ὧδε λέγωμεν. Θεὸς οὐδαμῇ οὐδαμῶς ἄδικος, [c] ἀλλ' ὡς οἷόν τε δικαιότατος, καὶ οὐκ ἔστιν αὐτῷ ὁμοιότερον οὐδὲν ἢ ὃς ἂν ἡμῶν αὖ γένηται ὅτι δικαιότατος. Περὶ τοῦτο καὶ ἡ ὡς ἀληθῶς δεινότης ἀνδρὸς καὶ οὐδενία τε καὶ ἀνανδρία. Ἡ μὲν γὰρ τούτου γνῶσις σοφία καὶ ἀρετὴ ἀληθινή, ἡ δὲ ἄγνοια ἀμαθία καὶ κακία ἐναργής· αἱ δ' ἄλλαι δεινότητές τε δοκοῦσαι καὶ σοφίαι ἐν μὲν πολιτικαῖς δυναστείαις γιγνόμεναι φορτικαί, ἐν δὲ τέχναις βάναυσοι. [d] Τῷ οὖν ἀδικοῦντι καὶ ἀνόσια λέγοντι ἢ πράττοντι μακρῷ ἄριστ' ἔχει τὸ μὴ συγχωρεῖν δεινῷ ὑπὸ πανουργίας εἶναι· ἀγάλλονται γὰρ τῷ ὀνείδει καὶ οἴονται ἀκούειν ὅτι οὐ λῆροί εἰσι, γῆς ἄλλως ἄχθη, ἀλλ' ἄνδρες οἵους δεῖ ἐν πόλει τοὺς σωθησομένους. Λεκτέον οὖν τἀληθές, ὅτι τοσούτῳ μᾶλ-

Überlegungen überzeugen könntest, dann gäbe es mehr Frieden und weniger Schlechtes unter den Menschen.

Sokrates. Allerdings kann das Schlechte nicht völlig verschwinden, Theodoros, denn es muß immer einen Gegensatz zum Guten geben. Es kann sich aber auch nicht bei den Göttern ansiedeln. Vielmehr durchzieht es diese Region der sterblichen Natur nach dem Gebot der Notwendigkeit. Deshalb muß man auch versuchen, von hier möglichst schnell dorthin zu entfliehen. [b] Diese Flucht aber besteht darin, Gott möglichst ähnlich zu werden, und das heißt, in einsichtiger Weise gerecht und fromm zu werden. Allerdings ist es gar nicht so leicht, mein Bester, überzeugend darzulegen, daß nicht die Auffassung der breiten Menge über das Vermeiden des Schlechten und das Streben nach dem Guten ausschlaggebend ist, damit man nämlich nicht schlecht, sondern gut erscheine. Diese glaubt nämlich, man dürfe keinen schlechten, sondern müsse einen guten Eindruck machen. Dies ist in meinen Augen nichts anderes als Weibergeschwätz, wie man so sagt. Wie es wirklich ist, wollen wir folgendermaßen darlegen. Gott ist nie und nimmermehr ungerecht, [c] sondern so gerecht wie nur irgend möglich. Und keiner wird ihm ähnlicher, als wer von uns ebenfalls möglichst gerecht wird. Hierin entscheidet sich die wahre Trefflichkeit des Menschen und seine Nichtigkeit und Feigheit. Denn die Erkenntnis hiervon bedeutet Weisheit und wahrhafte Trefflichkeit, die Unkenntnis aber ist ein deutliches Zeichen von Torheit und Schlechtigkeit. Was aber sonst trefflich und weise zu sein scheint, ist bei politischer Macht gewöhnliche Tätigkeit, beim Handwerk banausische. [d] Am weitaus besten ist es, keinem, der Unrechtes tut und Unheiliges sagt oder tut, zuzugeben, er sei ein Meister in Verschlagenheit. Denn sie bilden sich auf diesen Vorwurf noch etwas ein und glauben zu hören, daß sie keine Narren, eine bloße Last der Erde sind, sondern genau die Männer, die in der Polis ihren guten Stand haben sollen. Vielmehr muß man die Wahrheit sagen, daß sie um so mehr genau die

λόν εἰσιν οἷοι οὐκ οἴονται, ὅτι οὐχὶ οἴονται· ἀγνοοῦσι γὰρ ζημίαν ἀδικίας, ὃ δεῖ ἥκιστα ἀγνοεῖν. Οὐ γάρ ἐστιν ἣν δοκοῦσιν, πληγαί τε καὶ θάνατοι, ὧν ἐνίοτε πάσχουσιν οὐδὲν ἀδικοῦντες, [e] ἀλλὰ ἣν ἀδύνατον ἐκφυγεῖν.

ΘΕΟ. Τίνα δὴ λέγεις;

ΣΩ. Παραδειγμάτων, ὦ φίλε, ἐν τῷ ὄντι ἑστώτων, τοῦ μὲν θείου εὐδαιμονεστάτου, τοῦ δὲ ἀθέου ἀθλιωτάτου, οὐχ ὁρῶντες ὅτι οὕτως ἔχει, ὑπὸ ἠλιθιότητός τε καὶ τῆς ἐσχάτης ἀνοίας [177 a] λανθάνουσι τῷ μὲν ὁμοιούμενοι διὰ τὰς ἀδίκους πράξεις, τῷ δὲ ἀνομοιούμενοι. Οὗ δὴ τίνουσι δίκην ζῶντες τὸν εἰκότα βίον ᾧ ὁμοιοῦνται· ἐὰν δ' εἴπωμεν ὅτι, ἂν μὴ ἀπαλλαγῶσι τῆς δεινότητος, καὶ τελευτήσαντας αὐτοὺς ἐκεῖνος μὲν ὁ τῶν κακῶν καθαρὸς τόπος οὐ δέξεται, ἐνθάδε δὲ τὴν αὑτοῖς ὁμοιότητα τῆς διαγωγῆς ἀεὶ ἕξουσι, κακοὶ κακοῖς συνόντες, ταῦτα δὴ καὶ παντάπασιν ὡς δεινοὶ καὶ πανοῦργοι ἀνοήτων τινῶν ἀκούσονται.

ΘΕΟ. Καὶ μάλα δή, ὦ Σώκρατες.

[b] ΣΩ. Οἶδά τοι, ὦ ἑταῖρε. Ἕν μέντοι τι αὐτοῖς συμβέβηκεν· ὅταν ἰδίᾳ λόγον δέῃ δοῦναί τε καὶ δέξασθαι περὶ ὧν ψέγουσι, καὶ ἐθελήσωσιν ἀνδρικῶς πολὺν χρόνον ὑπομεῖναι καὶ μὴ ἀνάνδρως φυγεῖν, τότε ἀτόπως, ὦ δαιμόνιε, τελευτῶντες οὐκ ἀρέσκουσιν αὐτοὶ αὑτοῖς περὶ ὧν λέγουσι, καὶ ἡ ῥητορικὴ ἐκείνη πως ἀπομαραίνεται, ὥστε παίδων μηδὲν δοκεῖν διαφέρειν. Περὶ μὲν οὖν τούτων, ἐπειδὴ καὶ πάρεργα τυγχάνει λεγόμενα, ἀποστῶμεν – εἰ δὲ

sind, für die sie sich nicht halten, eben weil sie sich nicht dafür halten. Denn sie kennen die Strafe für die Ungerechtigkeit nicht, über die man am allerwenigsten in Unkenntnis sein darf. Sie besteht nämlich nicht, wie sie vermuten, in Schlägen und Todesstrafe, die ihnen manchmal trotz ihres Unrechttuns erspart bleibt, [e] sondern ihr kann man unmöglich entfliehen.

Theodoros. Was für eine Strafe meinst du denn?

Sokrates. Im Bereich des Seins, mein Freund, sind zwei Vorbilder aufgestellt, eines für das höchste göttliche Glück, das andere für das größte gottlose Elend. Diese sehen aber nicht, daß es sich so verhält, und werden aus Torheit und unglaublicher Dummheit [177a] dem einen Vorbild durch ihre ungerechten Handlungen unvermerkt immer ähnlicher und dem anderen immer unähnlicher. Als Strafe hierfür zahlen sie mit einem Leben, das sie entsprechend dem Vorbild führen, dem sie ähnlich geworden sind. Sagen wir ihnen aber, daß sie auch nach ihrem Tod, wenn sie nicht von ihrer üblen Lebensweise ablassen, jener von allem Übel freie Ort nicht aufnehmen wird, sondern daß sie dann stets ein Leben führen werden, das ihrer eigenen Art entspricht, nämlich als schlechte Menschen nur Umgang mit Schlechtem zu haben, ja, dann hören sie sich dies alles nur an wie durchtriebene Schurken, wenn Narren etwas sagen.

Theodoros. Ganz offensichtlich ist es so, Sokrates.

[b] *Sokrates.* Ich weiß es, mein Freund. Dabei geschieht aber folgendes mit ihnen: Wenn sie im persönlichen Gespräch Rede und Antwort stehen müssen darüber, was sie verächtlich machen, und wenn sie bereit sind, einmal längere Zeit hindurch tapfer auszuhalten und sich nicht unmännlich zu entziehen, dann gefallen sie sich schließlich, mein Bester, seltsamerweise nicht einmal selbst mehr in ihren Behauptungen, und jene ihre Redekunst schwindet so dahin, daß sie sich in nichts von Kindern zu unterscheiden scheinen. Aber dieses Thema wollen wir nun verlassen, da es ja auch nur nebenbei angeschnitten wurde. Andernfalls würde uns im-

μή, πλείω ἀεὶ ἐπιρρέοντα [c] καταχώσει ἡμῶν τὸν ἐξ ἀρχῆς λόγον – ἐπὶ δὲ τὰ ἔμπροσθεν ἴωμεν, εἰ καὶ σοὶ δοκεῖ.

ΘΕΟ. Ἐμοὶ μὲν τὰ τοιαῦτα, ὦ Σώκρατες, οὐκ ἀηδέστερα ἀκούειν· ῥᾴω γὰρ τηλικῷδε ὄντι ἐπακολουθεῖν. Εἰ μέντοι δοκεῖ, πάλιν ἐπανίωμεν.

ΣΩ. Οὐκοῦν ἐνταῦθά που ἦμεν τοῦ λόγου, ἐν ᾧ ἔφαμεν τοὺς τὴν φερομένην οὐσίαν λέγοντας, καὶ τὸ ἀεὶ δοκοῦν ἑκάστῳ τοῦτο καὶ εἶναι τούτῳ ᾧ δοκεῖ, ἐν μὲν τοῖς ἄλλοις ἐθέλειν διισχυρίζεσθαι καὶ οὐχ ἥκιστα περὶ τὰ δίκαια, ὡς παντὸς μᾶλλον [d] ἃ ἂν θῆται πόλις δόξαντα αὑτῇ, ταῦτα καὶ ἔστι δίκαια τῇ θεμένῃ, ἕωσπερ ἂν κέηται· περὶ δὲ τἀγαθὰ οὐδένα ἀνδρεῖον ἔθ' οὕτως εἶναι ὥστε τολμᾶν διαμάχεσθαι ὅτι καὶ ἃ ἂν ὠφέλιμα οἰηθεῖσα πόλις ἑαυτῇ θῆται, καὶ ἔστι τοσοῦτον χρόνον ὅσον ἂν κέηται ὠφέλιμα, πλὴν εἴ τις τὸ ὄνομα λέγοι· τοῦτο δέ που σκῶμμ' ἂν εἴη πρὸς ὃ λέγομεν. Ἢ οὐχί;

ΘΕΟ. Πάνυ γε.

[e] ΣΩ. Μὴ γὰρ λεγέτω τὸ ὄνομα, ἀλλὰ τὸ πρᾶγμα τὸ ὀνομαζόμενον θεωρείτω.

ΘΕΟ. Μὴ γάρ.

ΣΩ. Ἀλλ' ὃ ἂν τοῦτο ὀνομάζῃ, τούτου δήπου στοχάζεται νομοθετουμένη, καὶ πάντας τοὺς νόμους, καθ' ὅσον οἴεταί τε καὶ δύναται, ὡς ὠφελιμωτάτους ἑαυτῇ τίθεται· ἢ πρὸς ἄλλο τι βλέπουσα νομοθετεῖται;

[178 a] ΘΕΟ. Οὐδαμῶς.

ΣΩ. Ἦ οὖν καὶ τυγχάνει ἀεί, ἢ πολλὰ καὶ διαμαρτάνει ἑκάστη;

ΘΕΟ. Οἶμαι ἔγωγε καὶ διαμαρτάνειν.

ΣΩ. Ἔτι τοίνυν ἐνθένδε ἂν μᾶλλον πᾶς τις ὁμολογήσειεν

mer mehr Stoff zufließen [c] und unser ursprüngliches Thema wegschwemmen. Daher laß uns, wenn auch du zustimmst, unsere Ausgangsfrage wieder aufnehmen.
Theodoros. Ich höre mir zwar dergleichen Überlegungen, Sokrates, nicht weniger gern an. Denn in meinem Alter kann ich ihnen leichter folgen. Wenn du aber meinst, wollen wir wieder zu unserer Ausgangsfrage zurückkehren.
Sokrates. Wir waren doch in unseren Überlegungen bei folgender Feststellung stehengeblieben: diejenigen, die von der ständigen Bewegung des Seins ausgehen und behaupten, was einem jeden erscheint, das *ist* auch für denjenigen, dem es erscheint, halten entschlossen unter anderem in erster Linie beim Gerechten daran fest, daß auf jeden Fall das, [d] was eine Polis als für sich selber gerecht erscheinend festlegt, auch für sie, die es festlegt, gerecht ist, solange es jedenfalls gesetzlich bestimmt ist. Beim Guten jedoch ist keiner mehr von ihnen so mutig, daß er die Behauptung zu verfechten wagte, was eine Polis für ihren Nutzen hielte und festlegte, das sei auch für die Zeit, für die sie es festlegt, wirklich nützlich. Abgesehen ist hierbei davon, daß jemand bloße Worte macht, was allerdings bei diesem Thema lächerlich wäre. Oder nicht?
Theodoros. Allerdings.
[e] *Sokrates.* Man soll nämlich nicht vom Wort reden, sondern die Sache betrachten, von der die Rede ist.
Theodoros. Ganz gewiß.
Sokrates. Was sie aber so nennt, das versucht doch jede Polis bei ihrer Gesetzgebung zu treffen und richtet alle Gesetze nach bestem Wissen und Können möglichst nützlich für sich selber ein. Oder achtet sie bei ihrer Gesetzgebung auf etwas anderes?
[178 a] *Theodoros.* Auf keinen Fall.
Sokrates. Trifft nun jede Polis immer das Rechte oder verfehlt sie es auch vielfach?
Theodoros. Meiner Meinung nach verfehlt sie es auch oft.
Sokrates. Noch bereitwilliger wird jeder dasselbe zugeben,

ταὐτὰ ταῦτα, εἰ περὶ παντός τις τοῦ εἴδους ἐρωτῴη ἐν ᾧ καὶ τὸ ὠφέλιμον τυγχάνει ὄν· ἔστι δέ που καὶ περὶ τὸν μέλλοντα χρόνον. Ὅταν γὰρ νομοθετώμεθα, ὡς ἐσομένους ὠφελίμους τοὺς νόμους τιθέμεθα εἰς τὸν ἔπειτα χρόνον· τοῦτο δὲ «μέλλον» ὀρθῶς ἂν λέγοιμεν.
[b] ΘΕΟ. Πάνυ γε.
ΣΩ. Ἴθι δή, οὑτωσὶ ἐρωτῶμεν Πρωταγόραν ἢ ἄλλον τινὰ τῶν ἐκείνῳ τὰ αὐτὰ λεγόντων· «Πάντων μέτρον ἄνθρωπός ἐστιν», ὡς φατέ, ὦ Πρωταγόρα, λευκῶν βαρέων κούφων, οὐδενὸς ὅτου οὐ τῶν τοιούτων· ἔχων γὰρ αὐτῶν τὸ κριτήριον ἐν αὑτῷ, οἷα πάσχει τοιαῦτα οἰόμενος, ἀληθῆ τε οἴεται αὑτῷ καὶ ὄντα. Οὐχ οὕτω;
ΘΕΟ. Οὕτω.
ΣΩ. Ἦ καὶ τῶν μελλόντων ἔσεσθαι, φήσομεν, ὦ Πρωταγόρα, ἔχει τὸ κριτήριον ἐν αὑτῷ, [c] καί οἷα ἂν οἰηθῇ ἔσεσθαι, ταῦτα καὶ γίγνεται ἐκείνῳ τῷ οἰηθέντι; οἷον θερμή· ἆρ᾽ ὅταν τις οἰηθῇ ἰδιώτης αὑτὸν πυρετὸν λήψεσθαι καὶ ἔσεσθαι ταύτην τὴν θερμότητα, καὶ ἕτερος, ἰατρὸς δέ, ἀντοιηθῇ, κατὰ τὴν ποτέρου δόξαν φῶμεν τὸ μέλλον ἀποβήσεσθαι, ἢ κατὰ τὴν ἀμφοτέρων, καὶ τῷ μὲν ἰατρῷ οὐ θερμὸς οὐδὲ πυρέττων γενήσεται, ἑαυτῷ δὲ ἀμφότερα;
ΘΕΟ. Γελοῖον μεντἂν εἴη.
ΣΩ. Ἀλλ᾽ οἶμαι περὶ οἴνου γλυκύτητος καὶ αὐστηρότητος μελλούσης ἔσεσθαι [d] ἡ τοῦ γεωργοῦ δόξα ἀλλ᾽ οὐχ ἡ τοῦ κιθαριστοῦ κυρία.
ΘΕΟ. Τί μήν;
ΣΩ. Οὐδ᾽ ἂν αὖ περὶ ἀναρμόστου τε καὶ εὐαρμόστου ἐσομένου παιδοτρίβης ἂν βέλτιον δοξάσειεν μουσικοῦ, ὃ καὶ ἔπειτα αὐτῷ τῷ παιδοτρίβῃ δόξει εὐάρμοστον εἶναι.
ΘΕΟ. Οὐδαμῶς.

wenn man nach dem gesamten Bereich fragte, in den auch das Nützliche fällt. Es bezieht sich nämlich auch auf die zukünftige Zeit. Denn wenn wir Gesetze geben, sollen sich die Gesetze, die wir geben, in der folgenden Zeit als nützlich erweisen. Diese aber dürften wir zu Recht als Zukunft bezeichnen.

[b] *Theodoros.* Sicher.

Sokrates. Also, laßt uns den Protagoras oder einen anderen unter seinen Anhängern folgendes fragen: »Der Mensch ist der Maßstab aller Dinge«, wie ihr sagt, Protagoras, des Weißen, Schweren, Leichten und alles dergleichen ohne Ausnahme. Denn er trägt hiervon das Kriterium in sich, indem er sie für das hält, als was er sie empfindet, und sie somit für ihn selber für wahr und seiend hält. Ist es nicht so?

Theodoros. Doch.

Sokrates. Sollen wir behaupten, Protagoras, daß er das Kriterium auch dafür in sich trägt, was in der Zukunft sein wird, [c] und daß das, wovon er glaubt, es werde sein, auch für den geschieht, der es glaubt? Nimm etwa die Wärme. Wenn ein Laie glaubt, ihn werde das Fieber packen und diese Wärme werde sich also einstellen, und wenn ein anderer, ein Arzt nämlich, das Gegenteil annimmt, sollen wir dann annehmen, das Zukünftige werde nach der Meinung eines von beiden eintreten oder nach der Meinung beider, und wird der Laie für den Arzt nicht warm und auch nicht fieberkrank werden, für sich selber aber beides?[51]

Theodoros. Das wäre doch lächerlich.

Sokrates. Auch darüber, glaube ich, ob der Wein süß oder herb sein wird, [d] ist die Meinung des Bauern, nicht des Kitharaspielers maßgeblich.

Theodoros. Allerdings.

Sokrates. Ferner wird auch darüber, was disharmonisch und was harmonisch klingen wird, ein Turnlehrer nicht besser urteilen als ein Musiker, auch wenn es später dem Turnlehrer selber wohlklingend vorkommen wird.

Theodoros. Auf keinen Fall.

ΣΩ. Οὐκοῦν καὶ τοῦ μέλλοντος ἑστιάσεσθαι μὴ μαγειρικοῦ ὄντος, σκευαζομένης θοίνης, ἀκυροτέρα ἡ κρίσις τῆς τοῦ ὀψοποιοῦ περὶ τῆς ἐσομένης ἡδονῆς. Περὶ μὲν γὰρ τοῦ ἤδη ὄντος ἑκάστῳ ἡδέος ἢ γεγονότος [e] μηδέν πω τῷ λόγῳ διαμαχώμεθα, ἀλλὰ περὶ τοῦ μέλλοντος ἑκάστῳ καὶ δόξειν καὶ ἔσεσθαι πότερον αὐτὸς αὑτῷ ἄριστος κριτής, ἢ σύ, ὦ Πρωταγόρα, τό γε περὶ λόγους πιθανὸν ἑκάστῳ ἡμῶν ἐσόμενον εἰς δικαστήριον βέλτιον ἂν προδοξάσαις ἢ τῶν ἰδιωτῶν ὁστισοῦν;

ΘΕΟ. Καὶ μάλα, ὦ Σώκρατες, τοῦτό γε σφόδρα ὑπισχνεῖτο πάντων διαφέρειν αὐτός.

ΣΩ. Νὴ Δία, ὦ μέλε· ἦ οὐδείς γ' ἂν αὐτῷ διελέγετο διδοὺς πολὺ ἀργύριον, [179a] εἰ μὴ τοὺς συνόντας ἔπειθεν ὅτι καὶ τὸ μέλλον ἔσεσθαί τε καὶ δόξειν οὔτε μάντις οὔτε τις ἄλλος ἄμεινον κρίνειεν ἂν ἢ αὐτός.

ΘΕΟ. Ἀληθέστατα.

ΣΩ. Οὐκοῦν καὶ αἱ νομοθεσίαι καὶ τὸ ὠφέλιμον περὶ τὸ μέλλον ἐστί, καὶ πᾶς ἂν ὁμολογοῖ νομοθετουμένην πόλιν πολλάκις ἀνάγκην εἶναι τοῦ ὠφελιμωτάτου ἀποτυγχάνειν;

ΘΕΟ. Μάλα γε.

ΣΩ. Μετρίως ἄρα ἡμῖν πρὸς τὸν διδάσκαλόν σου εἰρήσεται [b] ὅτι ἀνάγκη αὐτῷ ὁμολογεῖν σοφώτερόν τε ἄλλον ἄλλου εἶναι καὶ τὸν μὲν τοιοῦτον μέτρον εἶναι, ἐμοὶ δὲ τῷ ἀνεπιστήμονι μηδὲ ὁπωστιοῦν ἀνάγκην εἶναι μέτρῳ γίγνεσθαι, ὡς ἄρτι με ἠνάγκαζεν ὁ ὑπὲρ ἐκείνου λόγος, εἴτ' ἐβουλόμην εἴτε μή, τοιοῦτον εἶναι.

ΘΕΟ. Ἐκείνῃ μοι δοκεῖ, ὦ Σώκρατες, μάλιστα ἁλίσκεσθαι ὁ λόγος, ἁλισκόμενος καὶ ταύτῃ, ᾗ τὰς τῶν ἄλλων δόξας κυρίας ποιεῖ, αὗται δὲ ἐφάνησαν τοὺς ἐκείνου λόγους οὐδαμῇ ἀληθεῖς ἡγούμεναι.

Sokrates. Also wird auch jemand, der sich an einem Essen erfreuen will, ohne Koch zu sein, bei der Zubereitung der Speise weniger maßgeblich in seinem Urteil sein, was den zukünftigen Genuß angeht, als ein Speisekünstler. Denn über den bereits gegenwärtigen oder vergangenen Genuß eines jeden [e] wollen wir noch keine Untersuchungen anstellen, sondern ob jeder für sich selbst darüber der beste Richter ist, was ihm scheinen und sein wird. Oder würdest du nicht, Protagoras, besser als irgendeiner von uns Laien im voraus beurteilen können, was jedem von uns bei den Gerichtsreden jedenfalls glaubwürdig sein wird?
Theodoros. Und wie, Sokrates! Gerade hierin erklärte er ja nachdrücklich, allen überlegen zu sein.
Sokrates. Bei Zeus, mein Lieber. Andernfalls hätte ja niemand für viel Geld Lehrgespräche bei ihm gesucht, [179 a] wenn er nicht seinen Zuhörern eingeredet hätte, was in Zukunft sein oder scheinen werde, könne weder ein Seher noch sonst jemand besser beurteilen als er selber.
Theodoros. Das ist völlig richtig.
Sokrates. Beziehen sich nicht auch die Gesetzgebungen und der Nutzen auf die Zukunft? Und dürfte nicht jeder zugeben, daß die gesetzgebende Polis notwendigerweise oft das Höchstmaß an Nutzen verfehlt?
Theodoros. Sicher.
Sokrates. Angemessenerweise werden wir also zu deinem Lehrer sagen, [b] daß er zugeben muß, einer sei weiser als der andere und ein solcher sei zwar Maßstab, für mich als Unwissenden aber bestehe keinerlei Notwendigkeit, Maßstab zu werden. Vorhin wollte mich jedoch die Schutzrede für ihn zwingen, ob ich wollte oder nicht, ein solcher Maßstab zu sein.
Theodoros. Auf diese Weise, Sokrates, scheint mir seine Behauptung am ehesten widerlegt zu werden, aber auch dadurch, daß sie die Meinungen der anderen zu maßgeblichen erhebt, während diese doch seine Behauptungen offensichtlich keineswegs als wahr ansahen.

[c] ΣΩ. Πολλαχῇ, ὦ Θεόδωρε, καὶ ἄλλῃ ἂν τό γε τοιοῦτον ἁλοίη μὴ πᾶσαν παντὸς ἀληθῆ δόξαν εἶναι· περὶ δὲ τὸ παρὸν ἑκάστῳ πάθος, ἐξ ὧν αἱ αἰσθήσεις καὶ αἱ κατὰ ταύτας δόξαι γίγνονται, χαλεπώτερον ἑλεῖν ὡς οὐκ ἀληθεῖς. Ἴσως δὲ οὐδὲν λέγω· ἀνάλωτοι γάρ, εἰ ἔτυχον, εἰσίν, καὶ οἱ φάσκοντες αὐτὰς ἐναργεῖς τε εἶναι καὶ ἐπιστήμας τάχα ἂν ὄντα λέγοιεν, καὶ Θεαίτητος ὅδε οὐκ ἀπὸ σκοποῦ εἴρηκεν αἴσθησιν καὶ ἐπιστήμην ταὐτὸν θέμενος. Προσιτέον οὖν ἐγγυτέρω, [d] ὡς ὁ ὑπὲρ Πρωταγόρου λόγος ἐπέταττε, καὶ σκεπτέον τὴν φερομένην ταύτην οὐσίαν διακρούοντα εἴτε ὑγιὲς εἴτε σαθρὸν φθέγγεται· μάχη δ' οὖν περὶ αὐτῆς οὐ φαύλη οὐδ' ὀλίγοις γέγονεν.

ΘΕΟ. Πολλοῦ καὶ δεῖ φαύλη εἶναι, ἀλλὰ περὶ μὲν τὴν Ἰωνίαν καὶ ἐπιδίδωσι πάμπολυ. Οἱ γὰρ τοῦ Ἡρακλείτου ἑταῖροι χορηγοῦσι τούτου τοῦ λόγου μάλα ἐρρωμένως.

ΣΩ. Τῷ τοι, ὦ φίλε Θεόδωρε, μᾶλλον σκεπτέον καὶ ἐξ ἀρχῆς, [e] ὥσπερ αὐτοὶ ὑποτείνονται.

ΘΕΟ. Παντάπασι μὲν οὖν. Καὶ γάρ, ὦ Σώκρατες, περὶ τούτων τῶν Ἡρακλειτείων ἤ, ὥσπερ σὺ λέγεις, Ὁμηρείων καὶ ἔτι παλαιοτέρων, αὐτοῖς μὲν τοῖς περὶ τὴν Ἔφεσον, ὅσοι προσποιοῦνται ἔμπειροι, οὐδὲν μᾶλλον οἷόν τε διαλεχθῆναι ἢ τοῖς οἰστρῶσιν. Ἀτεχνῶς γὰρ κατὰ τὰ συγγράμματα φέρονται, τὸ δ' ἐπιμεῖναι ἐπὶ λόγῳ καὶ ἐρωτήματι καὶ ἡσυχίως ἐν μέρει ἀποκρίνασθαί τε καὶ ἐρέσθαι ἧττον αὐτοῖς ἔνι ἢ τὸ μηδέν· [180a] μᾶλλον δὲ ὑπερβάλλει τὸ οὐδ' οὐδὲν πρὸς τὸ μηδὲ σμικρὸν ἐνεῖναι τοῖς ἀνδράσιν ἡσυχίας. Ἀλλ' ἄν τινά τι ἔρῃ, ὥσπερ ἐκ φαρέτρας ῥηματίσκια αἰνιγματώδη ἀνασπῶντες ἀποτοξεύουσι, κἂν τούτου ζητῇς λόγον λαβεῖν τί εἴρηκεν, ἑτέρῳ πεπλήξῃ καινῶς

[c] *Sokrates.* Noch auf verschiedene andere Weise, Theodoros, kann die Behauptung widerlegt werden, jede Meinung eines jeden sei wahr. Aber im Hinblick darauf, was ein jeder gerade empfindet, woraus die Wahrnehmungen und die ihnen entsprechenden Meinungen entstehen, ist der Nachweis schon schwieriger, daß sie nicht wahr sind. Vielleicht sage ich damit aber überhaupt nichts, sondern sie sind jeweils ganz unwiderlegbar, und diejenigen, die sie für untrüglich und für Wissen halten, dürften wohl den wahren Sachverhalt treffen. Auch unser Theätet hier hat dann nicht das Ziel verfehlt, als er Wahrnehmung und Wissen gleichsetzte. Wir müssen also näher herangehen, [d] wie die Verteidigungsrede für Protagoras uns aufforderte, und müssen dieses in Bewegung befindliche Sein abklopfen und untersuchen, ob es heil oder zerbrochen klingt. Hierüber haben sich nun nicht gerade wenige heftig gestritten.
Theodoros. Heftig ist der Streit allerdings, und in Ionien breitet er sich noch stärker aus. Denn die Anhänger des Heraklit sind sehr tapfere Wortführer dieser Lehre.
Sokrates. Desto mehr, lieber Theodoros, müssen wir sie prüfen und zwar von Anfang an, [e] wie sie selber sie vorführen.
Theodoros. Das müssen wir allerdings. Denn über diese heraklitischen oder, wie du sagst, homerischen und noch älteren Lehren, kann man mit den Leuten aus Ephesus selbst, soweit sie sich als Sachkenner ausgeben, genausowenig sprechen wie mit Tobenden. Denn ganz nach dem Inhalt ihrer Schriften befinden sie sich in ständiger Bewegung; bei einer Überlegung und Frage verweilen und in aller Ruhe abwechselnd antworten und fragen können sie noch weniger als überhaupt nicht. [180 a] Vielmehr ist dieses »weniger als überhaupt nicht« noch übertrieben, gemessen daran, daß »nicht einmal eine Winzigkeit« an Ruhe in diesen Leuten steckt. Sondern wenn man jemanden etwas fragt, ziehen sie wie aus Köchern rätselhafte Sprüchlein hervor und schießen sie ab; und wenn man den Sinn des Gesagten herauszube-

μετωνομασμένῳ. Περανεῖς δὲ οὐδέποτε οὐδὲν πρὸς οὐδένα αὐτῶν· οὐδέ γε ἐκεῖνοι αὐτοὶ πρὸς ἀλλήλους, ἀλλ' εὖ πάνυ φυλάττουσι τὸ [b] μηδὲν βέβαιον ἐᾶν εἶναι μήτ' ἐν λόγῳ μήτ' ἐν ταῖς αὑτῶν ψυχαῖς, ἡγούμενοι, ὡς ἐμοὶ δοκεῖ, αὐτὸ στάσιμον εἶναι· τούτῳ δὲ πάνυ πολεμοῦσιν, καὶ καθ' ὅσον δύνανται πανταχόθεν ἐκβάλλουσιν.

ΣΩ. Ἴσως, ὦ Θεόδωρε, τοὺς ἄνδρας μαχομένους ἑώρακας, εἰρηνεύουσιν δὲ οὐ συγγέγονας· οὐ γὰρ σοὶ ἑταῖροί εἰσιν. Ἀλλ' οἶμαι τὰ τοιαῦτα τοῖς μαθηταῖς ἐπὶ σχολῆς φράζουσιν, οὓς ἂν βούλωνται ὁμοίους αὑτοῖς ποιῆσαι.

ΘΕΟ. Ποίοις μαθηταῖς, ὦ δαιμόνιε; οὐδὲ γίγνεται τῶν τοιούτων ἕτερος ἑτέρου μαθητής, [c] ἀλλ' αὐτόματοι ἀναφύονται ὁπόθεν ἂν τύχῃ ἕκαστος αὐτῶν ἐνθουσιάσας, καὶ τὸν ἕτερον ὁ ἕτερος οὐδὲν ἡγεῖται εἰδέναι. Παρὰ μὲν οὖν τούτων, ὅπερ ἦα ἐρῶν, οὐκ ἄν ποτε λάβοις λόγον οὔτε ἑκόντων οὔτε ἀκόντων· αὐτοὺς δὲ δεῖ παραλαβόντας ὥσπερ πρόβλημα ἐπισκοπεῖσθαι.

ΣΩ. Καὶ μετρίως γε λέγεις. Τὸ δὲ δὴ πρόβλημα ἄλλο τι παρειλήφαμεν παρὰ μὲν τῶν ἀρχαίων μετὰ ποιήσεως ἐπικρυπτομένων τοὺς πολλούς, [d] ὡς ἡ γένεσις τῶν ἄλλων πάντων Ὠκεανός τε καὶ Τηθὺς ῥεύματα τυγχάνει καὶ οὐδὲν ἕστηκε, παρὰ δὲ τῶν ὑστέρων ἅτε σοφωτέρων ἀναφανδὸν ἀποδεικνυμένων, ἵνα καὶ οἱ σκυτοτόμοι αὐτῶν τὴν σοφίαν μάθωσιν ἀκούσαντες καὶ παύσωνται ἠλιθίως οἰόμενοι τὰ μὲν ἑστάναι, τὰ δὲ κινεῖσθαι τῶν ὄντων, μαθόντες δὲ ὅτι πάντα κινεῖται τιμῶσιν αὐτούς; ὀλίγου δὲ ἐπελαθόμην, ὦ Θεόδωρε, ὅτι ἄλλοι αὖ τἀναντία τούτοις ἀπεφήναντο, οἷον

kommen versucht, wird man von einem anderen, neu umgeformten Wortpfeil getroffen. Niemals aber wird man auch nur irgend etwas bei einem von ihnen ausrichten, das trifft auch für jene selber untereinander zu. Vielmehr hüten sie sich davor, [b] in ihrer Rede oder in ihren Seelen etwas Festes zuzulassen, weil sie meiner Meinung nach glauben, dieses sei etwas Beharrendes. Dagegen aber kämpfen sie erbittert an und merzen es nach Kräften überall aus.

Sokrates. Vielleicht, Theodoros, hast du diese Männer nur beim Kämpfen gesehen, warst aber nicht mit ihnen zusammen, wenn sie sich friedlich verhielten. Denn es sind nicht Freunde von dir. Aber ich glaube, sie sprechen darüber gelegentlich zu ihren Schülern, die sie sich selbst ähnlich machen wollen.

Theodoros. Was für Schülern, mein Bester? Bei solchen Leuten wird doch keiner der Schüler von einem anderen, [c] sondern sie wachsen von selbst so auf, woher jeder von ihnen gerade begeistert war, und einer hält den anderen für unwissend. Von ihnen also, wollte ich sagen, wirst du wohl nie eine Erklärung erhalten, weder mit noch gegen ihren Willen. Sondern wir müssen sie uns selber gleichsam als Aufgabe vornehmen und sie prüfen.

Sokrates. Was du sagst, ist der Sache angemessen. Haben wir nun nicht die Fragestellung teils von den Alten übernommen, die sie unter dem dichterischen Gewand vor der Menge verbargen? [d] Sie lautet nämlich, daß der Ursprung von allen anderen die Ströme Okeanos und Tethys seien und daß nichts stillstehe. Teils haben wir die Aufgabe aber auch von den Jüngeren übernommen, die sie in ihrer Weisheit offen darlegten, damit auch die Schuster ihre Weisheit hören und lernen könnten und nicht länger törichterweise glaubten, das, was ist, stehe zum Teil still und bewege sich zum Teil, sondern sie sollten lernen, daß sich alles bewegt, und ihnen Lob spenden. Aber beinahe hätte ich vergessen, Theodoros, daß andere wieder ganz das Gegenteil hiervon dargelegt haben, nämlich

[e] ἀκίνητον τελέθει τῷ παντὶ ὄνομ᾽ εἶναι*

καὶ ἄλλα ὅσα Μέλισσοί τε καὶ Παρμενίδαι ἐναντιούμενοι πᾶσι τούτοις διισχυρίζονται, ὡς ἕν τε πάντα ἐστὶ καὶ ἕστηκεν αὐτὸ ἐν αὑτῷ οὐκ ἔχον χώραν ἐν ᾗ κινεῖται. Τούτοις οὖν, ὦ ἑταῖρε, πᾶσι τί χρησόμεθα; κατὰ σμικρὸν γὰρ προϊόντες λελήθαμεν ἀμφοτέρων εἰς τὸ μέσον πεπτωκότες, [181a] καὶ ἂν μή πῃ ἀμυνόμενοι διαφύγωμεν, δίκην δώσομεν ὥσπερ οἱ ἐν ταῖς παλαίστραις διὰ γραμμῆς παίζοντες, ὅταν ὑπ᾽ ἀμφοτέρων ληφθέντες ἕλκωνται εἰς τἀναντία. Δοκεῖ οὖν μοι τοὺς ἑτέρους πρότερον σκεπτέον, ἐφ᾽ οὕσπερ ὡρμήσαμεν, τοὺς ῥέοντας, καὶ ἐὰν μέν τι φαίνωνται λέγοντες, συνέλξομεν μετ᾽ αὐτῶν ἡμᾶς αὐτούς, τοὺς ἑτέρους ἐκφυγεῖν πειρώμενοι· ἐὰν δὲ οἱ τοῦ ὅλου στασιῶται ἀληθέστερα λέγειν δοκῶσι, φευξόμεθα παρ᾽ αὐτοὺς ἀπ᾽ αὖ τῶν τὰ ἀκίνητα κινούντων. [b] Ἀμφότεροι δ᾽ ἂν φανῶσι μηδὲν μέτριον λέγοντες, γελοῖοι ἐσόμεθα ἡγούμενοι ἡμᾶς μὲν τὶ λέγειν φαύλους ὄντας, παμπαλαίους δὲ καὶ πασσόφους ἄνδρας ἀποδεδοκιμακότες. Ὅρα οὖν, ὦ Θεόδωρε, εἰ λυσιτελεῖ εἰς τοσοῦτον προϊέναι κίνδυνον.

ΘΕΟ. Οὐδὲν μὲν οὖν ἀνεκτόν, ὦ Σώκρατες, μὴ οὐ διασκέψασθαι τί λέγουσιν ἑκάτεροι τῶν ἀνδρῶν.

ΣΩ. Σκεπτέον ἂν εἴη σοῦ γε οὕτω προθυμουμένου. Δοκεῖ οὖν μοι ἀρχὴ εἶναι τῆς σκέψεως κινήσεως πέρι, [c] ποῖόν τί ποτε ἄρα λέγοντές φασι τὰ πάντα κινεῖσθαι. Βούλομαι δὲ λέγειν τὸ τοιόνδε· πότερον ἕν τι εἶδος αὐτῆς λέγουσιν ἤ,

* Unklare Textüberlieferung.

[e] das Unbewegliche sei der richtige Name des Ganzen,

und was sonst noch Männer wie Melissos und Parmenides[52] im Gegensatz zu allem Vorigen behaupten, daß nämlich alles eins sei und in sich selbst stillstehe, ohne einen Raum zu haben, in dem es sich bewege. Was sollen wir nun, mein Freund, mit allen diesen Leuten anfangen? Denn allmählich sind wir im Laufe unserer Untersuchung unvermerkt mitten zwischen beide Seiten geraten. [181 a] Und wenn wir uns nicht irgendwie wehren und entkommen können, werden wir es büßen müssen wie die Jungen, die auf den Turnplätzen spielen: wenn sie auf der Trennungslinie von beiden Parteien gefaßt werden, werden sie nach beiden Seiten hin- und hergezerrt. Meiner Meinung nach sollten wir zuerst diejenigen prüfen, auf die wir anfangs stießen, die Fließenden. Und wenn sie offensichtlich etwas Haltbares zu sagen haben, dann wollen wir uns von ihnen hinüberziehen lassen und versuchen, den anderen zu entkommen. Wenn aber diejenigen, die den Stillstand des Ganzen verfechten, etwas Richtigeres zu sagen scheinen, dann werden wir zu ihnen fliehen, weg von denen, die das Unbewegte bewegen. [b] Wenn sich allerdings herausstellt, daß beide Seiten nichts Angemessenes zu sagen haben, dann würden wir uns ja lächerlich machen, wenn wir unbedeutende Männer uns einbildeten, etwas Vernünftiges zu behaupten, während wir diese altehrwürdigen und hochweisen Männer als unfähig erklärten. Überlege doch, Theodoros, ob es geraten ist, sich in eine so große Gefahr hineinzuwagen.

Theodoros. Es wäre allerdings unerträglich, Sokrates, wenn wir nicht die Behauptungen beider Seiten genau überprüften.

Sokrates. Also müssen wir sie wohl prüfen, wenn du es so sehr wünschst. Der Ausgangspunkt bei der Prüfung der Bewegungs-These scheint mir zu sein, [c] was sie eigentlich mit ihrer Behauptung meinen, alles bewege sich. Ich will damit sagen, ob sie eine Bewegungsart annehmen oder, wie mir

ὥσπερ ἐμοὶ φαίνεται, δύο; μὴ μέντοι μόνον ἐμοὶ δοκείτω, ἀλλὰ συμμέτεχε καὶ σύ, ἵνα κοινῇ πάσχωμεν ἄν τι καὶ δέῃ. Καί μοι λέγε· ἆρα κινεῖσθαι καλεῖς ὅταν τι χώραν ἐκ χώρας μεταβάλλῃ ἢ καὶ ἐν τῷ αὐτῷ στρέφηται;

ΘΕΟ. Ἔγωγε.

ΣΩ. Τοῦτο μὲν τοίνυν ἓν ἔστω εἶδος. Ὅταν δὲ ᾖ μὲν ἐν τῷ αὐτῷ, [d] γηράσκῃ δέ, ἢ μέλαν ἐκ λευκοῦ ἢ σκληρὸν ἐκ μαλακοῦ γίγνηται, ἤ τινα ἄλλην ἀλλοίωσιν ἀλλοιῶται, ἆρα οὐκ ἄξιον ἕτερον εἶδος φάναι κινήσεως;

ΘΕΟ. Ἔμοιγε δοκεῖ.

ΣΩ. Ἀναγκαῖον μὲν οὖν· δύο δὴ λέγω τούτω εἴδη κινήσεως, ἀλλοίωσιν, τὴν δὲ φοράν.

ΘΕΟ. Ὀρθῶς γε λέγων.

ΣΩ. Τοῦτο τοίνυν οὕτω διελόμενοι διαλεγώμεθα ἤδη τοῖς τὰ πάντα φάσκουσιν κινεῖσθαι καὶ ἐρωτῶμεν· Πότερον πᾶν φατε ἀμφοτέρως κινεῖσθαι, [e] φερόμενόν τε καὶ ἀλλοιούμενον, ἢ τὸ μέν τι ἀμφοτέρως, τὸ δ' ἑτέρως;

ΘΕΟ. Ἀλλὰ μὰ Δί' ἔγωγε οὐκ ἔχω εἰπεῖν· οἶμαι δ' ἂν φάναι ἀμφοτέρως.

ΣΩ. Εἰ δέ γε μή, ὦ ἑταῖρε, κινούμενά τε αὐτοῖς καὶ ἑστῶτα φανεῖται, καὶ οὐδὲν μᾶλλον ὀρθῶς ἕξει εἰπεῖν ὅτι κινεῖται τὰ πάντα ἢ ὅτι ἕστηκεν.

ΘΕΟ. Ἀληθέστατα λέγεις.

ΣΩ. Οὐκοῦν ἐπειδὴ κινεῖσθαι αὐτὰ δεῖ, τὸ δὲ μὴ κινεῖσθαι μὴ ἐνεῖναι μηδενί, [182a] πάντα δὴ πᾶσαν κίνησιν ἀεὶ κινεῖται.

ΘΕΟ. Ἀνάγκη.

ΣΩ. Σκόπει δή μοι τόδε αὐτῶν· τῆς θερμότητος ἢ λευκότητος ἢ ὁτουοῦν γένεσιν οὐχ οὕτω πως ἐλέγομεν φάναι

scheint, zwei.[53] Allerdings soll es nicht nur mir so scheinen, sondern auch du sollst dich beteiligen, damit wir notfalls auch gemeinsam die Folgen tragen. Sage mir also: Nennst du etwas Bewegung, wenn es seinen Ort wechselt oder sich auch an derselben Stelle herumdreht?
Theodoros. Allerdings.
Sokrates. Dies wäre also die eine Art. Wenn aber etwas an derselben Stelle bleibt, [d] aber altert, oder Weißes schwarz oder Weiches hart wird oder eine andere Veränderung durchmacht, spricht man dann nicht zu Recht von einer zweiten Bewegungsart?
Theodoros. Ich glaube ja.
Sokrates. Notwendigerweise. Von diesen zwei Bewegungsarten spreche ich also, von der Veränderung und der Ortsbewegung.
Theodoros. Damit hast du recht.
Sokrates. Nachdem wir also diese Einteilung vorgenommen haben, wollen wir mit denen reden, die behaupten, alles bewege sich, und sie fragen: Behauptet ihr nun, alles bewege sich auf beiderlei Art, [e] durch Ortsbewegung und durch Veränderung, oder einiges auf beiderlei Art, anderes nur auf die eine?
Theodoros. Bei Zeus, das kann ich nicht sagen. Ich glaube aber, sie dürften wohl behaupten, auf beiderlei Art.
Sokrates. Andernfalls aber, mein Freund, müßte sich ihnen ja Bewegtes und Stillstehendes zeigen, und man würde mit dem gleichen Recht davon sprechen, daß sich alles bewegt, wie auch, daß es stillsteht.
Theodoros. Das ist völlig richtig.
Sokrates. Da es sich also bewegen muß und sich nichts nicht bewegen darf, [182a] bewegt sich alles immer mit jeder Bewegung.
Theodoros. Notwendigerweise.
Sokrates. Überlege aber auch noch folgenden Punkt bei ihnen. Sagten wir nicht, sie erklärten die Entstehung der Wärme, der weißen Farbe oder was du sonst willst etwa

αὐτούς, φέρεσθαι ἕκαστον τούτων ἅμα αἰσθήσει μεταξὺ τοῦ ποιοῦντός τε καὶ πάσχοντος, καὶ τὸ μὲν πάσχον αἰσθητικὸν ἀλλ' οὐκ αἴσθησιν ἔτι γίγνεσθαι, τὸ δὲ ποιοῦν ποιόν τι ἀλλ' οὐ ποιότητα; ἴσως οὖν ἡ «ποιότης» ἅμα ἀλλόκοτόν τε φαίνεται ὄνομα καὶ οὐ μανθάνεις ἀθρόον λεγόμενον· κατὰ μέρη οὖν ἄκουε. [b] Τὸ γὰρ ποιοῦν οὔτε θερμότης οὔτε λευκότης, θερμὸν δὲ καὶ λευκὸν γίγνεται, καὶ τἆλλα οὕτω· μέμνησαι γάρ που ἐν τοῖς πρόσθεν ὅτι οὕτως ἐλέγομεν, ἓν μηδὲν αὐτὸ καθ' αὑτὸ εἶναι, μηδ' αὖ τὸ ποιοῦν ἢ πάσχον, ἀλλ' ἐξ ἀμφοτέρων πρὸς ἄλληλα συγγιγνομένων τὰς αἰσθήσεις καὶ τὰ αἰσθητὰ ἀποτίκτοντα τὰ μὲν ποι' ἄττα γίγνεσθαι, τὰ δὲ αἰσθανόμενα.

ΘΕΟ. Μέμνημαι· πῶς δ' οὔ;

[c] ΣΩ. Τὰ μὲν τοίνυν ἄλλα χαίρειν ἐάσωμεν, εἴτε ἄλλως εἴτε οὕτως λέγουσιν· οὗ δ' ἕνεκα λέγομεν, τοῦτο μόνον φυλάττωμεν, ἐρωτῶντες· Κινεῖται καὶ ῥεῖ, ὥς φατε, τὰ πάντα; ἦ γάρ;

ΘΕΟ. Ναί.

ΣΩ. Οὐκοῦν ἀμφοτέρας ἃς διειλόμεθα κινήσεις, φερόμενά τε καὶ ἀλλοιούμενα;

ΘΕΟ. Πῶς δ' οὔ; εἴπερ γε δὴ τελέως κινήσεται.

ΣΩ. Εἰ μὲν τοίνυν ἐφέρετο μόνον, ἠλλοιοῦτο δὲ μή, εἴχομεν ἄν που εἰπεῖν οἷα ἄττα ῥεῖ τὰ φερόμενα· ἢ πῶς λέγομεν;

ΘΕΟ. Οὕτως.

[d] ΣΩ. Ἐπειδὴ δὲ οὐδὲ τοῦτο μένει, τὸ λευκὸν ῥεῖν τὸ ῥέον, ἀλλὰ μεταβάλλει, ὥστε καὶ αὐτοῦ τούτου εἶναι

folgendermaßen: Jedes von ihnen bewege sich während der Wahrnehmung zwischen dem Bewirkenden und Erleidenden; und das Erleidende wird etwas, das wahrnimmt, nicht aber eine Wahrnehmung, und das Bewirkende etwas, das irgendwie beschaffen ist, aber keine Beschaffenheit? Aber vielleicht kommt dir die Bezeichnung »Beschaffenheit« ungewöhnlich vor, und du verstehst sie in dieser Allgemeinheit nicht.[54] Höre es dir also im einzelnen an. [b] Das Bewirkende wird weder Wärme noch weiße Farbe, sondern etwas Warmes oder Weißes, und ebenso ist es in den anderen Fällen. Du erinnerst dich ja auch daran, daß wir vorhin sagten, nichts sei für sich selbst gesehen eines, also auch nicht das Bewirkende oder Erleidende, sondern es erzeugt aus dem wechselseitigen Zusammentreffen beider die Wahrnehmungen und das Wahrnehmbare und wird auf diese Weise teils etwas, das irgendwie beschaffen ist, und teils etwas, das wahrnimmt.

Theodoros. Daran erinnere ich mich. Wieso auch nicht?

[c] *Sokrates.* Das übrige wollen wir einmal beiseite lassen, ob sie es anders oder so meinen. Worauf wir aber hinauswollen, nur das wollen wir festhalten und sie fragen: Alles bewegt sich doch und fließt, wie ihr sagt, nicht wahr?

Theodoros. Ja.

Sokrates. Und zwar nach beiden von uns unterschiedenen Bewegungsarten, nach der Ortsbewegung und Veränderung?

Theodoros. Wie auch sonst, wenn es sich jedenfalls vollkommen bewegt.

Sokrates. Wenn es sich nun in bloßer Ortsbewegung befände, sich aber nicht veränderte, dann könnten wir doch noch sagen, mit welcher Beschaffenheit dasjenige fließt, das sich in Ortsbewegung befindet. Oder wie sollen wir es sagen?

Theodoros. Genau so.

[d] *Sokrates.* Aber nicht einmal dieses hat Bestand, so daß das Fließende als etwas Weißes flösse, sondern es verändert

ῥοήν, τῆς λευκότητος, καὶ μεταβολὴν εἰς ἄλλην χρόαν, ἵνα μὴ ἁλῷ ταύτῃ μένον, ἆρά ποτε οἷόν τέ τι προσειπεῖν χρῶμα, ὥστε καὶ ὀρθῶς προσαγορεύειν;

ΘΕΟ. Καὶ τίς μηχανή, ὦ Σώκρατες; ἢ ἄλλο γέ τι τῶν τοιούτων, εἴπερ ἀεὶ λέγοντος ὑπεξέρχεται ἅτε δὴ ῥέον;

ΣΩ. Τί δὲ περὶ αἰσθήσεως ἐροῦμεν ὁποιασοῦν, οἷον τῆς τοῦ ὁρᾶν ἢ ἀκούειν; [e] μένειν ποτὲ ἐν αὐτῷ τῷ ὁρᾶν ἢ ἀκούειν;

ΘΕΟ. Οὔκουν δεῖ γε, εἴπερ πάντα κινεῖται.

ΣΩ. Οὔτε ἄρα ὁρᾶν προσρητέον τι μᾶλλον ἢ μὴ ὁρᾶν, οὐδέ τιν᾽ ἄλλην αἴσθησιν μᾶλλον ἢ μή, πάντων γε πάντως κινουμένων.

ΘΕΟ. Οὐ γὰρ οὖν.

ΣΩ. Καὶ μὴν αἴσθησίς γε ἐπιστήμη, ὡς ἔφαμεν ἐγώ τε καὶ Θεαίτητος.

ΘΕΟ. Ἦν ταῦτα.

ΣΩ. Οὐδὲν ἄρα ἐπιστήμην μᾶλλον ἢ μὴ ἐπιστήμην ἀπεκρινάμεθα ἐρωτώμενοι ὅτι ἐστὶν ἐπιστήμη.

[183 a] ΘΕΟ. Ἐοίκατε.

ΣΩ. Καλὸν ἂν ἡμῖν συμβαίνοι τὸ ἐπανόρθωμα τῆς ἀποκρίσεως, προθυμηθεῖσιν ἀποδεῖξαι ὅτι πάντα κινεῖται, ἵνα δὴ ἐκείνη ἡ ἀπόκρισις ὀρθὴ φανῇ. Τὸ δ᾽, ὡς ἔοικεν, ἐφάνη, εἰ πάντα κινεῖται, πᾶσα ἀπόκρισις, περὶ ὅτου ἂν τις ἀποκρίνηται, ὁμοίως ὀρθὴ εἶναι, οὕτω τ᾽ ἔχειν φάναι καὶ μὴ οὕτω, εἰ δὲ βούλει, γίγνεσθαι, ἵνα μὴ στήσωμεν αὐτοὺς τῷ λόγῳ.

ΘΕΟ. Ὀρθῶς λέγεις.

ΣΩ. Πλήν γε, ὦ Θεόδωρε, ὅτι «οὕτω» τε εἶπον καὶ «οὐχ οὕτω». Δεῖ δὲ οὐδὲ τοῦτο «οὕτω» λέγειν – οὐδὲ γὰρ ἂν ἔτι

sich. Daher gibt es auch von der weißen Farbe einen Fluß und eine Veränderung in eine andere Farbe, damit es nicht in dieser Hinsicht als etwas Beharrendes angetroffen wird. Ist es dann noch möglich, etwas als Farbe zu benennen, und zwar berechtigterweise?

Theodoros. Wie sollte man das oder auch anderes dergleichen wohl können, Sokrates, wenn es sich doch, da es ja fließt, dem Redenden immer entzieht?

Sokrates. Was aber sollen wir von der Wahrnehmung sagen, welcher auch immer, etwa von der des Sehens oder Hörens? [e] Daß sie jeweils im Sehen und Hören verharre?

Theodoros. Das dürfen wir nicht, wenn sich jedenfalls alles bewegt.

Sokrates. Man darf also etwas nicht mit mehr Recht ein Sehen als ein Nichtsehen und genausowenig etwas eher eine andere Wahrnehmung als eine Nichtwahrnehmung nennen, wenn sich doch alles vollständig in Bewegung befindet.

Theodoros. Auf keinen Fall.

Sokrates. Und Wissen soll doch Wahrnehmung sein, wie ich und Theätet behaupteten.

Theodoros. So war es.

Sokrates. Auf die Frage, was Wissen sei, haben wir also mit etwas geantwortet, das genausogut Wissen wie Nichtwissen ist.

[183 a] *Theodoros.* Das habt ihr offensichtlich.

Sokrates. Da käme ja eine schöne Verteidigung der Antwort heraus, indem wir zeigen wollten, daß sich alles bewegt, damit jene Antwort sich als richtig erweist. Erwiesen hat sich aber offensichtlich, daß, wenn sich alles bewegt, jede Antwort, ganz gleich worauf man antwortet, gleichermaßen richtig ist. Dabei kann man sagen, es verhalte sich, oder wenn du willst, es werde so oder nicht so, damit wir diese Leute in unserer Rede nicht zum Stillstand bringen.

Theodoros. Da hast du recht.

Sokrates. Wenn man jedenfalls, Theodoros, davon absieht, daß ich »so« und »nicht so« sagte. Man darf aber nicht ein-

κινοῖτο «οὕτω« – [b] οὐδ᾿ αὖ «μὴ οὕτω» – οὐδὲ γὰρ τοῦτο κίνησις – ἀλλά τιν᾿ ἄλλην φωνὴν θετέον τοῖς τὸν λόγον τοῦτον λέγουσιν, ὡς νῦν γε πρὸς τὴν αὑτῶν ὑπόθεσιν οὐκ ἔχουσι ῥήματα, εἰ μὴ ἄρα τὸ «οὐδ᾿ οὕτως» μάλιστ᾿ ἂν αὐτοῖς ἁρμόττοι, ἄπειρον λεγόμενον.

ΘΕΟ. Οἰκειοτάτη γοῦν διάλεκτος αὕτη αὐτοῖς.

ΣΩ. Οὐκοῦν, ὦ Θεόδωρε, τοῦ τε σοῦ ἑταίρου ἀπηλλάγμεθα, καὶ οὔπω συγχωροῦμεν αὐτῷ πάντ᾿ ἄνδρα πάντων χρημάτων μέτρον εἶναι, [c] ἂν μὴ φρόνιμός τις ᾖ· ἐπιστήμην τε αἴσθησιν οὐ συγχωρησόμεθα κατά γε τὴν τοῦ πάντα κινεῖσθαι μέθοδον, εἰ μή τί πως ἄλλως Θεαίτητος ὅδε λέγει.

ΘΕΟ. Ἄριστ᾿ εἴρηκας, ὦ Σώκρατες· τούτων γὰρ περανθέντων καὶ ἐμὲ δεῖ ἀπηλλάχθαι σοι ἀποκρινόμενον κατὰ τὰς συνθήκας, ἐπειδὴ τὸ περὶ τοῦ Πρωταγόρου λόγου τέλος σχοίη.

ΘΕΑΙ. Μὴ πρίν γ᾿ ἄν, ὦ Θεόδωρε, Σωκράτης τε καὶ σὺ τοὺς φάσκοντας αὖ τὸ πᾶν ἑστάναι διέλθητε, [d] ὥσπερ ἄρτι προύθεσθε.

ΘΕΟ. Νέος ὤν, ὦ Θεαίτητε, τοὺς πρεσβυτέρους ἀδικεῖν διδάσκεις ὁμολογίας παραβαίνοντας; ἀλλὰ παρασκευάζου ὅπως τῶν ἐπιλοίπων Σωκράτει δώσεις λόγον.

ΘΕΑΙ. Ἐάνπερ γε βούληται. Ἥδιστα μεντἂν ἤκουσα περὶ ὧν λέγω.

ΘΕΟ. «Ἱππέας εἰς πεδίον» προκαλῇ Σωκράτη εἰς λόγους προκαλούμενος· ἐρώτα οὖν καὶ ἀκούσῃ.

ΣΩ. Ἀλλά μοι δοκῶ, ὦ Θεόδωρε, περί γε ὧν κελεύει Θεαίτητος οὐ πείσεσθαι [e] αὐτῷ.

mal dieses »so« sagen – denn »so« würde sich nicht mehr bewegen –, [b] ferner auch nicht »nicht so« – denn auch dieses ist keine Bewegung –, sondern wer diese Lehre behauptet, muß eine andere Sprache dafür einführen. Denn bis jetzt jedenfalls gibt es für ihre eigene Voraussetzung keine Worte, es sei denn, daß etwa das »nicht einmal so« am ehesten zu ihnen paßte, da es etwas Unbestimmtes ausdrückt.

Theodoros. Das wäre jedenfalls die zutreffendste Ausdrucksweise für sie.

Sokrates. Somit sind wir, Theodoros, mit deinem Freund fertig geworden und geben ihm immer noch nicht zu, daß jedermann Maßstab aller Dinge ist, [c] falls er nicht sachkundig ist. Daß Wissen aber Wahrnehmung sei, werden wir nach dem Grundsatz, alles befinde sich in Bewegung, ebenfalls nicht zugeben, wenn Theätet hier nicht noch etwas anderes vorbringt.

Theodoros. Das hast du sehr gut gesagt, Sokrates. Denn nach Erledigung dieser Punkte sollte ich vereinbarungsgemäß dir nicht länger antworten müssen, sobald die Prüfung der Lehre des Protagoras abgeschlossen sei.

Theätet. Allerdings nicht eher, Theodoros, als bis Sokrates und du diejenigen durchgemustert habt, die vom Ganzen den Stillstand behaupten, [d] wie ihr euch eben vorgenommen habt.

Theodoros. So jung noch, Theätet, willst du ältere Leute lehren, Unrecht zu tun und Vereinbarungen zu mißachten? Bereite dich lieber darauf vor, dem Sokrates in den übrigen Punkten Rede zu stehen.

Theätet. Falls er es will. Am liebsten jedoch hätte ich darüber etwas gehört, wovon ich eben gesprochen habe.

Theodoros. Du rufst Reiter auf die Ebene, wenn du den Sokrates zum Reden aufforderst. Also frage nur, und du wirst schon hören.

Sokrates. Ich glaube jedoch, Theodoros, daß ich dem Theätet nicht nachgeben werde, [e] über das gewünschte Thema zu sprechen.

ΘΕΟ. Τί δὴ οὖν οὐ πείσεσθαι;

ΣΩ. Μέλισσον μὲν καὶ τοὺς ἄλλους, οἳ ἓν ἑστὸς λέγουσι τὸ πᾶν, αἰσχυνόμενος μὴ φορτικῶς σκοπῶμεν, ἧττον αἰσχύνομαι ἢ ἕνα ὄντα Παρμενίδην. Παρμενίδης δέ μοι φαίνεται, τὸ τοῦ Ὁμήρου, «αἰδοῖός τέ μοι» εἶναι ἅμα «δεινός τε». Συμπροσέμειξα γὰρ δὴ τῷ ἀνδρὶ πάνυ νέος πάνυ πρεσβύτῃ, καί μοι ἐφάνη βάθος τι ἔχειν παντάπασι γενναῖον. [184a] Φοβοῦμαι οὖν μὴ οὔτε τὰ λεγόμενα συνιῶμεν, τί τε διανοούμενος εἶπε πολὺ πλέον λειπώμεθα, καὶ τὸ μέγιστον, οὗ ἕνεκα ὁ λόγος ὥρμηται, ἐπιστήμης πέρι τί ποτ' ἐστίν, ἄσκεπτον γένηται ὑπὸ τῶν ἐπεισκωμαζόντων λόγων, εἴ τις αὐτοῖς πείσεται· ἄλλως τε καὶ ὃν νῦν ἐγείρομεν πλήθει ἀμήχανον, εἴτε τις ἐν παρέργῳ σκέψεται, ἀνάξι' ἂν πάθοι, εἴτε ἱκανῶς, μηκυνόμενος τὸ τῆς ἐπιστήμης ἀφανιεῖ. [b] Δεῖ δὲ οὐδέτερα, ἀλλὰ Θεαίτητον ὧν κυεῖ περὶ ἐπιστήμης πειρᾶσθαι ἡμᾶς τῇ μαιευτικῇ τέχνῃ ἀπολῦσαι.

ΘΕΟ. Ἀλλὰ χρή, εἰ δοκεῖ, οὕτω ποιεῖν.

ΣΩ. Ἔτι τοίνυν, ὦ Θεαίτητε, τοσόνδε περὶ τῶν εἰρημένων ἐπίσκεψαι. Αἴσθησιν γὰρ δὴ ἐπιστήμην ἀπεκρίνω· ἦ γάρ;

ΘΕΑΙ. Ναί.

ΣΩ. Εἰ οὖν τίς σε ὧδ' ἐρωτῴη· «Τῷ τὰ λευκὰ καὶ μέλανα ὁρᾷ ἄνθρωπος καὶ τῷ τὰ ὀξέα καὶ βαρέα ἀκούει;» εἴποις ἂν οἶμαι «Ὄμμασί τε καὶ ὠσίν».

ΘΕΑΙ. Ἔγωγε.

[c] ΣΩ. Τὸ δὲ εὐχερὲς τῶν ὀνομάτων τε καὶ ῥημάτων καὶ μὴ δι' ἀκριβείας ἐξεταζόμενον τὰ μὲν πολλὰ οὐκ ἀγεννές, ἀλλὰ μᾶλλον τὸ τούτου ἐναντίον ἀνελεύθερον, ἔστι δὲ ὅτε

Theodoros. Warum willst du ihm denn nicht nachgeben?
Sokrates. Ich scheue mich, großtuerisch den Melissos und die anderen zu prüfen, die das Ganze eines und ruhend nennen, weniger jedoch als den *einen* Parmenides. Parmenides aber erscheint mir, um mit Homer zu reden,[55] zugleich »ehrerbietig« und »gewaltig«. Ich traf ihn nämlich, als ich noch recht jung und er schon recht alt war,[56] und er zeigte sich von außergewöhnlich tiefsinniger und edler Art. [184a] Ich fürchte aber, daß wir seine Worte nicht verstehen und noch weit mehr hinter ihrem Sinn zurückbleiben. Und was die Hauptsache ist, die Frage, um deretwillen wir die Untersuchung vorangetrieben haben, was eigentlich Wissen sei, dürfte dann infolge der scharenweise herandrängenden Fragen ungeprüft bleiben, wenn man ihnen nachgibt. Schon wenn man die eben aufgerührte, unermeßlich umfangreiche Frage nur nebenher untersucht, kommt man in Schwierigkeiten; wenn man sie aber gründlich abhandelt, wird sie sich in die Länge ziehen und die Frage nach dem Wissen zum Verschwinden bringen. Keines von beidem darf aber eintreten. [b] Vielmehr müssen wir versuchen, den Theätet mit unserer Hebammenkunst davon zu entbinden, womit er hinsichtlich des Wissens schwanger geht.
Theodoros. Das müssen wir wohl tun, wenn du es meinst.
Sokrates. Dann überlege also, Theätet, auch noch folgendes bei dem, was wir gesagt haben. Du hast doch geantwortet, Wahrnehmung sei Wissen, nicht wahr?
Theätet. Ja.
Sokrates. Wenn jemand dich folgendermaßen fragte: »Womit sieht der Mensch das Weiße und Schwarze und hört er das Hohe und Tiefe?«, dann würdest du, glaube ich, sagen: »Mit den Augen und den Ohren.«
Theätet. Allerdings.
[c] *Sokrates.* Wörter und Redewendungen schnell bei der Hand zu haben und sie nicht spitzfindig zu prüfen ist meistens nicht unschön, vielmehr ist das Gegenteil hiervon engstirnig. Manchmal aber ist es erforderlich. So müssen wir uns

ἀναγκαῖον, οἷον καὶ νῦν ἀνάγκη ἐπιλαβέσθαι τῆς ἀποκρίσεως ἣν ἀποκρίνῃ, ᾗ οὐκ ὀρθή. Σκόπει γάρ· ἀπόκρισις ποτέρα ὀρθοτέρα, ᾧ ὁρῶμεν τοῦτο εἶναι ὀφθαλμούς, ἢ δι᾽ οὗ ὁρῶμεν, καὶ ᾧ ἀκούομεν ὦτα, ἢ δι᾽ οὗ ἀκούομεν;
ΘΕΑΙ. Δι᾽ ὧν ἕκαστα αἰσθανόμεθα, ἔμοιγε δοκεῖ, ὦ Σώκρατες, μᾶλλον ἢ οἷς.
[d] ΣΩ. Δεινὸν γάρ που, ὦ παῖ, εἰ πολλαί τινες ἐν ἡμῖν ὥσπερ ἐν δουρείοις ἵπποις αἰσθήσεις ἐγκάθηνται, ἀλλὰ μὴ εἰς μίαν τινὰ ἰδέαν, εἴτε ψυχὴν εἴτε ὅτι δεῖ καλεῖν, πάντα ταῦτα συντείνει, ᾗ διὰ τούτων οἷον ὀργάνων αἰσθανόμεθα ὅσα αἰσθητά.
ΘΕΑΙ. Ἀλλά μοι δοκεῖ οὕτω μᾶλλον ἢ ἐκείνως.
ΣΩ. Τοῦδέ τοι ἕνεκα αὐτά σοι διακριβοῦμαι, εἴ τινι ἡμῶν αὐτῶν τῷ αὐτῷ διὰ μὲν ὀφθαλμῶν ἐφικνούμεθα λευκῶν τε καὶ μελάνων, διὰ δὲ τῶν ἄλλων ἑτέρων αὖ τινῶν, καὶ ἕξεις ἐρωτώμενος [e] πάντα τὰ τοιαῦτα εἰς τὸ σῶμα ἀναφέρειν; ἴσως δὲ βέλτιον σὲ λέγειν αὐτὰ ἀποκρινόμενον μᾶλλον ἢ ἐμὲ ὑπὲρ σοῦ πολυπραγμονεῖν. Καί μοι λέγε· θερμὰ καὶ σκληρὰ καὶ κοῦφα καὶ γλυκέα δι᾽ ὧν αἰσθάνῃ, ἆρα οὐ τοῦ σώματος ἕκαστα τίθης; ἢ ἄλλου τινός;
ΘΕΑΙ. Οὐδενὸς ἄλλου.
ΣΩ. Ἦ καὶ ἐθελήσεις ὁμολογεῖν ἃ δι᾽ ἑτέρας δυνάμεως αἰσθάνῃ, [185a] ἀδύνατον εἶναι δι᾽ ἄλλης ταῦτ᾽ αἰσθέσθαι, οἷον ἃ δι᾽ ἀκοῆς, δι᾽ ὄψεως, ἢ ἃ δι᾽ ὄψεως, δι᾽ ἀκοῆς;
ΘΕΑΙ. Πῶς γὰρ οὐκ ἐθελήσω;
ΣΩ. Εἴ τι ἄρα περὶ ἀμφοτέρων διανοῇ, οὐκ ἂν διά γε τοῦ

auch jetzt deine Antwort, die du gegeben hast, vornehmen, inwiefern sie nicht richtig ist. Denn überlege einmal, welche Antwort richtiger ist: womit wir sehen, seien die Augen, oder vermittels dessen wir sehen, und womit wir hören, seien die Ohren, oder vermittels dessen wir hören?

Theätet. Vermittels dessen wir ein jedes wahrnehmen, glaube ich eher, Sokrates, als womit.

[d] *Sokrates.* Das wäre auch erstaunlich, mein Junge, wenn in uns wie in hölzernen Pferden eine große Anzahl von Wahrnehmungen lägen, ohne sich aber in irgendeinem einheitlichen Gesichtspunkt zu vereinigen, sei es in der Seele oder wie man es nennen soll, womit wir vermittels jener Wahrnehmungen gleichsam als Werkzeugen alles Wahrnehmbare wahrnehmen.

Theätet. Das kommt mir eher richtig vor als die erste Beschreibung.

Sokrates. Ich setze dir dies alles so genau auseinander, um herauszufinden, ob wir mit einem und demselben in uns vermittels der Augen Weißes und Schwarzes erfassen und vermittels anderer Sinne wiederum anderes. Aber könntest du auf diese Frage hin [e] dies alles auf den Körper zurückführen? Vielleicht ist es besser, wenn du in deiner Antwort dies selber erklärst, als wenn ich an deiner Stelle lange Worte mache. Sage mir also: Vermittels dessen man Warmes, Hartes, Leichtes und Süßes wahrnimmt, dies alles zählst du doch zum körperlichen Bereich? Oder zu einem anderen?

Theätet. Zu keinem anderen.

Sokrates. Wirst du auch zugeben wollen, daß man dasjenige, was man vermittels der einen Fähigkeit wahrnimmt, [185 a] unmöglich vermittels einer anderen wahrnehmen kann, etwa was man vermittels des Gehörs wahrnimmt, nicht vermittels der Gesichtswahrnehmung, oder was vermittels der Gesichtswahrnehmung, nicht vermittels des Gehörs?

Theätet. Wie sollte ich das nicht zugeben wollen?

Sokrates. Wenn du also von beidem zusammen einen Gedanken hast, dann dürftest du wohl weder vermittels des einen

ἑτέρου ὀργάνου, οὐδ' αὖ διὰ τοῦ ἑτέρου περὶ ἀμφοτέρων αἰσθάνοι' ἄν.
ΘΕΑΙ. Οὐ γὰρ οὖν.
ΣΩ. Περὶ δὴ φωνῆς καὶ περὶ χρόας πρῶτον μὲν αὐτὸ τοῦτο περὶ ἀμφοτέρων ἦ διανοῇ, ὅτι ἀμφοτέρω ἐστόν;
ΘΕΑΙ. Ἔγωγε.
ΣΩ. Οὐκοῦν καὶ ὅτι ἑκάτερον ἑκατέρου μὲν ἕτερον, ἑαυτῷ δὲ ταὐτόν;
[b] ΘΕΑΙ. Τί μήν;
ΣΩ. Καὶ ὅτι ἀμφοτέρω δύο, ἑκάτερον δέ ἕν;
ΘΕΑΙ. Καὶ τοῦτο.
ΣΩ. Οὐκοῦν καὶ εἴτε ἀνομοίω εἴτε ὁμοίω ἀλλήλοιν, δυνατὸς εἶ ἐπισκέψασθαι;
ΘΕΑΙ. Ἴσως.
ΣΩ. Ταῦτα δὴ πάντα διὰ τίνος περὶ αὐτοῖν διανοῇ; οὔτε γὰρ δι' ἀκοῆς οὔτε δι' ὄψεως οἷόν τε τὸ κοινὸν λαμβάνειν περὶ αὐτῶν. Ἔτι δὲ καὶ τόδε τεκμήριον περὶ οὗ λέγομεν· εἰ γὰρ δυνατὸν εἴη ἀμφοτέρω σκέψασθαι ἆρ' ἐστὸν ἁλμυρὼ ἢ οὔ, οἶσθ' ὅτι ἕξεις εἰπεῖν ᾧ ἐπισκέψῃ, καὶ τοῦτο [c] οὔτε ὄψις οὔτε ἀκοὴ φαίνεται, ἀλλά τι ἄλλο.
ΘΕΑΙ. Τί δ' οὐ μέλλει, ἥ γε διὰ τῆς γλώττης δύναμις;
ΣΩ. Καλῶς λέγεις. Ἡ δὲ δὴ διὰ τίνος δύναμις τό τ' ἐπὶ πᾶσι κοινὸν καὶ τὸ ἐπὶ τούτοις δηλοῖ σοι, ᾧ τὸ «ἔστιν» ἐπονομάζεις καὶ τὸ «οὐκ ἔστι» καὶ ἃ νυνδὴ ἠρωτῶμεν περὶ αὐτῶν; τούτοις πᾶσι ποῖα ἀποδώσεις ὄργανα δι' ὧν αἰσθάνεται ἡμῶν τὸ αἰσθανόμενον ἕκαστα;
ΘΕΑΙ. Οὐσίαν λέγεις καὶ τὸ μὴ εἶναι, καὶ ὁμοιότητα καὶ ἀνομοιότητα, καὶ τὸ ταὐτόν τε καὶ τὸ ἕτερον, ἔτι δὲ ἕν τε καὶ τὸν ἄλλον ἀριθμὸν περὶ αὐτῶν. [d] Δῆλον δὲ ὅτι καὶ ἄρτιόν τε καὶ περιττὸν ἐρωτᾷς, καὶ τἆλλα ὅσα τούτοις

noch des anderen Werkzeugs von beidem zusammen eine Wahrnehmung haben.
Theätet. Allerdings nicht.
Sokrates. Von dem Ton aber und der Farbe denkst du doch von beidem zunächst dies, daß beides ist?
Theätet. Ja.
Sokrates. Nicht auch, daß jedes der beiden vom anderen verschieden, mit sich selbst aber gleich ist?
[b] *Theätet.* Sicher.
Sokrates. Und daß beide zusammen zwei, jedes von beiden aber eines ist?
Theätet. Auch dies.
Sokrates. Vermagst du nicht auch zu untersuchen, ob sie einander unähnlich oder ähnlich sind?
Theätet. Vielleicht.
Sokrates. Vermittels wessen denkst du nun dieses alles von ihnen? Denn man kann weder vermittels des Gehörs noch des Gesichtssinnes das Gemeinsame von ihnen erfassen. Für das Gesagte gibt es auch noch folgenden Beweis: Wenn man beides zusammen prüfen könnte, ob es salzig ist oder nicht, könntest du zweifellos angeben, womit du es untersuchst, und dies ist offensichtlich [c] weder der Gesichtssinn noch das Gehör, sondern etwas anderes.
Theätet. Was eigentlich sonst als die Fähigkeit vermittels der Zunge?
Sokrates. Ganz recht. Vermittels welchen Werkzeugs wirkt eigentlich die Fähigkeit, die dir bei allen und auch bei diesen Dingen das Gemeinsame anzeigt, womit du ihnen das »ist« und »ist nicht« zusprichst und was wir sonst noch eben bei ihnen gefragt haben? Welche Werkzeuge willst du für dies alles angeben, vermittels derer das Wahrnehmende in uns ein jedes wahrnimmt?
Theätet. Du meinst ihr Sein und Nichtsein, ihre Ähnlichkeit und Unähnlichkeit, ihre Selbigkeit und Verschiedenheit, ferner ob sie eins sind oder was sonst an Zahlen. [d] Offensichtlich fragst du auch bezüglich des Geraden und Ungeraden

ἕπεται, διὰ τίνος ποτὲ τῶν τοῦ σώματος τῇ ψυχῇ αἰσθανόμεθα.
ΣΩ. Ὑπέρευ, ὦ Θεαίτητε, ἀκολουθεῖς, καὶ ἔστιν ἃ ἐρωτῶ αὐτὰ ταῦτα.
ΘΕΑΙ. Ἀλλὰ μὰ Δία, ὦ Σώκρατες, ἔγωγε οὐκ ἂν ἔχοιμι εἰπεῖν, πλήν γ' ὅτι μοι δοκεῖ τὴν ἀρχὴν οὐδ' εἶναι τοιοῦτον οὐδὲν τούτοις ὄργανον ἴδιον ὥσπερ ἐκείνοις, ἀλλ' αὐτὴ δι' αὑτῆς ἡ ψυχὴ [e] τὰ κοινά μοι φαίνεται περὶ πάντων ἐπισκοπεῖν.
ΣΩ. Καλὸς γὰρ εἶ, ὦ Θεαίτητε, καὶ οὐχ, ὡς ἔλεγε Θεόδωρος, αἰσχρός· ὁ γὰρ καλῶς λέγων καλός τε καὶ ἀγαθός. Πρὸς δὲ τῷ καλῷ εὖ ἐποίησάς με μάλα συχνοῦ λόγου ἀπαλλάξας, εἰ φαίνεταί σοι τὰ μὲν αὐτὴ δι' αὑτῆς ἡ ψυχὴ ἐπισκοπεῖν, τὰ δὲ διὰ τῶν τοῦ σώματος δυνάμεων. Τοῦτο γὰρ ἦν ὃ καὶ αὐτῷ μοι ἐδόκει, ἐβουλόμην δὲ καὶ σοὶ δόξαι.
[186a] ΘΕΑΙ. Ἀλλὰ μὴν φαίνεταί γε.
ΣΩ. Ποτέρων οὖν τίθης τὴν οὐσίαν; τοῦτο γὰρ μάλιστα ἐπὶ πάντων παρέπεται.
ΘΕΑΙ. Ἐγὼ μὲν ὧν αὐτὴ ἡ ψυχὴ καθ' αὑτὴν ἐπορέγεται.
ΣΩ. Ἦ καὶ τὸ ὅμοιον καὶ τὸ ἀνόμοιον καὶ τὸ ταὐτὸν καὶ ἕτερον;
ΘΕΑΙ. Ναί.
ΣΩ. Τί δέ; καλὸν καὶ αἰσχρὸν καὶ ἀγαθὸν καὶ κακόν;
ΘΕΑΙ. Καὶ τούτων μοι δοκεῖ ἐν τοῖς μάλιστα πρὸς ἄλληλα σκοπεῖσθαι τὴν οὐσίαν, ἀναλογιζομένη ἐν ἑαυτῇ τὰ γεγονότα καὶ τὰ παρόντα πρὸς τὰ μέλλοντα.
[b] ΣΩ. Ἔχε δή· ἄλλο τι τοῦ μὲν σκληροῦ τὴν σκληρότητα διὰ τῆς ἐπαφῆς αἰσθήσεται, καὶ τοῦ μαλακοῦ τὴν μαλακότητα ὡσαύτως;
ΘΕΑΙ. Ναί.

und was sonst damit zusammenhängt, vermittels welchen Teils unseres Körpers wir dies alles mit unserer Seele wahrnehmen.

Sokrates. Du folgst mir ganz ausgezeichnet, Theätet, denn dies genau ist meine Frage.

Theätet. Aber, bei Zeus, dies kann ich nicht sagen, Sokrates. Mir scheint allerdings, als gäbe es hierfür überhaupt kein derartiges eigenes Werkzeug wie bei jenen Dingen, sondern die Seele selbst für sich genommen [e] betrachtet offensichtlich an allem das Gemeinsame.

Sokrates. Schön bist du, Theätet, und nicht, wie Theodoros behauptet hat, häßlich. Denn wer etwas Schönes sagt, ist auch schön und gut. Außer deinem schönen Reden aber hast du auch dadurch etwas Gutes getan, daß du mich von einer langwierigen Rede befreit hast, wenn es dir einleuchtet, daß die Seele einiges selbst für sich genommen betrachtet, einiges aber vermittels der körperlichen Fähigkeiten. Denn genau dies war auch meine eigene Auffassung, die ich gerne auch bei dir sehen wollte.

[186a] *Theätet.* Mir leuchtet dies wirklich ein.

Sokrates. Zu welchem von beiden zählst du nun das Sein? Denn dies kommt doch am meisten bei allem vor.

Theätet. Ich zähle es dazu, worum die Seele sich selbst für sich genommen bemüht.

Sokrates. Auch das Ähnliche und Unähnliche, die Selbigkeit und Verschiedenheit?

Theätet. Ja.

Sokrates. Wie steht es aber um das Schöne und Häßliche, Gute und Schlechte?

Theätet. Auch von diesen scheint sie mir am ehesten die gegenseitigen Seinsverhältnisse zu prüfen, indem sie bei sich das Geschehene und Gegenwärtige zu dem Anstehenden in Beziehung setzt.

[b] *Sokrates.* Warte einen Moment! Nicht wahr, die Härte des Harten wird sie vermittels des Tastsinnes wahrnehmen, und die Weichheit des Weichen genauso?

Theätet. Ja.

ΣΩ. Τὴν δέ γε οὐσίαν καὶ ὅτι ἐστὸν καὶ τὴν ἐναντιότητα πρὸς ἀλλήλω καὶ τὴν οὐσίαν αὖ τῆς ἐναντιότητος αὐτὴ ἡ ψυχὴ ἐπανιοῦσα καὶ συμβάλλουσα πρὸς ἄλληλα κρίνειν πειρᾶται ἡμῖν.
ΘΕΑΙ. Πάνυ μὲν οὖν.
ΣΩ. Οὐκοῦν τὰ μὲν εὐθὺς γενομένοις πάρεστι φύσει αἰσθάνεσθαι ἀνθρώποις τε καὶ θηρίοις, [c] ὅσα διὰ τοῦ σώματος παθήματα ἐπὶ τὴν ψυχὴν τείνει· τὰ δὲ περὶ τούτων ἀναλογίσματα πρός τε οὐσίαν καὶ ὠφέλειαν μόγις καὶ ἐν χρόνῳ διὰ πολλῶν πραγμάτων καὶ παιδείας παραγίγνεται οἷς ἂν καὶ παραγίγνηται;
ΘΕΑΙ. Παντάπασι μὲν οὖν.
ΣΩ. Οἷόν τε οὖν ἀληθείας τυχεῖν, ᾧ μηδὲ οὐσίας;
ΘΕΑΙ. Ἀδύνατον.
ΣΩ. Οὗ δὲ ἀληθείας τις ἀτυχήσει, ποτὲ τούτου ἐπιστήμων ἔσται;
[d] ΘΕΑΙ. Καὶ πῶς ἄν, ὦ Σώκρατες;
ΣΩ. Ἐν μὲν ἄρα τοῖς παθήμασιν οὐκ ἔνι ἐπιστήμη, ἐν δὲ τῷ περὶ ἐκείνων συλλογισμῷ· οὐσίας γὰρ καὶ ἀληθείας ἐνταῦθα μέν, ὡς ἔοικε, δυνατὸν ἅψασθαι, ἐκεῖ δὲ ἀδύνατον.
ΘΕΑΙ. Φαίνεται.
ΣΩ. Ἦ οὖν ταὐτὸν ἐκεῖνό τε καὶ τοῦτο καλεῖς, τοσαύτας διαφορὰς ἔχοντε;
ΘΕΑΙ. Οὔκουν δὴ δίκαιόν γε.
ΣΩ. Τί οὖν δὴ ἐκείνῳ ἀποδίδως ὄνομα, τῷ ὁρᾶν ἀκούειν ὀσφραίνεσθαι ψύχεσθαι θερμαίνεσθαι;
[e] ΘΕΑΙ. Αἰσθάνεσθαι ἔγωγε· τί γὰρ ἄλλο;
ΣΩ. Σύμπαν ἄρ' αὐτὸ καλεῖς αἴσθησιν;
ΘΕΑΙ. Ἀνάγκη.
ΣΩ. Ὧι γε, φαμέν, οὐ μέτεστιν ἀληθείας ἅψασθαι· οὐδὲ γὰρ οὐσίας.
ΘΕΑΙ. Οὐ γὰρ οὖν.

Sokrates. Ihr Sein aber und daß sie sind, ihren Gegensatz zueinander und ferner das Sein dieses Gegensatzes nimmt sich die Seele selbst vor und setzt es zueinander in Beziehung und versucht es so zu beurteilen.
Theätet. Sicher.
Sokrates. Nicht wahr, sofort von Geburt an können Menschen und Tiere von Natur aus wahrnehmen, [c] was an Eindrücken vermittels des Körpers zu ihrer Seele gelangt? Hierüber aber Schlüsse zu ziehen hinsichtlich ihres Seins und Nutzens, ist nur mit Mühe und im Laufe der Zeit bei vielen Übungen und durch Unterweisung denen gegeben, denen es überhaupt gegeben ist?
Theätet. Allerdings.
Sokrates. Kann man nun aber die Wahrheit von etwas dadurch erreichen, womit man nicht einmal dessen Sein erfaßt?
Theätet. Unmöglich.
Sokrates. Wovon aber jemand die Wahrheit verfehlt, davon kann er doch auch kein Wissen haben?
[d] *Theätet.* Wie sollte er auch, Sokrates?
Sokrates. In jenen Eindrücken befindet sich also kein Wissen, wohl aber in den Schlüssen daraus. Denn offensichtlich kann man hier Sein und Wahrheit erfassen, dort aber ist es unmöglich.
Theätet. Offensichtlich.
Sokrates. Kann man etwa beides trotz ihrer so großen Unterschiede als dasselbe bezeichnen?
Theätet. Das wäre nicht recht.
Sokrates. Welchen Namen gibst du nun dem Sehen, Hören, Riechen, Frieren und Schwitzen?
[e] *Theätet.* Wahrnehmen, was denn sonst?
Sokrates. Insgesamt nennst du dies also Wahrnehmung?
Theätet. Natürlich.
Sokrates. Diesem aber ist es, wie wir behaupten, nicht möglich, Wahrheit zu erfassen, weil auch nicht Sein?
Theätet. Nein, das kann es nicht.

ΣΩ. Οὐδ' ἄρ' ἐπιστήμης.
ΘΕΑΙ. Οὐ γάρ.
ΣΩ. Οὐκ ἄρ' ἂν εἴη ποτέ, ὦ Θεαίτητε, αἴσθησίς τε καὶ ἐπιστήμη ταὐτόν.
ΘΕΑΙ. Οὐ φαίνεται, ὦ Σώκρατες. Καὶ μάλιστά γε νῦν καταφανέστατον γέγονεν ἄλλο ὂν αἰσθήσεως ἐπιστήμη.
[187a] ΣΩ. Ἀλλ' οὔ τι μὲν δὴ τούτου γε ἕνεκα ἠρχόμεθα διαλεγόμενοι, ἵνα εὕρωμεν τί ποτ' οὐκ ἔστ' ἐπιστήμη, ἀλλὰ τί ἔστιν. Ὅμως δὲ τοσοῦτόν γε προβεβήκαμεν, ὥστε μὴ ζητεῖν αὐτὴν ἐν αἰσθήσει τὸ παράπαν ἀλλ' ἐν ἐκείνῳ τῷ ὀνόματι, ὅτι ποτ' ἔχει ἡ ψυχή, ὅταν αὐτὴ καθ' αὑτὴν πραγματεύηται περὶ τὰ ὄντα.
ΘΕΑΙ. Ἀλλὰ μὴν τοῦτό γε καλεῖται, ὦ Σώκρατες, ὡς ἐγῷμαι, δοξάζειν.
ΣΩ. Ὀρθῶς γὰρ οἴει, ὦ φίλε. Καὶ ὅρα δὴ νῦν πάλιν ἐξ ἀρχῆς, [b] πάντα τὰ πρόσθεν ἐξαλείψας, εἴ τι μᾶλλον καθορᾷς, ἐπειδὴ ἐνταῦθα προελήλυθας. Καὶ λέγε αὖθις τί ποτ' ἐστὶν ἐπιστήμη.
ΘΕΑΙ. Δόξαν μὲν πᾶσαν εἰπεῖν, ὦ Σώκρατες, ἀδύνατον, ἐπειδὴ καὶ ψευδής ἐστι δόξα· κινδυνεύει δὲ ἡ ἀληθὴς δόξα ἐπιστήμη εἶναι, καί μοι τοῦτο ἀποκεκρίσθω. Ἐὰν γὰρ μὴ φανῇ προϊοῦσιν ὥσπερ τὸ νῦν, ἄλλο τι πειρασόμεθα λέγειν.
ΣΩ. Οὕτω μέντοι χρή, ὦ Θεαίτητε, λέγειν προθύμως μᾶλλον, ἢ ὡς τὸ πρῶτον ὤκνεις ἀποκρίνεσθαι. Ἐὰν γὰρ οὕτω δρῶμεν, [c] δυοῖν θάτερα, ἢ εὑρήσομεν ἐφ' ὃ ἐρχόμεθα, ἢ ἧττον οἰησόμεθα εἰδέναι ὃ μηδαμῇ ἴσμεν· καίτοι οὐκ ἂν εἴη μεμπτὸς μισθὸς ὁ τοιοῦτος. Καὶ δὴ καὶ νῦν τί φῄς; δυοῖν ὄντοιν ἰδέαιν δόξης, τοῦ μὲν ἀληθινοῦ, ψευδοῦς δὲ τοῦ ἑτέρου, τὴν ἀληθῆ δόξαν ἐπιστήμην ὁρίζῃ;

Sokrates. Also auch nicht Wissen.
Theätet. Nein.
Sokrates. Folglich wären auch nicht, Theätet, Wahrnehmung und Wissen dasselbe.
Theätet. Offensichtlich nicht, Sokrates. Vielmehr hat sich jetzt in aller Deutlichkeit herausgestellt, daß Wissen etwas anderes als Wahrnehmung ist.
[187 a] *Sokrates.* Aber wir haben ja nicht deshalb unsere Diskussion aufgenommen, um herauszufinden, was Wissen nicht ist, sondern was es ist. Dennoch sind wir immerhin so weit gekommen, daß wir es überhaupt nicht innerhalb der Wahrnehmung suchen, sondern innerhalb der Bezeichnung, die man für die Seele hat, wenn sie sich für sich genommen mit dem beschäftigt, was ist.
Theätet. Dies aber nennt man doch, wie ich glaube, Sokrates, meinen.
Sokrates. Deine Annahme ist richtig, mein Freund. Und sieh noch einmal von vorne zu, [b] indem du alles Vorherige auslöschst, ob du etwas mehr erblicken kannst, da du ja bis hierher vorgedrungen bist. Sage also noch einmal, was Wissen ist.
Theätet. Daß es Meinung insgesamt ist, Sokrates, kann man unmöglich behaupten, da es auch falsche Meinung gibt. Aber die wahre Meinung könnte Wissen sein, und dies soll also jetzt meine Antwort sein. Denn sollte es im Laufe der Untersuchung anders als jetzt herauskommen, dann werden wir eine andere Behauptung aufzustellen versuchen.
Sokrates. Mit einem solchen Mut muß man reden, Theätet, und nicht so zaghaft wie zu Anfang deiner Antworten. Denn wenn wir das tun, [c] wird eines von beidem herauskommen: entweder werden wir finden, worauf wir ausgehen, oder wir werden weniger zu wissen glauben, was wir keineswegs wissen, und auch dieser Gewinn wäre nicht zu verachten. Was behauptest du aber jetzt? Von den beiden Arten der Meinung, wovon die eine die wahre, die andere die falsche ist, bestimmst du die wahre Meinung als Wissen?

ΘΕΑΙ. Ἔγωγε· τοῦτο γὰρ αὖ νῦν μοι φαίνεται.
ΣΩ. Ἆρ᾽ οὖν ἔτ᾽ ἄξιον περὶ δόξης ἀναλαβεῖν πάλιν –
ΘΕΑΙ. Τὸ ποῖον δὴ λέγεις;
[d] ΣΩ. Θράττει μέ πως νῦν τε καὶ ἄλλοτε δὴ πολλάκις, ὥστ᾽ ἐν ἀπορίᾳ πολλῇ πρὸς ἐμαυτὸν καὶ πρὸς ἄλλον γεγονέναι, οὐκ ἔχοντα εἰπεῖν τί ποτ᾽ ἐστὶ τοῦτο τὸ πάθος παρ᾽ ἡμῖν καὶ τίνα τρόπον ἐγγιγνόμενον.
ΘΕΑΙ. Τὸ ποῖον δή;
ΣΩ. Τὸ δοξάζειν τινὰ ψευδῆ. Σκοπῶ δὴ καὶ νῦν ἔτι διστάζων, πότερον ἐάσομεν αὐτὸ ἢ ἐπισκεψόμεθα ἄλλον τρόπον ἢ ὀλίγον πρότερον.
ΘΕΑΙ. Τί μήν, ὦ Σώκρατες, εἴπερ γε καὶ ὁπητιοῦν φαίνεται δεῖν; ἄρτι γὰρ οὐ κακῶς γε σὺ καὶ Θεόδωρος ἐλέγετε σχολῆς πέρι, ὡς οὐδὲν ἐν τοῖς τοιοῖσδε κατεπείγει.
[e] ΣΩ. Ὀρθῶς ὑπέμνησας· ἴσως γὰρ οὐκ ἀπὸ καιροῦ πάλιν ὥσπερ ἴχνος μετελθεῖν. Κρεῖττον γάρ που σμικρὸν εὖ ἢ πολὺ μὴ ἱκανῶς περᾶναι.
ΘΕΑΙ. Τί μήν;
ΣΩ. Πῶς οὖν; τί δὴ καὶ λέγομεν; ψευδῆ φαμεν ἑκάστοτε εἶναι δόξαν, καί τινα ἡμῶν δοξάζειν ψευδῆ, τὸν δ᾽ αὖ ἀληθῆ, ὡς φύσει οὕτως ἐχόντων;
ΘΕΑΙ. Φαμὲν γὰρ δή.
[188a] ΣΩ. Οὐκοῦν τόδε γ᾽ ἔσθ᾽ ἡμῖν περὶ πάντα καὶ καθ᾽ ἕκαστον, ἤτοι εἰδέναι ἢ μὴ εἰδέναι; μανθάνειν γὰρ καὶ ἐπιλανθάνεσθαι μεταξὺ τούτων ὡς ὄντα χαίρειν λέγω ἐν τῷ παρόντι· νῦν γὰρ ἡμῖν πρὸς λόγον ἐστὶν οὐδέν.
ΘΕΑΙ. Ἀλλὰ μήν, ὦ Σώκρατες, ἄλλο γ᾽ οὐδὲν λείπεται περὶ ἕκαστον πλὴν εἰδέναι ἢ μὴ εἰδέναι.
ΣΩ. Οὐκοῦν ἤδη ἀνάγκη τὸν δοξάζοντα δοξάζειν ἢ ὧν τι οἶδεν ἢ μὴ οἶδεν;

Theätet. Ja, denn dies leuchtet mir jetzt ein.
Sokrates. Empfiehlt es sich nun noch, hinsichtlich der Meinung noch einmal zurückzukommen auf –
Theätet. Worauf meinst du denn?
[d] *Sokrates.* Mich beunruhigt jetzt und auch sonst oft, und es bringt mich in große Verlegenheit mir selbst und einem anderen gegenüber, daß ich nicht erklären kann, was das eigentlich für ein Zustand in uns ist und wie er zustande kommt.
Theätet. Welcher denn?
Sokrates. Daß jemand etwas Falsches meint. Und auch jetzt überlege ich voller Zweifel, ob wir es unerörtert lassen oder auf eine andere Weise als kurz zuvor betrachten sollen.
Theätet. Warum denn nicht, Sokrates, wenn es dir auch nur ein wenig notwendig zu sein scheint? Denn vorhin habt ihr, du und Theodoros, von der Muße gar nicht schlecht bemerkt, daß bei derartigen Untersuchungen nichts drängt.
[e] *Sokrates.* Daran erinnerst du mich zu Recht. Vielleicht ist es jetzt an der Zeit, der Sache wie einer Spur nachzugehen. Denn es ist besser, weniges gut als vieles unzulänglich auszuführen.
Theätet. Allerdings.
Sokrates. Wie geht es nun weiter? Was wollen wir eigentlich behaupten? Behaupten wir, daß es jeweils eine falsche Meinung gibt und daß der eine von uns Falsches meint, der andere aber Wahres, da diese Alternative von Natur aus besteht?
Theätet. Ja, das behaupten wir.
[188 a] *Sokrates.* Gilt nun nicht auch für alles und jedes einzelne, daß wir es entweder wissen oder nicht wissen? Denn vom Lernen und Vergessen, die dazwischenliegen, sehe ich für jetzt einmal ab. Es trägt nämlich jetzt nichts zu unserer Untersuchung bei.
Theätet. Dann jedenfalls, Sokrates, bleibt nichts anderes jeweils übrig außer Wissen und Nichtwissen.
Sokrates. Muß folglich nicht, wer etwas meint, von dem, was er entweder weiß oder nicht weiß, etwas meinen?

ΘΕΑΙ. Ἀνάγκη.
ΣΩ. Καὶ μὴν εἰδότα γε μὴ εἰδέναι τὸ αὐτὸ ἢ μὴ εἰδότα [b] εἰδέναι ἀδύνατον.
ΘΕΑΙ. Πῶς δ' οὔ;
ΣΩ. Ἆρ' οὖν ὁ τὰ ψευδῆ δοξάζων, ἃ οἶδε, ταῦτα οἴεται οὐ ταῦτα εἶναι ἀλλὰ ἕτερα ἄττα ὧν οἶδε, καὶ ἀμφότερα εἰδὼς ἀγνοεῖ αὖ ἀμφότερα;
ΘΕΑΙ. Ἀλλ' ἀδύνατον, ὦ Σώκρατες.
ΣΩ. Ἀλλ' ἆρα, ἃ μὴ οἶδεν, ἡγεῖται αὐτὰ εἶναι ἕτερα ἄττα ὧν μὴ οἶδε, καὶ τοῦτ' ἔστι τῷ μήτε Θεαίτητον μήτε Σωκράτη εἰδότι εἰς τὴν διάνοιαν λαβεῖν ὡς ὁ Σωκράτης Θεαίτητος ἢ ὁ Θεαίτητος Σωκράτης;
[c] ΘΕΑΙ. Καὶ πῶς ἄν;
ΣΩ. Ἀλλ' οὐ μήν, ἅ γέ τις οἶδεν, οἴεταί που ἃ μὴ οἶδεν αὐτὰ εἶναι, οὐδ' αὖ ἃ μὴ οἶδεν, ἃ οἶδεν.
ΘΕΑΙ. Τέρας γὰρ ἔσται.
ΣΩ. Πῶς οὖν ἄν τις ἔτι ψευδῆ δοξάσειεν; ἐκτὸς γὰρ τούτων ἀδύνατόν που δοξάζειν, ἐπείπερ πάντ' ἢ ἴσμεν ἢ οὐκ ἴσμεν, ἐν δὲ τούτοις οὐδαμοῦ φαίνεται δυνατὸν ψευδῆ δοξάσαι.
ΘΕΑΙ. Ἀληθέστατα.
ΣΩ. Ἆρ' οὖν οὐ ταύτῃ σκεπτέον ὃ ζητοῦμεν, κατὰ τὸ εἰδέναι καὶ μὴ εἰδέναι ἰόντας, [d] ἀλλὰ κατὰ τὸ εἶναι καὶ μή;
ΘΕΑΙ. Πῶς λέγεις;
ΣΩ. Μὴ ἁπλοῦν ᾖ ὅτι ὁ τὰ μὴ ὄντα περὶ ὁτουοῦν δοξάζων οὐκ ἔσθ' ὡς οὐ ψευδῆ δοξάσει, κἂν ὁπωσοῦν ἄλλως τὰ τῆς διανοίας ἔχῃ.
ΘΕΑΙ. Εἰκός γ' αὖ, ὦ Σώκρατες.
ΣΩ. Πῶς οὖν; τι ἐροῦμεν, ὦ Θεαίτητε, ἐάν τις ἡμᾶς ἀνακρίνῃ· «Δυνατὸν δὲ ὁτῳοῦν ὃ λέγεται, καί τις ἀνθρώπων

Theätet. Das muß er.
Sokrates. Dasselbe aber zu wissen und doch nicht zu wissen oder nicht zu wissen und doch zu wissen, [b] ist doch unmöglich?
Theätet. Natürlich.
Sokrates. Wer nun Falsches meint, hält der wohl das, was er weiß, nicht für dieses, sondern für etwas anderes aus dem Bereich dessen, was er weiß, und weiß er somit beides, ohne beides doch wieder zu wissen?
Theätet. Das ist ja unmöglich, Sokrates.
Sokrates. Sondern hält er etwa das, was er nicht weiß, für etwas anderes aus dem Bereich dessen, was er nicht weiß? Das würde für jemanden, der weder Theätet noch Sokrates kennt, die Annahme bedeuten, daß Sokrates Theätet oder Theätet Sokrates ist.
[c] *Theätet.* Wie sollte das wohl möglich sein?
Sokrates. Und auch, was er weiß, hält er nicht für etwas, was er nicht weiß, ferner auch nicht, was er nicht weiß, für etwas, was er weiß.
Theätet. Das wäre ja sonderbar.
Sokrates. Wie könnte er dann aber noch etwas Falsches meinen? Denn außer diesen Fällen ist kein Meinen möglich, wenn wir jedenfalls alles entweder wissen oder nicht wissen und es offensichtlich in keinem der angegebenen Fälle möglich ist, Falsches zu meinen.
Theätet. Völlig richtig.
Sokrates. Man muß also das Gesuchte nicht dadurch erforschen, daß man auf das Wissen und Nichtwissen achtet, [d] sondern auf das Sein und Nichtsein?
Theätet. Wie meinst du das?
Sokrates. Ob nicht schlechthin derjenige, der von irgend etwas solches meint, was nicht ist, notwendigerweise Falsches meint, wie sein Denken auch sonst aussehen mag.
Theätet. Wahrscheinlich, Sokrates.
Sokrates. Und weiter, was sollen wir sagen, Theätet, wenn uns jemand fragt: »Ist denn das, was ihr sagt, für irgend

τὸ μὴ ὂν δοξάσει, εἴτε περὶ τῶν ὄντων του εἴτε αὐτὸ καθ' αὑτό;» καὶ ἡμεῖς δή, ὡς ἔοικεν, πρὸς ταῦτα φήσομεν· [e] «Ὅταν γε μὴ ἀληθῆ οἴηται οἰόμενος»· ἢ πῶς ἐροῦμεν;
ΘΕΑΙ. Οὕτως.
ΣΩ. Ἦ οὖν καὶ ἄλλοθί που τὸ τοιοῦτόν ἐστιν;
ΘΕΑΙ. Τὸ ποῖον;
ΣΩ. Εἴ τις ὁρᾷ μέν τι, ὁρᾷ δὲ οὐδέν.
ΘΕΑΙ. Καὶ πῶς;
ΣΩ. Ἀλλὰ μὴν εἰ ἕν γέ τι ὁρᾷ, τῶν ὄντων τι ὁρᾷ. Ἢ σὺ οἴει ποτὲ τὸ ἓν ἐν τοῖς μὴ οὖσιν εἶναι;
ΘΕΑΙ. Οὐκ ἔγωγε.
ΣΩ. Ὁ ἄρα ἕν γέ τι ὁρῶν ὄν τι ὁρᾷ.
ΘΕΑΙ. Φαίνεται.
[189a] ΣΩ. Καὶ ὁ ἄρα τι ἀκούων ἕν γέ τι ἀκούει καὶ ὄν τι ἀκούει.
ΘΕΑΙ. Ναί.
ΣΩ. Καὶ ὁ ἁπτόμενος δή του ἑνός γέ του ἅπτεται καὶ ὄντος, εἴπερ ἑνός;
ΘΕΑΙ. Καὶ τοῦτο.
ΣΩ. Ὁ δὲ δὴ δοξάζων οὐχ ἕν γέ τι δοξάζει;
ΘΕΑΙ. Ἀνάγκη.
ΣΩ. Ὁ δ' ἕν τι δοξάζων οὐκ ὄν τι;
ΘΕΑΙ. Συγχωρῶ.
ΣΩ. Ὁ ἄρα μὴ ὂν δοξάζων οὐδὲν δοξάζει;
ΘΕΑΙ. Οὐ φαίνεται.
ΣΩ. Ἀλλὰ μὴν ὅ γε μηδὲν δοξάζων τὸ παράπαν οὐδὲ δοξάζει.
ΘΕΑΙ. Δῆλον, ὡς ἔοικεν.
[b] ΣΩ. Οὐκ ἄρα οἷόν τε τὸ μὴ ὂν δοξάζειν, οὔτε περὶ τῶν ὄντων οὔτε αὐτὸ καθ' αὑτό.
ΘΕΑΙ. Οὐ φαίνεται.

jemanden möglich, und kann wohl irgendein Mensch etwas meinen, das nicht ist, sei es von irgendeinem Ding, sei es für sich genommen?« Darauf werden wir offensichtlich antworten: [e] »Ja, wenn er nämlich etwas annimmt, aber nicht das Wahre.« Oder wie sollen wir es sagen?
Theätet. Genau so.
Sokrates. Gibt es derartiges auch in anderen Fällen?
Theätet. Was denn?
Sokrates. Wenn er zwar irgend etwas sieht, aber doch nichts sieht.
Theätet. Wie könnte er dies denn?
Sokrates. Sondern wenn er ein Etwas sieht, sieht er doch etwas, das ist. Oder glaubst du, das »ein« könnte jemals zu dem gehören, was nicht ist?
Theätet. Das glaube ich nicht.
Sokrates. Wer also ein Etwas sieht, sieht etwas, das ist.
Theätet. Offensichtlich.
[189 a] *Sokrates.* Und wer also etwas hört, hört ein Etwas und hört etwas, das ist.
Theätet. Ja.
Sokrates. Und wer etwas berührt, berührt ein Etwas und etwas, das ist, wenn es doch eines ist?
Theätet. Auch dies ist richtig.
Sokrates. Wer aber eine Meinung hat, meint doch ein Etwas?
Theätet. Notwendigerweise.
Sokrates. Und wer ein Etwas meint, meint der nicht etwas, das ist?
Theätet. Das gebe ich zu.
Sokrates. Wer also etwas meint, das nicht ist, meint nichts.
Theätet. Offensichtlich nicht.
Sokrates. Wer aber nichts meint, meint auch überhaupt nicht.
Theätet. Das ist offensichtlich klar.
[b] *Sokrates.* Folglich ist es unmöglich, etwas zu meinen, was nicht ist, weder von einem Ding noch für sich genommen.
Theätet. Allerdings nicht.

ΣΩ. Ἄλλο τι ἄρ᾽ ἐστὶ τὸ ψευδῆ δοξάζειν τοῦ τὰ μὴ ὄντα δοξάζειν.
ΘΕΑΙ. Ἄλλο ἔοικεν.
ΣΩ. Οὔτ᾽ ἄρ᾽ οὕτως οὔτε ὡς ὀλίγον πρότερον ἐσκοποῦμεν, ψευδής ἐστι δόξα ἐν ἡμῖν.
ΘΕΑΙ. Οὐ γὰρ οὖν δή.
ΣΩ. Ἀλλ᾽ ἄρα ὧδε γιγνόμενον τοῦτο προσαγορεύομεν;
ΘΕΑΙ. Πῶς;
ΣΩ. Ἀλλοδοξίαν τινὰ οὖσαν ψευδῆ φαμεν εἶναι δόξαν, [c] ὅταν τίς τι τῶν ὄντων ἄλλο αὖ τῶν ὄντων ἀνταλλαξάμενος τῇ διανοίᾳ φῇ εἶναι. Οὕτω γὰρ ὃν μὲν ἀεὶ δοξάζει, ἕτερον δὲ ἀνθ᾽ ἑτέρου, καὶ ἁμαρτάνων οὗ ἐσκόπει δικαίως ἂν καλοῖτο ψευδῆ δοξάζων.
ΘΕΑΙ. Ὀρθότατά μοι νῦν δοκεῖς εἰρηκέναι. Ὅταν γάρ τις ἀντὶ καλοῦ αἰσχρὸν ἢ ἀντὶ αἰσχροῦ καλὸν δοξάζῃ, τότε ὡς ἀληθῶς ψευδῆ δοξάζει.
ΣΩ. Δῆλος εἶ, ὦ Θεαίτητε, καταφρονῶν μου καὶ οὐ δεδιώς.
ΘΕΑΙ. Τί μάλιστα;
ΣΩ. Οὐκ ἂν οἶμαι σοὶ δοκῶ τοῦ ἀληθῶς ψευδοῦς ἀντιλαβέσθαι, ἐρόμενος [d] εἰ οἷόν τε ταχὺ βραδέως ἢ κοῦφον βαρέως ἢ ἄλλο τι ἐναντίον μὴ κατὰ τὴν αὑτοῦ φύσιν ἀλλὰ κατὰ τὴν τοῦ ἐναντίου γίγνεσθαι ἑαυτῷ ἐναντίως. Τοῦτο μὲν οὖν, ἵνα μὴ μάτην θαρρήσῃς, ἀφίημι. Ἀρέσκει δέ, ὡς φῄς, τὸ τὰ ψευδῆ δοξάζειν ἀλλοδοξεῖν εἶναι;
ΘΕΑΙ. Ἔμοιγε.
ΣΩ. Ἔστιν ἄρα κατὰ τὴν σὴν δόξαν ἕτερόν τι ὡς ἕτερον καὶ μὴ ὡς ἐκεῖνο τῇ διανοίᾳ τίθεσθαι.

Sokrates. Also ist Falsches meinen etwas anderes als etwas meinen, das nicht ist.
Theätet. Etwas anderes, wie es scheint.
Sokrates. Weder auf diese Weise noch auf die vorhin besprochene gibt es also eine falsche Meinung bei uns.
Theätet. So ist es wohl allerdings.
Sokrates. Wollen wir aber vielleicht von ihr behaupten, sie entstehe folgendermaßen?
Theätet. Wie?
Sokrates. Wir behaupten, falsche Meinung bedeute, etwas anderes meinen, [c] wenn man nämlich von irgend etwas, das ist, sagt, es sei etwas anderes aus dem Bereich dessen, was ist, indem man es in Gedanken miteinander verwechselt. Auf diese Weise meint man immer etwas, das ist, statt des einen etwas anderes, und indem man so das verfehlt, was man im Blick hatte, wird man wohl zu Recht einer genannt, der Falsches meint.
Theätet. Jetzt scheinst du mir etwas vollkommen Richtiges gesagt zu haben. Denn wenn jemand Schönes für häßlich und Häßliches für schön hält, dann meint er wahrhaftig Falsches.
Sokrates. Offensichtlich hältst du nicht viel von mir, Theätet, und hast keine Achtung vor mir.
Theätet. Wieso denn?
Sokrates. Du scheinst mir gar nicht zu glauben, daß ich dieses »wahrhaftig Falsches« mit der Frage aufgreifen könnte, [d] ob wohl Schnelles langsam oder Leichtes schwer oder sonst etwas Entgegengesetztes seine eigene Natur verlieren und im Gegensatz zu sich selbst die Natur des ihm Entgegengesetzten annehmen könne.[57] Doch davon will ich absehen, damit dein Mut nicht umsonst war. Du bist also mit der Behauptung zufrieden, daß Falsches meinen anderes meinen sei?
Theätet. Ja, das bin ich.
Sokrates. Deiner Meinung nach ist es also möglich, in Gedanken eines für ein anderes und nicht für es selbst anzunehmen?

ΘΕΑΙ. Ἔστι μέντοι.

[e] ΣΩ. Ὅταν οὖν τοῦθ᾽ ἡ διάνοιά του δρᾷ, οὐ καὶ ἀνάγκη αὐτὴν ἤτοι ἀμφότερα ἢ τὸ ἕτερον διανοεῖσθαι;

ΘΕΑΙ. Ἀνάγκη μὲν οὖν· ἤτοι ἅμα γε ἢ ἐν μέρει.

ΣΩ. Κάλλιστα. Τὸ δὲ διανοεῖσθαι ἆρ᾽ ὅπερ ἐγὼ καλεῖς;

ΘΕΑΙ. Τί καλῶν;

ΣΩ. Λόγον ὃν αὐτὴ πρὸς αὑτήν ἡ ψυχὴ διεξέρχεται περὶ ὧν ἂν σκοπῇ. Ὥς γε μὴ εἰδώς σοι ἀποφαίνομαι. Τοῦτο γάρ μοι ἰνδάλλεται διανοουμένη οὐκ ἄλλο τι ἢ διαλέγεσθαι, [190a] αὐτὴ ἑαυτὴν ἐρωτῶσα καὶ ἀποκρινομένη, καὶ φάσκουσα καὶ οὐ φάσκουσα. Ὅταν δὲ ὁρίσασα, εἴτε βραδύτερον εἴτε καὶ ὀξύτερον ἐπᾴξασα, τὸ αὐτὸ ἤδη φῇ καὶ μὴ διστάζῃ, δόξαν ταύτην τίθεμεν αὐτῆς. Ὥστ᾽ ἔγωγε τὸ δοξάζειν λέγειν καλῶ καὶ τὴν δόξαν λόγον εἰρημένον, οὐ μέντοι πρὸς ἄλλον οὐδὲ φωνῇ, ἀλλὰ σιγῇ πρὸς αὑτόν· σὺ δὲ τί;

ΘΕΑΙ. Κἀγώ.

ΣΩ. Ὅταν ἄρα τις τὸ ἕτερον ἕτερον δοξάζῃ, καὶ φησίν, ὡς ἔοικε, τὸ ἕτερον ἕτερον εἶναι πρὸς ἑαυτόν.

[b] ΘΕΑΙ. Τί μήν;

ΣΩ. Ἀναμιμνῄσκου δὴ εἰ πώποτ᾽ εἶπες πρὸς σεαυτὸν ὅτι παντὸς μᾶλλον τό τοι καλὸν αἰσχρόν ἐστιν ἢ τὸ ἄδικον δίκαιον. Ἢ καί, τὸ πάντων κεφάλαιον, σκόπει εἴ ποτ᾽ ἐπεχείρησας σεαυτὸν πείθειν ὡς παντὸς μᾶλλον τὸ ἕτερον ἕτερόν ἐστιν, ἢ πᾶν τοὐναντίον οὐδ᾽ ἐν ὕπνῳ πώποτε ἐτόλμησας εἰπεῖν πρὸς σεαυτὸν ὡς παντάπασιν ἄρα τὰ περιττὰ ἄρτιά ἐστιν ἤ τι ἄλλο τοιοῦτον.

ΘΕΑΙ. Ἀληθῆ λέγεις.

[c] ΣΩ. Ἄλλον δέ τινα οἴει ὑγιαίνοντα ἢ μαινόμενον

Theätet. Das ist es.

[e] *Sokrates.* Wenn dies nun der Verstand von jemandem tut, muß er dann nicht beides oder eines von beiden denken?

Theätet. Das muß er, und zwar entweder beides zugleich oder nacheinander.

Sokrates. Ausgezeichnet! Nennst du aber dasselbe »denken« wie ich?

Theätet. Was nennst du denn »denken«?

Sokrates. Ein Gespräch, das die Seele mit sich selbst darüber durchführt, was sie gerade untersucht. Dies erkläre ich jedoch nur, ohne ein Wissen davon zu haben. Denn wenn die Seele nachdenkt, so schwebt mir vor, dann tut sie nichts anderes als einen Dialog führen, [190a] indem sie sich selbst fragt und antwortet, bejaht und verneint. Wenn sie dann aber etwas ergründet hat, ob in langsamerer oder schnellerer Vorgehensweise, und bei derselben Behauptung bleibt und keinen Zweifel hat, dann sprechen wir bei ihr von einer Meinung. Daher nenne ich das Meinen ein Reden und die Meinung eine ausgesprochene Rede, jedoch nicht laut zu einem anderen, sondern leise zu sich selbst. Und was sagst du?

Theätet. Ich sage dies auch.

Sokrates. Wenn also jemand eines für das andere hält, so sagt er offensichtlich auch zu sich selbst, das eine sei das andere.

[b] *Theätet.* Sicher.

Sokrates. Erinnere dich doch einmal, ob du jemals zu dir selbst gesagt hast, das Schöne sei auf jeden Fall häßlich oder das Ungerechte gerecht. Oder, um alles zusammenzufassen, überlege auch, ob du dich jemals zu überzeugen versucht hast, daß das eine auf jeden Fall das andere sei, oder ob du nicht ganz im Gegenteil nicht einmal im Traume zu dir selbst zu sagen gewagt hast, daß zweifellos das Ungerade gerade sei oder anderes dergleichen.

Theätet. Was du sagst, stimmt.

[c] *Sokrates.* Glaubst du, daß irgendein anderer, ob gesund

τολμῆσαι σπουδῇ πρὸς ἑαυτὸν εἰπεῖν ἀναπείθοντα αὑτὸν ὡς ἀνάγκη τὸν βοῦν ἵππον εἶναι ἢ τὰ δύο ἕν;
ΘΕΑΙ. Μὰ Δί' οὐκ ἔγωγε.
ΣΩ. Οὐκοῦν εἰ τὸ λέγειν πρὸς ἑαυτὸν δοξάζειν ἐστίν, οὐδεὶς ἀμφότερά γε λέγων καὶ δοξάζων καὶ ἐφαπτόμενος ἀμφοῖν τῇ ψυχῇ εἴποι ἂν καὶ δοξάσειεν ὡς τὸ ἕτερον ἕτερόν ἐστιν. Ἐατέον δὲ καὶ σοὶ τὸ ῥῆμα· λέγω γὰρ αὐτὸ τῇδε, μηδένα δοξάζειν ὡς τὸ αἰσχρὸν καλὸν [d] ἢ ἄλλο τι τῶν τοιούτων.
ΘΕΑΙ. Ἀλλ', ὦ Σώκρατες, ἐῶ τε καί μοι δοκεῖ ὡς λέγεις.
ΣΩ. Ἄμφω μὲν ἄρα δοξάζοντα ἀδύνατον τὸ ἕτερον ἕτερον δοξάζειν.
ΘΕΑΙ. Ἔοικεν.
ΣΩ. Ἀλλὰ μὴν τὸ ἕτερόν γε μόνον δοξάζων, τὸ δὲ ἕτερον μηδαμῇ, οὐδέποτε δοξάσει τὸ ἕτερον ἕτερον εἶναι.
ΘΕΑΙ. Ἀληθῆ λέγεις· ἀναγκάζοιτο γὰρ ἂν ἐφάπτεσθαι καὶ οὗ μὴ δοξάζει.
ΣΩ. Οὔτ' ἄρ' ἀμφότερα οὔτε τὸ ἕτερον δοξάζοντι ἐγχωρεῖ ἀλλοδοξεῖν. [e] Ὥστ' εἴ τις ὁριεῖται δόξαν εἶναι ψευδῆ τὸ ἑτεροδοξεῖν, οὐδὲν ἂν λέγοι· οὔτε γὰρ ταύτῃ οὔτε κατὰ τὰ πρότερα φαίνεται ψευδὴς ἐν ἡμῖν οὖσα δόξα.
ΘΕΑΙ. Οὐκ ἔοικεν.
ΣΩ. Ἀλλὰ μέντοι, ὦ Θεαίτητε, εἰ τοῦτο μὴ φανήσεται ὄν, πολλὰ ἀναγκασθησόμεθα ὁμολογεῖν καὶ ἄτοπα.
ΘΕΑΙ. Τὰ ποῖα δή;
ΣΩ. Οὐκ ἐρῶ σοι πρὶν ἂν πανταχῇ πειραθῶ σκοπῶν. Αἰσχυνοίμην γὰρ ἂν ὑπὲρ ἡμῶν, ἐν ᾧ ἀποροῦμεν, ἀναγκαζομένων ὁμολογεῖν οἷα λέγω. [191a] Ἀλλ' ἐὰν εὕρωμεν καὶ ἐλεύθεροι γενώμεθα, τότ' ἤδη περὶ τῶν ἄλλων ἐροῦμεν ὡς

oder wahnwitzig, im vollen Ernst sich zu überreden und zu sich selbst zu sagen wagte, daß der Ochse ein Pferd sein müsse oder die zwei eins?

Theätet. Bei Zeus, das glaube ich nicht.

Sokrates. Wenn also zu sich selbst sprechen meinen ist, wird wohl keiner, der beides behauptet und meint und beides mit seiner Seele begreift, sagen und meinen, daß das eine das andere ist. Und auch du mußt diese Ausdrucksweise zulassen.[58] Ich meine nämlich damit, daß niemand das Häßliche für schön hält [d] oder anderes dergleichen.

Theätet. Ich lasse sie zu, Sokrates, und teile deine Auffassung.

Sokrates. Wer also zweierlei meint, kann unmöglich das eine mit dem anderen meinen.

Theätet. Offensichtlich.

Sokrates. Wer aber nur das eine meint, das andere aber überhaupt nicht, wird niemals meinen, das eine sei das andere.

Theätet. Da hast du recht. Sonst müßte er nämlich etwas erfassen, was er gar nicht meint.

Sokrates. Weder also wer beides noch wer eines meint, kann etwas anderes meinen. [e] Wenn daher jemand die falsche Meinung bestimmte als »anderes meinen«, dürfte er wohl eine nichtssagende Behauptung aufstellen. Denn weder auf diese noch auf die vorige Weise gibt es offensichtlich eine falsche Meinung bei uns.

Theätet. Offensichtlich nicht.

Sokrates. Wenn wir jedoch, Theätet, nicht zeigen können, daß es eine solche gibt, werden wir zu vielen sonderbaren Zugeständnissen gezwungen sein.

Theätet. Zu welchen denn?

Sokrates. Das will ich dir nicht sagen, bevor ich nicht bei der Untersuchung alles versucht habe. Denn ich würde mich für uns schämen, wenn wir in unserer Ratlosigkeit zu den Eingeständnissen gezwungen würden, die ich meine. [191 a] Wenn wir es jedoch herausgefunden haben und wieder frei sind und nicht mehr in Gefahr stehen, uns lächerlich zu

πασχόντων, ἐκτὸς τοῦ γελοίου ἑστῶτες· ἐὰν δὲ πάντῃ ἀπορήσωμεν, ταπεινωθέντες οἶμαι τῷ λόγῳ παρέξομεν ὡς ναυτιῶντες πατεῖν τε καὶ χρῆσθαι ὅτι ἂν βούληται. Ἧι οὖν ἔτι πόρον τινὰ εὑρίσκω τοῦ ζητήματος ἡμῖν, ἄκουε.
ΘΕΑΙ. Λέγε μόνον.
ΣΩ. Οὐ φήσω ἡμᾶς ὀρθῶς ὁμολογῆσαι, ἡνίκα ὡμολογήσαμεν ἅ τις οἶδεν, ἀδύνατον δοξάσαι ἃ μη οἶδεν εἶναι αὐτὰ [b] καὶ ψευσθῆναι· ἀλλά πῃ δυνατόν.
ΘΕΑΙ. Ἆρα λέγεις ὃ καὶ ἐγὼ τότε ὑπώπτευσα, ἡνίκ᾽ αὐτὸ ἔφαμεν τοιοῦτον εἶναι, ὅτι ἐνίοτ᾽ ἐγὼ γιγνώσκων Σωκράτη, πόρρωθεν δὲ ὁρῶν ἄλλον ὃν οὐ γιγνώσκω, ᾠήθην εἶναι Σωκράτη ὃν οἶδα; γίγνεται γὰρ δὴ ἐν τῷ τοιούτῳ οἷον λέγεις.
ΣΩ. Οὐκοῦν ἀπέστημεν αὐτοῦ, ὅτι ἃ ἴσμεν ἐποίει ἡμᾶς εἰδότας μὴ εἰδέναι;
ΘΕΑΙ. Πάνυ μὲν οὖν.
ΣΩ. Μὴ γὰρ οὕτω τιθῶμεν, ἀλλ᾽ ὧδε· ἴσως πῃ ἡμῖν συγχωρήσεται, ἴσως δὲ ἀντιτενεῖ. [c] Ἀλλὰ γὰρ ἐν τοιούτῳ ἐχόμεθα, ἐν ᾧ ἀνάγκη πάντα μεταστρέφοντα λόγον βασανίζειν. Σκόπει οὖν εἴ τι λέγω. Ἆρα ἔστιν μὴ εἰδότα τι πρότερον ὕστερον μαθεῖν;
ΘΕΑΙ. Ἔστι μέντοι.
ΣΩ. Οὐκοῦν καὶ αὖθις ἕτερον καὶ ἕτερον;
ΘΕΑΙ. Τί δ᾽ οὔ;
ΣΩ. Θὲς δή μοι λόγου ἕνεκα ἐν ταῖς ψυχαῖς ἡμῶν ἐνὸν κήρινον ἐκμαγεῖον, τῷ μὲν μεῖζον, τῷ δ᾽ ἔλαττον, καὶ τῷ

machen, dann wollen wir davon reden, wie es den anderen dabei ergehen muß. Sollten wir jedoch völlig ratlos bleiben, werden wir, glaube ich, dem Satz gedemütigt erlauben, uns wie Seekranke mit Füßen zu treten und mit uns zu machen, was er nur will. Höre dir einmal an, welchen Ausweg ich noch aus unserer Untersuchung finde.

Theätet. Sage es nur.

Sokrates. Ich leugne, daß wir zu Recht zugegeben haben, was jemand weiß, könne er unmöglich für etwas halten, das er nicht weiß, [b] und sich auf diese Weise irren. Vielmehr ist es doch in gewisser Hinsicht möglich.

Theätet. Meinst du das, was auch ich vorhin vermutet habe, als wir es besprachen? Manchmal kommt es nämlich vor, daß ich, der ich Sokrates kenne und von weitem einen anderen sehe, den ich nicht kenne, diesen dann für Sokrates halte, den ich doch kenne. Für diesen Fall trifft ja das ein, wovon du sprichst.

Sokrates. Haben wir nicht Abstand davon genommen, weil wir demzufolge trotz unseres Wissens nicht wüßten, was wir wissen?

Theätet. Allerdings.

Sokrates. Wir wollen also nicht diese, sondern folgende Annahme machen. Vielleicht wird sie sich uns ja fügen, vielleicht aber auch Widerstand leisten. [c] Wir befinden uns nämlich in einer Lage, in der wir notwendigerweise jede Behauptung noch einmal von der anderen Seite betrachten und prüfen müssen. Sieh also zu, ob ich etwas Haltbares sage. Ist es möglich, was man früher nicht wußte, später zu lernen?[59]

Theätet. Das ist möglich.

Sokrates. Und man kann immer wieder etwas Neues lernen?

Theätet. Sicher.

Sokrates. Nimm einmal für unseren Untersuchungsgang an, in unseren Seelen befinde sich ein Wachsblock, bei dem einen größer, bei dem anderen kleiner, bei dem einen aus rei-

μὲν καθαρωτέρου κηροῦ, τῷ δὲ κοπρωδεστέρου, καὶ σκληροτέρου, [d] ἐνίοις δὲ ὑγροτέρου, ἔστι δ' οἷς μετρίως ἔχοντος.

ΘΕΑΙ. Τίθημι.

ΣΩ. Δῶρον τοίνυν αὐτὸ φῶμεν εἶναι τῆς τῶν Μουσῶν μητρὸς Μνημοσύνης, καὶ εἰς τοῦτο ὅτι ἂν βουληθῶμεν μνημονεῦσαι ὧν ἂν ἴδωμεν ἢ ἀκούσωμεν ἢ αὐτοὶ ἐννοήσωμεν, ὑπέχοντας αὐτὸ ταῖς αἰσθήσεσι καὶ ἐννοίαις, ἀποτυποῦσθαι, ὥσπερ δακτυλίων σημεῖα ἐνσημαινομένους· καὶ ὃ μὲν ἂν ἐκμαγῇ, μνημονεύειν τε καὶ ἐπίστασθαι ἕως ἂν ἐνῇ τὸ εἴδωλον αὐτοῦ· ὃ δ' ἂν ἐξαλειφθῇ ἢ μὴ οἷόν τε γένηται ἐκμαγῆναι, [e] ἐπιλελῆσθαί τε καὶ μὴ ἐπίστασθαι.

ΘΕΑΙ. Ἔστω οὕτως.

ΣΩ. Ὁ τοίνυν ἐπιστάμενος μὲν αὐτά, σκοπῶν δέ τι ὧν ὁρᾷ ἢ ἀκούει, ἄθρει εἰ ἄρα τοιῷδε τρόπῳ ψευδῆ ἂν δοξάσαι.

ΘΕΑΙ. Ποίῳ δή τινι;

ΣΩ. Ἃ οἶδεν, οἰηθεὶς εἶναι τοτὲ μὲν ἃ οἶδε, τοτὲ δὲ ἃ μή. Ταῦτα γὰρ ἐν τοῖς πρόσθεν οὐ καλῶς ὡμολογήσαμεν ὁμολογοῦντες ἀδύνατα.

ΘΕΑΙ. Νῦν δὲ πῶς λέγεις;

[192a] ΣΩ. Δεῖ ὧδε λέγεσθαι περὶ αὐτῶν ἐξ ἀρχῆς διοριζομένους ὅτι ὃ μέν τις οἶδεν, σχὼν αὐτοῦ μνημεῖον ἐν τῇ ψυχῇ, αἰσθάνεται δὲ αὐτὸ μή, οἰηθῆναι ἕτερόν τι ὧν οἶδεν, ἔχοντα καὶ ἐκείνου τύπον, αἰσθανόμενον δὲ μή, ἀδύνατον. Καὶ ὅ γε οἶδεν αὖ, οἰηθῆναι εἶναι ὃ μὴ οἶδε μηδ' ἔχει αὐτοῦ σφραγῖδα· καὶ ὃ μὴ οἶδεν, ὃ μὴ οἶδεν αὖ· καὶ ὃ μὴ οἶδεν, ὃ οἶδε· καὶ ὃ αἰσθάνεταί γε, ἕτερόν τι ὧν αἰσ-

nerem Wachs, bei dem anderen aus schmutzigerem, teils aus härterem, [d] bei einigen aus weicherem und manchmal auch aus dem passenden Wachs.[60]

Theätet. Ja, ich nehme es an.

Sokrates. Wir wollen ihn ein Geschenk der Mutter der Musen nennen, der Mnemosyne, und annehmen, was wir im Gedächtnis behalten wollen von dem, was wir sehen, hören oder selbst denken, das drücken wir in den Wachsblock ab, indem wir ihn unter unsere Wahrnehmungen und Gedanken legen, ähnlich wie man die Abdrücke eines Siegelringes eindrückt. Und was sich dann abbildet, daran erinnern wir uns und wissen es, solange sich das Abbild hiervon auf dem Block befindet. Was aber ausgelöscht ist oder nicht abgebildet werden konnte, [e] das vergessen wir und wissen es nicht.

Theätet. So soll es sein.

Sokrates. Überlege einmal, wer nun auf diese Weise etwas weiß und etwas betrachtet, was er sieht oder hört, wird der auf folgende Weise Falsches meinen?

Theätet. Auf welche denn?

Sokrates. Indem er das, was er weiß, manchmal für etwas hält, das er weiß, manchmal aber für etwas, das er nicht weiß. Denn dies haben wir vorhin als unmöglich zugegeben, ohne damit recht zu haben.

Theätet. Was behauptest du denn jetzt?

[192a] *Sokrates.* Man muß hierüber folgendes behaupten, indem man es von Anfang an noch einmal unterscheidet:[61] Es ist unmöglich, (1) daß man etwas, das man weiß, indem man davon eine Erinnerung in seiner Seele hat, das man aber nicht wahrnimmt, für etwas anderes hält, wovon man ebenfalls weiß, indem man auch hiervon einen Abdruck hat, das man aber ebenfalls nicht wahrnimmt; (2) daß man ferner etwas, das man weiß, für etwas hält, das man nicht weiß und wovon man kein Siegelbild besitzt; (3) etwas, das man nicht weiß, für etwas, das man nicht weiß; (4) etwas, das man nicht weiß, für etwas, das man weiß; (5) und daß man, was

θάνεται οἰηθῆναι εἶναι· καὶ ὃ αἰσθάνεται, ὧν τι μὴ αἰσθάνεται· καὶ ὃ μὴ αἰσθάνεται, ὧν μὴ αἰσθάνεται· [b] καὶ ὃ μὴ αἰσθάνεται, ὧν αἰσθάνεται. Καὶ ἔτι γε αὖ καὶ ὃ οἶδε καὶ αἰσθάνεται καὶ ἔχει τὸ σημεῖον κατὰ τὴν αἴσθησιν, οἰηθῆναι αὖ ἕτερόν τι ὧν οἶδε καὶ αἰσθάνεται καὶ ἔχει αὖ καὶ ἐκείνου τὸ σημεῖον κατὰ τὴν αἴσθησιν, ἀδυνατώτερον ἔτι ἐκείνων, εἰ οἷόν τε. Καὶ ὃ οἶδε καὶ αἰσθάνεται ἔχων τὸ μνημεῖον ὀρθῶς, ὃ οἶδεν οἰηθῆναι ἀδύνατον· καὶ ὃ οἶδε καὶ αἰσθάνεται ἔχων κατὰ ταὐτά, ὃ αἰσθάνεται· [c] καὶ ὃ αὖ μὴ οἶδε μηδὲ αἰσθάνεται, ὃ μὴ οἶδε μηδὲ αἰσθάνεται· καὶ ὃ μὴ οἶδε μηδὲ αἰσθάνεται, ὃ μὴ οἶδε· καὶ ὃ μὴ οἶδε μηδὲ αἰσθάνεται, ὃ μὴ αἰσθάνεται· πάντα ταῦτα ὑπερβάλλει ἀδυναμίᾳ τοῦ ἐν αὐτοῖς ψευδῆ τινα δοξάσαι. Λείπεται δὴ ἐν τοῖς τοιοῖσδε, εἴπερ που ἄλλοθι, τὸ τοιοῦτον γενέσθαι.

ΘΕΑΙ. Ἐν τίσι δή; ἐὰν ἄρα ἐξ αὐτῶν τι μᾶλλον μάθω· νῦν μὲν γὰρ οὐχ ἕπομαι.

ΣΩ. Ἐν οἷς οἶδεν, οἰηθῆναι αὐτὰ ἕτερ' ἄττα εἶναι ὧν οἶδε καὶ αἰσθάνεται· ἢ ὧν μὴ οἶδεν, αἰσθάνεται δέ· ἢ ὧν οἶδε καὶ αἰσθάνεται, [d] ὧν οἶδεν αὖ καὶ αἰσθάνεται.

ΘΕΑΙ. Νῦν πολὺ πλέον ἀπελείφθην ἢ τότε.

ΣΩ. Ὧδε δὴ ἀνάπαλιν ἄκουε. Ἐγὼ εἰδὼς Θεόδωρον καὶ ἐν ἐμαυτῷ μεμνημένος οἷός ἐστι, καὶ Θεαίτητον κατὰ ταὐτά, ἄλλο τι ἐνίοτε μὲν ὁρῶ αὐτούς, ἐνίοτε δὲ οὔ, καὶ ἅπτο-

man wahrnimmt, für etwas anderes hält, das man wahrnimmt; (6) was man wahrnimmt, für etwas, das man nicht wahrnimmt; (7) was man nicht wahrnimmt, für etwas, das man nicht wahrnimmt; [b] (8) was man nicht wahrnimmt, für etwas, das man wahrnimmt; (9) ferner auch, daß man etwas, das man weiß und wahrnimmt und wovon man den der Wahrnehmung entsprechenden Abdruck hat, für etwas anderes hält, das man weiß und wahrnimmt und wovon man ebenfalls den der Wahrnehmung entsprechenden Abdruck hat, dies wäre noch unmöglicher als die vorigen Fälle; (10) auch daß man, was man weiß und wahrnimmt, indem man ebenfalls das Erinnerungszeichen in der richtigen Weise dagegenhält, für etwas hält, das man weiß, ist unmöglich; (11) auch, was man weiß und wahrnimmt, indem man dasselbe tut wie im vorigen Fall, für etwas, das man wahrnimmt; [c] (12) ferner, was man weder weiß noch wahrnimmt, für etwas, das man weder weiß noch wahrnimmt; (13) was man weder weiß noch wahrnimmt, für etwas, das man nicht weiß; (14) und was man weder weiß noch wahrnimmt, für etwas, das man nicht wahrnimmt. In allen diesen Fällen ist es mehr als unmöglich, eine falsche Meinung zu haben. Also bleiben nur folgende Fälle, wenn überhaupt welche, in denen dies vorkommen kann.

Theätet. In welchen denn? Vielleicht kann ich es an ihnen besser verstehen. Denn jetzt kann ich nicht folgen.

Sokrates. In denen man etwas weiß, es aber für etwas anderes hält, das man weiß und wahrnimmt; oder etwas, das man nicht weiß, aber wahrnimmt, für etwas anderes hält, das man weiß und wahrnimmt;[62] oder was man weiß und wahrnimmt, für etwas, [d] das man ebenfalls weiß und wahrnimmt.

Theätet. Nun bleibe ich noch viel mehr als vorhin zurück.

Sokrates. Dann höre es dir noch einmal folgendermaßen an. Ich kenne doch Theodoros und erinnere mich, wie er aussieht, und Theätet genauso. Manchmal nun sehe ich sie, manchmal aber nicht, und berühre sie gelegentlich, mitunter

μαί ποτ' αὐτῶν, τοτὲ δ' οὔ, καὶ ἀκούω ἤ τινα ἄλλην αἴσθησιν αἰσθάνομαι, τοτὲ δ' αἴσθησιν μὲν οὐδεμίαν ἔχω περὶ ὑμῶν, μέμνημαι δὲ ὑμᾶς οὐδὲν ἧττον καὶ ἐπίσταμαι αὐτὸς ἐν ἐμαυτῷ;

[e] ΘΕΑΙ. Πάνυ μὲν οὖν.

ΣΩ. Τοῦτο τοίνυν πρῶτον μάθε ὧν βούλομαι δηλῶσαι, ὅτι ἔστι μὲν ἃ οἶδε μὴ αἰσθάνεσθαι, ἔστιν δὲ αἰσθάνεσθαι.

ΘΕΑΙ. Ἀληθῆ.

ΣΩ. Οὐκοῦν καὶ ἃ μὴ οἶδε, πολλάκις μὲν ἔστι μηδὲ αἰσθάνεσθαι, πολλάκις δὲ αἰσθάνεσθαι μόνον;

ΘΕΑΙ. Ἔστι καὶ τοῦτο.

ΣΩ. Ἰδὲ δὴ ἐάν τι μᾶλλον νῦν ἐπίσπῃ. Σωκράτης εἰ γιγνώσκει Θεόδωρον καὶ Θεαίτητον, [193a] ὁρᾷ δὲ μηδέτερον, μηδὲ ἄλλη αἴσθησις αὐτῷ πάρεστι περὶ αὐτῶν, οὐκ ἄν ποτε ἐν ἑαυτῷ δοξάσειεν ὡς ὁ Θεαίτητός ἐστι Θεόδωρος. Λέγω τὶ ἢ οὐδέν;

ΘΕΑΙ. Ναί, ἀληθῆ γε.

ΣΩ. Τοῦτο μὲν τοίνυν ἐκείνων πρῶτον ἦν ὧν ἔλεγον.

ΘΕΑΙ. Ἦν γάρ.

ΣΩ. Δεύτερον τοίνυν, ὅτι τὸν μὲν γιγνώσκων ὑμῶν, τὸν δὲ μὴ γιγνώσκων, αἰσθανόμενος δὲ μηδέτερον, οὐκ ἄν ποτε αὖ οἰηθείην ὃν οἶδα εἶναι ὃν μὴ οἶδα.

ΘΕΑΙ. Ὀρθῶς.

[b] ΣΩ. Τρίτον δέ, μηδέτερον γιγνώσκων μηδὲ αἰσθανόμενος οὐκ ἂν οἰηθείην ὃν μὴ οἶδα ἕτερόν τιν' εἶναι ὧν μὴ οἶδα. Καὶ τἆλλα τὰ πρότερα πάνθ' ἑξῆς νόμιζε πάλιν ἀκηκοέναι, ἐν οἷς οὐδέποτ' ἐγὼ περὶ σοῦ καὶ Θεοδώρου τὰ ψευδῆ δοξάσω, οὔτε γιγνώσκων οὔτε ἀγνοῶν ἄμφω, οὔτε τὸν μέν, τὸν δ' οὐ γιγνώσκων· καὶ περὶ αἰσήσεων κατὰ ταὐτά, εἰ ἄρα ἕπῃ.

aber auch nicht, und ich höre sie oder habe eine andere Wahrnehmung von ihnen, dann aber habe ich auch wieder keine von euch, erinnere mich aber dennoch an euch und kenne euch bei mir selbst?
[e] *Theätet.* Natürlich.
Sokrates. Als erstes von dem, was ich zeigen will, mußt du dir merken, daß man etwas, das man weiß, bisweilen wahrnimmt, bisweilen aber auch nicht.
Theätet. Das stimmt.
Sokrates. Kann man nicht auch, was man nicht weiß, oft nicht einmal wahrnehmen, oft aber auch nur wahrnehmen?
Theätet. Auch das kann man.
Sokrates. Sieh zu, ob du jetzt nicht etwas mehr verstehst. Wenn Sokrates Theodoros und Theätet kennt, [193 a] aber keinen von beiden sieht und sie auch in keiner anderen Weise wahrnimmt, dann wird er wohl nie meinen, Theätet sei Theodoros. Habe ich recht oder nicht?
Theätet. Ja, das stimmt.
Sokrates. Dies war nun der erste Fall, den ich genannt hatte.
Theätet. Ja, das war er.
Sokrates. Der zweite nun war, daß ich den einen von euch kenne, den anderen nicht, beide aber nicht wahrnehme und somit nie annehmen würde, der, den ich kenne, sei der, den ich nicht kenne.
Theätet. Richtig.
[b] *Sokrates.* Der dritte war, daß ich keinen von euch kenne oder auch wahrnehme und somit auch nicht annehmen würde, der, den ich nicht kenne, sei ein anderer, den ich nicht kenne. Stelle dir vor, du hättest auch die übrigen Fälle von vorhin nacheinander noch einmal gehört, in denen ich niemals von dir und Theodoros Falsches meine, weder wenn ich beide kenne, noch wenn ich beide nicht kenne oder den einen kenne, den anderen aber nicht. Und bei den Wahrnehmungen genauso, wenn du folgen kannst.

ΘΕΑΙ. Ἕπομαι.

ΣΩ. Λείπεται τοίνυν τὰ ψευδῆ δοξάσαι ἐν τῷδε, ὅταν γιγνώσκων σὲ καὶ Θεόδωρον, καὶ ἔχων ἐν ἐκείνῳ τῷ κηρίνῳ ὥσπερ δακτυλίων σφῷν ἀμφοῖν τὰ σημεῖα, [c] διὰ μακροῦ καὶ μὴ ἱκανῶς ὁρῶν ἄμφω προθυμῶ, τὸ οἰκεῖον ἑκατέρου σημεῖον ἀποδοὺς τῇ οἰκείᾳ ὄψει, ἐμβιβάσας προσαρμόσαι εἰς τὸ ἑαυτῆς ἴχνος, ἵνα γένηται ἀναγνώρισις, εἶτα τούτων, ἀποτυχὼν καὶ ὥσπερ οἱ ἔμπαλιν ὑποδούμενοι παραλλάξας προσβάλω τὴν ἑκατέρου ὄψιν πρὸς τὸ ἀλλότριον σημεῖον, ἢ καὶ οἷα τὰ ἐν τοῖς κατόπτροις τῆς ὄψεως πάθη, δεξιὰ εἰς ἀριστερὰ μεταρρεούσης, ταὐτὸν παθὼν διαμάρτω· [d] τότε δὴ συμβαίνει ἡ ἑτεροδοξία καὶ τὸ ψευδῆ δοξάζειν.

ΘΕΑΙ. Ἔοικε γάρ, ὦ Σώκρατες. Θαυμασίως ὡς λέγεις τὸ τῆς δόξης πάθος.

ΣΩ. Ἔτι τοίνυν καὶ ὅταν ἀμφοτέρους γιγνώσκων τὸν μὲν πρὸς τῷ γιγνώσκειν αἰσθάνωμαι, τὸν δὲ μή, τὴν δὲ γνῶσιν τοῦ ἑτέρου μὴ κατὰ τὴν αἴσθησιν ἔχω, ὃ ἐν τοῖς πρόσθεν οὕτως ἔλεγον καί μου τότε οὐκ ἐμάνθανες.

ΘΕΑΙ. Οὐ γὰρ οὖν.

ΣΩ. Τοῦτο μὴν ἔλεγον, ὅτι γιγνώσκων τὸν ἕτερον καὶ αἰσθανόμενος, [e] καὶ τὴν γνῶσιν κατὰ τὴν αἴσθησιν αὐτοῦ ἔχων, οὐδέποτε οἰήσεται εἶναι αὐτὸν ἕτερόν τινα ὧν γιγνώσκει τε καὶ αἰσθάνεται καὶ τὴν γνῶσιν αὖ καὶ ἐκείνου ἔχει κατὰ τὴν αἴσθησιν. Ἦν γὰρ τοῦτο;

ΘΕΑΙ. Ναί.

ΣΩ. Παρελείπετο δέ γέ που τὸ νῦν λεγόμενον, ἐν ᾧ δή φαμεν τὴν ψευδῆ δόξαν γίγνεσθαι τὸ ἄμφω γιγνώσκοντα [194a] καὶ ἄμφω ὁρῶντα ἤ τινα ἄλλην αἴσθησιν ἔχοντα

Theätet. Ja, ich kann folgen.

Sokrates. Also bleibt Falsches meinen für folgenden Fall übrig: Ich kenne dich und Theodoros und habe in dem Wachsblock von euch beiden die Abdrücke wie von Siegelringen; [c] nun sehe ich aber euch beide nur von weitem und nicht genau und bemühe mich daher, den jeweils passenden Abdruck der entsprechenden Wahrnehmung zuzuordnen, in die zugehörige Spur zu bringen und ihr somit anzupassen, damit ein Wiedererkennen stattfindet; dabei aber greife ich daneben und vertausche beides wie jemand, der seine Schuhe verkehrt herum anzieht, indem ich die Gesichtswahrnehmung von beiden mit dem falschen Abdruck zusammenbringe. Oder mir stößt dieselbe Verwechslung zu, wie es einem beim Spiegelbild ergeht, wenn die rechte Seite zur linken hinüberwechselt. [d] Dann ergibt sich, daß man anderes meint und Falsches.

Theätet. Offensichtlich, Sokrates. Du gibst eine bewundernswerte Beschreibung davon, was beim Meinen geschieht.

Sokrates. Nimm ferner den Fall, wenn ich beide kenne und den einen zusätzlich auch noch wahrnehme, den anderen aber nicht, wobei ich jedoch die Kenntnis des ersteren nicht mit der entsprechenden Wahrnehmung verbinde. Dies habe ich auch vorhin so beschrieben, aber du hattest mich nicht verstanden.

Theätet. Nein, das hatte ich nicht.

Sokrates. Ich sagte doch, wenn man den einen kennt und wahrnimmt [e] und die der Wahrnehmung entsprechende Kenntnis hat, dann wird man ihn niemals für einen anderen halten, den man kennt und wahrnimmt und von dem man ebenfalls die der Wahrnehmung entsprechende Kenntnis hat. So war es doch?

Theätet. Ja.

Sokrates. Es blieb also der vorhin genannte Fall übrig, nach dem wir die Entstehung der falschen Meinung damit erklärten, daß man beide kennt [194a] und beide sieht oder sonst-

ἀμφοῖν τὼ σημείω μὴ κατὰ τὴν αὐτοῦ αἴσθησιν ἑκάτερον ἔχειν, ἀλλ᾽ οἷον τοξότην φαῦλον ἱέντα παραλλάξαι τοῦ σκοποῦ καὶ ἁμαρτεῖν, ὃ δὴ καὶ ψεῦδος ἄρα ὠνόμασται.

ΘΕΑΙ. Εἰκότως γε.

ΣΩ. Καὶ ὅταν τοίνυν τῷ μὲν παρῇ αἴσθησις τῶν σημείων, τῷ δὲ μή, τὸ δὲ τῆς ἀπούσης αἰσθήσεως τῇ παρούσῃ προσαρμόσῃ, πάντῃ ταύτῃ ψεύδεται ἡ διάνοια. Καὶ ἑνὶ λόγῳ, περὶ ὧν μὲν μὴ οἶδέ τις μηδ᾽ ἐπῄσθετο πώποτε, οὐκ ἔστιν, ὡς ἔοικεν, οὔτε ψεύδεσθαι οὔτε ψευδὴς δόξα, [b] εἴ τι νῦν ἡμεῖς ὑγιὲς λέγομεν· περὶ δὲ ὧν ἴσμεν τε καὶ αἰσθανόμεθα, ἐν αὐτοῖς τούτοις στρέφεται καὶ ἑλίττεται ἡ δόξα ψευδὴς καὶ ἀληθὴς γιγνομένη, καταντικρὺ μὲν καὶ κατὰ τὸ εὐθὺ τὰ οἰκεῖα συνάγουσα ἀποτυπώματα καὶ τύπους ἀληθής, εἰς πλάγια δὲ καὶ σκολιὰ ψευδής.

ΘΕΑΙ. Οὐκοῦν καλῶς, ὦ Σώκρατες, λέγεται;

[c] ΣΩ. Ἔτι τοίνυν καὶ τάδε ἀκούσας μᾶλλον αὐτὸ ἐρεῖς. Τὸ μὲν γὰρ τἀληθὲς δοξάζειν καλόν, τὸ δὲ ψεύδεσθαι αἰσχρόν.

ΘΕΑΙ. Πῶς δ᾽ οὔ;

ΣΩ. Ταῦτα τοίνυν φασὶν ἐνθένδε γίγνεσθαι. Ὅταν μὲν ὁ κηρός του ἐν τῇ ψυχῇ βαθύς τε καὶ πολὺς καὶ λεῖος καὶ μετρίως ὠργασμένος ᾖ, τὰ ἰόντα διὰ τῶν αἰσθήσεων, ἐνσημαινόμενα εἰς τοῦτο τὸ τῆς ψυχῆς «κέαρ», ὃ ἔφη Ὅμηρος αἰνιττόμενος τὴν τοῦ κηροῦ ὁμοιότητα, τότε μὲν καὶ τούτοις καθαρὰ τὰ σημεῖα ἐγγιγνόμενα [d] καὶ ἱκανῶς τοῦ βάθους ἔχοντα πολυχρόνιά τε γίγνεται καὶ εἰσὶν οἱ τοιοῦτοι πρῶτον μὲν εὐμαθεῖς, ἔπειτα μνήμονες, εἶτα οὐ παραλλάττουσι τῶν αἰσθήσεων τὰ σημεῖα ἀλλὰ δοξάζουσιν ἀληθῆ. Σαφῆ γὰρ καὶ ἐν εὐρυχωρίᾳ ὄντα ταχὺ διανέ-

wie beide sinnlich wahrnimmt, ohne aber die Abdrücke von beiden zur passenden Wahrnehmung hinzuhalten, sondern indem man wie ein schlechter Bogenschütze beim Schießen vom Ziel abweicht und es verfehlt, was dann also Irrtum genannt wird.

Theätet. Allerdings.

Sokrates. Und wenn nun für den einen Abdruck eine Wahrnehmung vorhanden ist, für den anderen aber nicht, und wenn man das Zeichen für die fehlende Wahrnehmung der vorhandenen zuordnet, dann irrt sich das Denken auf alle Fälle. Mit einem Wort: Dort, wo man weder etwas weiß noch es jemals wahrnimmt, kann man sich offensichtlich weder irren, noch gibt es eine falsche Meinung hiervon, [b] falls wir jetzt etwas Haltbares sagen. Dort aber, wo wir etwas wissen und auch wahrnehmen, dreht und windet sich die wahre und falsche Meinung hin und her. Sie wird wahr, wenn sie gerade gegenüber die passenden Abdrücke mit den Vorlagen zusammenbringt, falsch aber, wenn sie beides schräge und kreuzweise verbindet.

Theätet. Ist das nicht eine schöne Erklärung, Sokrates?

[c] *Sokrates.* Wenn du dir auch folgendes noch anhörst, wirst du es noch mehr sagen. Denn Wahres meinen ist doch schön, sich irren aber schlecht.

Theätet. Sicher.

Sokrates. Dies erklärt man sich nun folgendermaßen. Wenn das Wachs in der Seele eines Menschen stark aufgetragen, reichlich, glatt und genügend durchgeknetet ist: dann und bei solchen Menschen werden die Abdrücke, die aus den Wahrnehmungen stammen und sich in das »Herz« der Seele einprägen, wie Homer sich ausdrückt,[63] um die Ähnlichkeit mit dem »Wachs« anzudeuten, diese Abdrücke werden also ganz deutlich [d] und tief genug und sind somit auch dauerhaft. Solche Menschen sind erstens gelehrig, sodann haben sie ein gutes Gedächtnis und verwechseln schließlich nicht die Abdrücke ihrer Wahrnehmungen, sondern meinen Wahres. Denn weil die Abdrücke deutlich sind und einen ausrei-

μουσιν ἐπὶ τὰ αὑτῶν ἕκαστα ἐκμαγεῖα, ἃ δὴ ὄντα καλεῖται, καὶ σοφοὶ δὴ οὗτοι καλοῦνται. Ἢ οὐ δοκεῖ σοι;
ΘΕΑΙ. Ὑπερφυῶς μὲν οὖν.
[e] ΣΩ. Ὅταν τοίνυν λάσιόν του τὸ κέαρ ᾖ, ὃ δὴ ἐπῄνεσεν ὁ πάσσοφος ποιητής, ἢ ὅταν κοπρῶδες καὶ μὴ καθαροῦ τοῦ κηροῦ, ἢ ὑγρὸν σφόδρα ἢ σκληρόν, ὧν μὲν ὑγρὸν εὐμαθεῖς μέν, ἐπιλήσμονες δὲ γίγνονται, ὧν δὲ σκληρόν, τἀναντία. Οἱ δὲ δὴ λάσιον καὶ τραχὺ λιθῶδές τι ἢ γῆς ἢ κόπρου συμμιγείσης ἔμπλεων ἔχοντες ἀσαφῆ τὰ ἐκμαγεῖα ἴσχουσιν. Ἀσαφῆ δὲ καὶ οἱ τὰ σκληρά· βάθος γὰρ οὐκ ἔνι. Ἀσαφῆ δὲ καὶ οἱ τὰ ὑγρά· [195a] ὑπὸ γὰρ τοῦ συγχεῖσθαι ταχὺ γίγνεται ἀμυδρά. Ἐὰν δὲ πρὸς πᾶσι τούτοις ἐπ' ἀλλήλων συμπεπτωκότα ᾖ ὑπὸ στενοχωρίας, ἐάν του σμικρὸν ᾖ τὸ ψυχάριον, ἔτι ἀσαφέστερα ἐκείνων. Πάντες οὖν οὗτοι γίγνονται οἷοι δοξάζειν ψευδῆ. Ὅταν γάρ τι ὁρῶσιν ἢ ἀκούωσιν ἢ ἐπινοῶσιν, ἕκαστα ἀπονέμειν ταχὺ ἑκάστοις οὐ δυνάμενοι βραδεῖς τέ εἰσι καὶ ἀλλοτριονομοῦντες παρορῶσί τε καὶ παρακούουσι καὶ παρανοοῦσι πλεῖστα, καὶ καλοῦνται αὖ οὗτοι ἐψευσμένοι τε δὴ τῶν ὄντων καὶ ἀμαθεῖς.
[b] ΘΕΑΙ. Ὀρθότατα ἀνθρώπων λέγεις, ὦ Σώκρατες.
ΣΩ. Φῶμεν ἄρα ἐν ἡμῖν ψευδεῖς δόξας εἶναι;
ΘΕΑΙ. Σφόδρα γε.
ΣΩ. Καὶ ἀληθεῖς δή;
ΘΕΑΙ. Καὶ ἀληθεῖς.
ΣΩ. Ἤδη οὖν οἰόμεθα ἱκανῶς ὡμολογῆσθαι ὅτι παντὸς μᾶλλον ἐστὸν ἀμφοτέρα τούτω τὼ δόξα;
ΘΕΑΙ. Ὑπερφυῶς μὲν οὖν.

chenden Abstand voneinander haben, ordnen sie ihnen das sogenannte Seiende mühelos zu. Und solche Leute bezeichnet man als klug. Meinst du nicht auch?
Theätet. Auf jeden Fall.
[e] *Sokrates.* Wer aber ein rauhes Herz hat, das allerdings der überaus weise Dichter lobte, oder ein schmutziges und aus unreinem Wachs oder ein zu weiches oder zu hartes, so werden die Menschen mit weichem Wachs zwar gelehrig, aber auch vergeßlich, und bei denen mit dem harten Wachs ist es umgekehrt. Die aber ein rauhes und unebenes, steinartiges Wachs haben, voll von beigemischter Erde und Schmutz, erhalten undeutliche Abdrücke. Undeutlich sind sie aber auch bei denen mit hartem Wachs, weil sie sich nicht tief genug einprägen können. Ferner sind auch bei zu weichem Wachs die Abdrücke undeutlich, [195 a] weil sie sich miteinander vermengen und dadurch leicht unkenntlich werden. Sind sie zu alledem auch noch aus Raummangel übereinandergedrängt, falls jemand ein winziges Seelchen hat, dann werden sie noch unklarer als die vorigen. Alle diese Menschen nun werden Falsches meinen. Denn wenn sie etwas sehen, hören oder denken, können sie nicht jedes einzelne schnell einander zuordnen. Weil sie vielmehr langsam sind und alles falsch einander zuteilen, sehen, hören und denken sie meistens verkehrt; und wir sagen von ihnen, daß sie sich in dem irren, was ist, und daß sie dumm sind.
[b] *Theätet.* Damit hast du vollkommen recht, Sokrates.
Sokrates. Sollen wir also behaupten, daß bei uns falsche Meinungen vorkommen?
Theätet. Sicher.
Sokrates. Und doch auch wahre?
Theätet. Ja, auch wahre.
Sokrates. Sollen wir also auch endlich annehmen, hinlängliche Übereinstimmung erzielt zu haben, daß es auf jeden Fall diese beiden Arten von Meinungen gibt?
Theätet. Auf jeden Fall.

ΣΩ. Δεινόν τε, ὦ Θεαίτητε, ὡς ἀληθῶς κινδυνεύει καὶ ἀηδὲς εἶναι ἀνὴρ ἀδολέσχης.
ΘΕΑΙ. Τί δέ; πρὸς τί τοῦτ' εἶπες;
[c] ΣΩ. Τὴν ἐμαυτοῦ δυσμαθίαν δυσχεράνας καὶ ὡς ἀληθῶς ἀδολεσχίαν. Τὶ γὰρ ἄν τις ἄλλο θεῖτο ὄνομα, ὅταν ἄνω κάτω τοὺς λόγους ἕλκῃ τις ὑπό νωθείας οὐ δυνάμενος πεισθῆναι, καὶ ᾖ δυσαπάλλακτος ἀφ' ἑκάστου λόγου;
ΘΕΑΙ. Σὺ δὲ δὴ τί δυσχεραίνεις;
ΣΩ. Οὐ δυσχεραίνω μόνον ἀλλὰ καὶ δέδοικα ὅτι ἀποκρινοῦμαι ἄν τις ἔρηταί με· «Ὦ Σώκρατες, ηὕρηκας δὴ ψευδῆ δόξαν, ὅτι οὔτε ἐν ταῖς αἰσθήσεσίν ἐστι πρὸς ἀλλήλας οὔτ' ἐν ταῖς διανοίαις, [d] ἀλλ' ἐν τῇ συνάψει αἰσθήσεως πρὸς διάνοιαν;» φήσω δὲ ἐγὼ οἶμαι καλλωπιζόμενος ὥς τι ηὑρηκότων ἡμῶν καλόν.
ΘΕΑΙ. Ἔμοιγε δοκεῖ, ὦ Σώκρατες, οὐκ αἰσχρὸν εἶναι τὸ νῦν ἀποδεδειγμένον.
ΣΩ. «Οὐκοῦν», φησί, «λέγεις ὅτι αὖ τὸν ἄνθρωπον ὃν διανοούμεθα μόνον, ὁρῶμεν δ' οὔ, ἵππον οὐκ ἄν ποτε οἰηθείημεν εἶναι, ὃν αὖ οὔτε ὁρῶμεν οὔτε ἁπτόμεθα, διανοούμεθα δὲ μόνον καὶ ἄλλ' οὐδὲν αἰσθανόμεθα περὶ αὐτοῦ;» ταῦτα οἶμαι φήσω λέγειν.
ΘΕΑΙ. Καὶ ὀρθῶς γε.
[e] ΣΩ. «Τί οὖν», φησί, «τὰ ἕνδεκα, ἃ μηδὲν ἄλλο ἢ διανοεῖταί τις, ἄλλο τι ἐκ τούτου τοῦ λόγου οὐκ ἄν ποτε οἰηθείη δώδεκα εἶναι, ἃ μόνον αὖ διανοεῖται;» ἴθι οὖν δή, σὺ ἀποκρίνου.
ΘΕΑΙ. Ἀλλ' ἀποκρινοῦμαι ὅτι ὁρῶν μὲν ἄν τις ἢ ἐφαπτόμενος οἰηθείη τὰ ἕνδεκα δώδεκα εἶναι, ἃ μέντοι ἐν τῇ διανοίᾳ ἔχει, οὐκ ἄν ποτε περὶ αὐτῶν ταῦτα δοξάσειεν οὕτως.

Sokrates. Es ist aber tatsächlich schlimm und unerfreulich, Theätet, wenn ein Mann so herumschwätzt!
Theätet. Wieso? Was meinst du damit?
[c] *Sokrates.* Weil ich mich über meine eigene Dummheit und offensichtliche Schwatzhaftigkeit ärgere. Wie soll man es denn sonst nennen, wenn jemand aus Stumpfsinn seine Reden von unten nach oben kehrt und nicht zu überzeugen ist, sondern sich von keiner einzigen Behauptung abbringen läßt?
Theätet. Aber worüber ärgerst du dich denn so?
Sokrates. Ich ärgere mich nicht nur, sondern habe sogar Angst, was ich eigentlich antworten soll, wenn jemand mich fragt: »Sokrates, du hast herausgefunden, daß falsche Meinung weder im Verhältnis der Wahrnehmungen zueinander noch der Gedanken zueinander liegt, [d] sondern in der Verbindung der Wahrnehmung mit dem Denken?« Ich glaube, dies werde ich nicht ohne Selbstlob bejahen, als ob wir etwas Schönes herausgefunden hätten.
Theätet. Mir jedenfalls, Sokrates, kommt das eben Dargelegte gar nicht so schlecht vor.
Sokrates. »Nicht wahr«, so wird der Frager fortfahren, »du behauptest, daß wir einen Menschen, den wir uns nur denken, aber nicht sehen, wohl nie für ein Pferd halten werden, das wir ebenfalls weder sehen noch berühren, sondern das wir uns nur denken und von dem wir sonst nichts wahrnehmen?« Vermutlich werde ich bestätigen, daß ich dies behaupte.
Theätet. Und zwar zu Recht.
[e] *Sokrates.* »Und weiter«, wird er sagen, »die Elf, die man doch nur denkt, dürfte man wohl nach deiner Erklärung niemals für die Zwölf halten, die man ebenfalls nur denkt?« Komm, darauf antworte du einmal!
Theätet. Nun, ich werde antworten, daß man beim Sehen oder Berühren elf für zwölf halten könnte; bei dem aber, was man nur in Gedanken hat, wird man niemals so etwas meinen.

ΣΩ. Τί οὖν; οἴει τινὰ πώποτε αὐτὸν ἐν αὑτῷ πέντε καὶ ἑπτά, [196a] λέγω δὲ μὴ ἀνθρώπους ἑπτὰ καὶ πέντε προθέμενον σκοπεῖν μηδ' ἄλλο τοιοῦτον, ἀλλ' αὐτὰ πέντε καὶ ἑπτά, ἅ φαμεν ἐκεῖ μνημεῖα ἐν τῷ ἐκμαγείῳ εἶναι καὶ ψευδῆ ἐν αὐτοῖς οὐκ εἶναι δοξάσαι, ταῦτα αὐτὰ εἴ τις ἀνθρώπων ἤδη πώποτε ἐσκέψατο λέγων πρὸς αὑτὸν καὶ ἐρωτῶν πόσα ποτ' ἐστίν, καὶ ὁ μέν τις εἶπεν οἰηθεὶς ἕνδεκα αὐτὰ εἶναι, ὁ δὲ δώδεκα, ἢ πάντες λέγουσί τε καὶ οἴονται δώδεκα αὐτὰ εἶναι;

[b] ΘΕΑΙ. Οὐ μὰ τὸν Δία, ἀλλὰ πολλοὶ δὴ καὶ ἕνδεκα· ἐὰν δέ γε ἐν πλείονι ἀριθμῷ τις σκοπῆται, μᾶλλον σφάλλεται. Οἶμαι γάρ σε περὶ παντὸς μέλλειν ἀριθμοῦ λέγειν.

ΣΩ. Ὀρθῶς γὰρ οἴει· καὶ ἐνθυμοῦ μή τι τότε γίγνεται ἄλλο ἢ αὐτὰ τὰ δώδεκα τὰ ἐν τῷ ἐκμαγείῳ ἕνδεκα οἰηθῆναι.

ΘΕΑΙ. Ἔοικέ γε.

ΣΩ. Οὐκοῦν εἰς τοὺς πρώτους πάλιν ἀνήκει λόγους; ὁ γὰρ τοῦτο παθών, ὃ οἶδεν, ἕτερον αὐτὸ οἴεται εἶναι ὧν αὖ οἶδεν, ὃ ἔφαμεν ἀδύνατον, καὶ τούτῳ αὐτῷ ἠναγκάζομεν μὴ εἶναι ψευδῆ δόξαν, [c] ἵνα μὴ τὰ αὐτὰ ὁ αὐτὸς ἀναγκάζοιτο εἰδὼς μὴ εἰδέναι ἅμα.

ΘΕΑΙ. Ἀληθέστατα.

ΣΩ. Οὐκοῦν ἄλλ' ὁτιοῦν δεῖ ἀποφαίνειν τὸ τὰ ψευδῆ δοξάζειν ἢ διανοίας πρὸς αἴσθησιν παραλλαγήν. Εἰ γὰρ τοῦτ' ἦν, οὐκ ἄν ποτε ἐν αὐτοῖς τοῖς διανοήμασιν ἐψευδόμεθα. Νῦν δὲ ἤτοι οὐκ ἔστι ψευδὴς δόξα, ἢ ἅ τις οἶδεν, οἷόν τε μὴ εἰδέναι. Καὶ τούτων πότερα αἱρῇ;

ΘΕΑΙ. Ἄπορον αἵρεσιν προτίθης, ὦ Σώκρατες.

[d] ΣΩ. Ἀλλὰ μέντοι ἀμφότερά γε κινδυνεύει ὁ λόγος οὐκ

Sokrates. Nun gut, aber glaubst du, daß man jemals bei sich selbst fünf und sieben – [196 a] ich meine aber nicht, daß man sich sieben oder fünf Menschen oder dergleichen zu betrachten vornimmt, sondern die Fünf und die Sieben selbst, von denen wir behaupten, daß sie sich dort auf dem Wachsblock als Erinnerungszeichen befinden und daß es bei ihnen keine falsche Meinung gibt –, glaubst du also, wenn jemand diese selbst betrachtet hat und sich in seinem Selbstgespräch fragt, wieviel sie zusammen betragen, daß dann der eine glaubt und sagt, es seien elf, ein anderer aber, zwölf, oder daß alle sagen und glauben, es seien zwölf?

[b] *Theätet.* Bei Zeus, nein, sondern viele werden es sicher auch für elf halten. Und wenn man eine größere Zahl betrachtet, wird man sich noch mehr irren. Denn ich vermute, du sprichst von jeder Zahl überhaupt.

Sokrates. Deine Vermutung ist zutreffend. Und überlege einmal, ob dabei nicht genau dies geschieht, daß man die Zwölf selbst auf dem Wachsblock für die Elf hält.

Theätet. Offensichtlich.

Sokrates. Läuft dies also nicht wieder auf unsere ersten Überlegungen hinaus? Denn wenn dies jemandem begegnet, hält er das, was er weiß, für etwas anderes, das er auch weiß. Dies aber haben wir für unmöglich erklärt. Genau dadurch aber haben wir zwingend bewiesen, daß es keine falsche Meinung gibt; [c] sonst müßte nämlich derselbe dasselbe zugleich wissen und nicht wissen.

Theätet. Völlig richtig.

Sokrates. Wir müssen also zeigen, daß Falsches meinen etwas anderes ist als eine falsche Zuordnung des Gedankens zur Wahrnehmung. Denn wenn es dies wäre, würden wir uns wohl niemals in unseren Gedanken selbst irren. Nun allerdings gibt es entweder keine falsche Meinung, oder aber man kann, was man nicht weiß, doch wieder wissen. Was von beidem möchtest du wählen?

Theätet. Du legst mir eine ausweglose Wahl vor, Sokrates.

[d] *Sokrates.* Beides zugleich jedoch scheint unsere Untersu-

ἐάσειν. Ὅμως δέ – πάντα γὰρ τολμητέον – τί εἰ ἐπιχειρήσαιμεν ἀναισχυντεῖν;
ΘΕΑΙ. Πῶς;
ΣΩ. Ἐθελήσαντες εἰπεῖν ποῖόν τί ποτ᾽ ἐστὶ τὸ ἐπίστασθαι.
ΘΕΑΙ. Καὶ τί τοῦτο ἀναίσχυντον;
ΣΩ. Ἔοικας οὐκ ἐννοεῖν ὅτι πᾶς ἡμῖν ἐξ ἀρχῆς ὁ λόγος ζήτησις γέγονεν ἐπιστήμης ὡς οὐκ εἰδόσι τί ποτ᾽ ἐστίν.
ΘΕΑΙ. Ἐννοῶ μὲν οὖν.
ΣΩ. Ἔπειτ᾽ οὐκ ἀναιδὲς δοκεῖ μὴ εἰδότας ἐπιστήμην ἀποφαίνεσθαι τὸ ἐπίστασθαι οἷόν ἐστιν; ἀλλὰ γάρ, ὦ Θεαίτητε, [e] πάλαι ἐσμὲν ἀνάπλεῳ τοῦ μὴ καθαρῶς διαλέγεσθαι. Μυριάκις γὰρ εἰρήκαμεν τὸ «γιγνώσκομεν» καὶ «οὐ γιγνώσκομεν», καὶ «ἐπιστάμεθα» καὶ «οὐκ ἐπιστάμεθα», ὥς τι συνιέντες ἀλλήλων ἐν ᾧ ἔτι ἐπιστήμην ἀγνοοῦμεν· εἰ δὲ βούλει, καὶ νῦν ἐν τῷ παρόντι κεχρήμεθ᾽ αὖ τῷ «ἀγνοεῖν» τε καὶ «συνιέναι», ὡς προσῆκον αὐτοῖς χρῆσθαι εἴπερ στερόμεθα ἐπιστήμης.
ΘΕΑΙ. Ἀλλὰ τίνα τρόπον διαλέξῃ, ὦ Σώκρατες, τούτων ἀπεχόμενος;
[197a] ΣΩ. Οὐδένα ὤν γε ὃς εἰμί, εἰ μέντοι ἦ ἀντιλογικός· οἷος ἀνὴρ εἰ καὶ νῦν παρῆν, τούτων τ᾽ ἂν ἔφη ἀπέχεσθαι καὶ ἡμῖν σφόδρ᾽ ἂν ἃ ἐγὼ λέγω ἐπέπληττεν. Ἐπειδὴ οὖν ἐσμεν φαῦλοι, βούλει τολμήσω εἰπεῖν οἷόν ἐστι τὸ ἐπίστασθαι; φαίνεται γάρ μοι προὔργου τι ἂν γενέσθαι.
ΘΕΑΙ. Τόλμα τοίνυν νὴ Δία. Τούτων δὲ μὴ ἀπεχομένῳ σοι ἔσται πολλὴ συγγνώμη.
ΣΩ. Ἀκήκοας οὖν ὃ νῦν λέγουσιν τὸ ἐπίστασθαι;

chung nicht zuzulassen. Dennoch – man muß schließlich alles wagen –, wie wäre es, wenn wir einmal ganz frech zu sein wagten?

Theätet. Wie denn?

Sokrates. Wenn wir uns zu sagen entschlössen, was eigentlich das Wissen ist.

Theätet. Was wäre daran frech?

Sokrates. Offensichtlich beachtest du nicht, daß unsere ganze Erörterung von Anfang an eine Untersuchung des Wissens war, da wir ja nicht wußten, was es eigentlich ist.

Theätet. Ich beachte es also.

Sokrates. Kommt es dir dann nicht unverschämt vor, wenn wir zeigen wollen, was das Wissen ist, obwohl wir es gar nicht wissen? Denn die ganze Zeit schon, Theätet, [e] sind wir tief in eine ungenaue Sprechweise verfallen. Tausendmal haben wir nämlich schon gesagt »wir erkennen« und »wir erkennen nicht«, auch »wir wissen« und »wir wissen nicht«, als ob wir uns gegenseitig verstünden, während wir das Wissen noch nicht kennen. Wenn du so willst, haben wir auch gerade wieder die Ausdrücke »nicht kennen« und »verstehen« verwandt, als ob uns ihre Verwendung zukäme, wenn es uns doch am Wissen mangelt.

Theätet. Aber auf welche Weise willst du dich mit jemandem ohne diese Ausdrücke unterhalten, Sokrates?

[197 a] *Sokrates.* So wie ich nun einmal bin, nicht auf andere Weise, wohl aber, wenn ich ein Streitkünstler wäre. Wenn nämlich ein solcher Mann jetzt dabeiwäre, würde er behaupten, ohne diese Ausdrücke auszukommen, und uns wegen meiner Redeweise heftige Vorwürfe machen. Da wir aber nun einfache Leute sind, soll ich dann mit deiner Erlaubnis zu sagen wagen, was Wissen ist? Denn damit ist offensichtlich etwas gewonnen.

Theätet. Wage es nur, bei Zeus. Wenn du aber nicht ohne diese Ausdrücke auskommst, soll dir großzügig verziehen werden.

Sokrates. Hast du gehört, wie man heutzutage Wissen erklärt?

ΘΕΑΙ. Ἴσως· οὐ μέντοι ἔν γε τῷ παρόντι μνημονεύω.
[b] ΣΩ. Ἐπιστήμης που ἕξιν φασὶν αὐτὸ εἶναι.
ΘΕΑΙ. Ἀληθῆ.
ΣΩ. Ἡμεῖς τοίνυν σμικρὸν μεταθώμεθα καὶ εἴπομεν ἐπιστήμης κτῆσιν.
ΘΕΑΙ. Τί οὖν δὴ φήσεις τοῦτο ἐκείνου διαφέρειν;
ΣΩ. Ἴσως μὲν οὐδέν· ὃ δ' οὖν δοκεῖ ἀκούσας συνδοκίμαζε.
ΘΕΑΙ. Ἐάνπερ γε οἷός τ' ὦ.
ΣΩ. Οὐ τοίνυν μοι ταὐτὸν φαίνεται τὸ κεκτῆσθαι τῷ ἔχειν. Οἷον εἰ ἱμάτιον πριάμενός τις καὶ ἐγκρατὴς ὢν μὴ φοροῖ, ἔχειν μὲν οὐκ ἂν αὐτὸν αὐτό, κεκτῆσθαί γε μὴν φαῖμεν.
ΘΕΑΙ. Ὀρθῶς γε.
[c] ΣΩ. Ὅρα δὴ καὶ ἐπιστήμην εἰ δυνατὸν οὕτω κεκτημένον μὴ ἔχειν, ἀλλ' ὥσπερ εἴ τις ὄρνιθας ἀγρίας, περιστερὰς ἤ τι ἄλλο, θηρεύσας οἴκοι κατασκευασάμενος περιστερεῶνα τρέφοι, τρόπον μὲν γάρ ἄν πού τινα φαῖμεν αὐτὸν αὐτὰς ἀεὶ ἔχειν, ὅτι δὴ κέκτηται. Ἦ γάρ;
ΘΕΑΙ. Ναί.
ΣΩ. Τρόπον δέ γ' ἄλλον οὐδεμίαν ἔχειν, ἀλλὰ δύναμιν μὲν αὐτῷ περὶ αὐτὰς παραγεγονέναι, ἐπειδὴ ἐν οἰκείῳ περιβόλῳ ὑποχειρίους ἐποιήσατο, λαβεῖν καὶ σχεῖν ἐπειδὰν βούληται, [d] θηρευσαμένῳ ἣν ἂν ἀεὶ ἐθέλῃ, καὶ πάλιν ἀφιέναι, καὶ τοῦτο ἐξεῖναι ποιεῖν ὁποσάκις ἂν δοκῇ αὐτῷ.
ΘΕΑΙ. Ἔστι ταῦτα.
ΣΩ. Πάλιν δή, ὥσπερ ἐν τοῖς πρόσθεν κήρινόν τι ἐν ταῖς ψυχαῖς κατεσκευάζομεν οὐκ οἶδ' ὅτι πλάσμα, νῦν αὖ ἐν ἑκάστῃ ψυχῇ ποιήσωμεν περιστερεῶνά τινα παντοδαπῶν

Theätet. Vielleicht. Aber im Augenblick erinnere ich mich nicht daran.
[b] *Sokrates.* Man sagt, es sei ein Haben von Wissen.
Theätet. Richtig.
Sokrates. Wir wollen nun mit einer kleinen Veränderung sagen, es sei ein Besitz von Wissen.
Theätet. Inwiefern unterscheidet sich deiner Meinung nach denn das eine vom anderen?
Sokrates. Vielleicht gar nicht. Aber höre dir dazu meine Meinung an und prüfe sie mit mir.
Theätet. Falls ich es überhaupt kann.
Sokrates. Mir also scheint das Haben nicht dasselbe wie das Besitzen zu sein. Wenn sich etwa jemand einen Mantel gekauft hat und darüber verfügt, ihn aber nicht trägt, würden wir doch sagen, daß dieser ihn nicht anhat, ihn allerdings besitzt.[64]
Theätet. Und zwar mit Recht.
[c] *Sokrates.* Sieh nun zu, ob es auch beim Wissen möglich ist, es auf diese Weise zu besitzen, ohne es zu haben. Vielmehr wäre es ähnlich wie bei wilden Vögeln, Tauben oder anderen, die jemand gejagt und die er sich in einem Taubenschlag hält, den er sich zu Hause gebaut hat. Denn in gewisser Hinsicht hätte er sie dann immer, könnten wir sagen, da er sie ja besitzt. Oder nicht?
Theätet. Ja.
Sokrates. Anders gesehen jedoch hat er keine von ihnen, sondern er kann lediglich über sie verfügen, weil er sie in seinem Gehege gefangenhält; er kann sie ergreifen und haben, wann er will, [d] indem er jede beliebige Taube einfängt und auch wieder losläßt. Und dies kann er tun, sooft er nur Lust dazu hat.
Theätet. So ist es.
Sokrates. Also, wie wir vorhin in unseren Seelen ein eigentümliches Wachsgebilde geformt haben, so wollen wir jetzt in jeder Seele einen Taubenschlag mit den verschiedensten Vögeln errichten, die einen in Schwärmen abgesondert von

ὀρνίθων, τὰς μὲν κατ' ἀγέλας οὔσας χωρὶς τῶν ἄλλων, τὰς δὲ κατ' ὀλίγας, ἐνίας δὲ μόνας διὰ πασῶν ὅπῃ ἂν τύχωσι πετομένας.
[e] ΘΕΑΙ. Πεποιήσθω δή. Ἀλλὰ τί τοὐντεῦθεν;
ΣΩ. Παιδίων μὲν ὄντων φάναι χρὴ εἶναι τοῦτο τὸ ἀγγεῖον κενόν, ἀντὶ δὲ τῶν ὀρνίθων ἐπιστήμας νοῆσαι· ἣν δ' ἂν ἐπιστήμην κτησάμενος καθείρξῃ εἰς τὸν περίβολον, φάναι αὐτὸν μεμαθηκέναι ἢ ηὑρηκέναι τὸ πρᾶγμα οὗ ἦν αὕτη ἡ ἐπιστήμη, καὶ τὸ ἐπίστασθαι τοῦτ' εἶναι.
ΘΕΑΙ. Ἔστω.
[198a] ΣΩ. Τὸ τοίνυν πάλιν ἣν ἂν βούληται τῶν ἐπιστημῶν θηρεύειν καὶ λαβόντα ἴσχειν καὶ αὖθις ἀφιέναι σκόπει τίνων δεῖται ὀνομάτων, εἴτε τῶν αὐτῶν ὧν τὸ πρῶτον ὅτε ἐκτᾶτο εἴτε ἑτέρων. Μαθήσῃ δ' ἐνθένδε σαφέστερον τί λέγω. Ἀριθμητικὴν μὲν γὰρ λέγεις τέχνην;
ΘΕΑΙ. Ναί.
ΣΩ. Ταύτην δὴ ὑπόλαβε θήραν ἐπιστημῶν ἀρτίου τε καὶ περιττοῦ παντός.
ΘΕΑΙ. Ὑπολαμβάνω.
ΣΩ. Ταύτῃ δὴ οἶμαι τῇ τέχνῃ αὐτός τε ὑποχειρίους τὰς ἐπιστήμας τῶν ἀριθμῶν ἔχει [b] καὶ ἄλλῳ παραδίδωσιν ὁ παραδιδούς.
ΘΕΑΙ. Ναί.
ΣΩ. Καὶ καλοῦμέν γε παραδιδόντα μὲν διδάσκειν, παραλαμβάνοντα δὲ μανθάνειν, ἔχοντα δὲ δὴ τῷ κεκτῆσθαι ἐν τῷ περιστερεῶνι ἐκείνῳ ἐπίστασθαι.
ΘΕΑΙ. Πάνυ μὲν οὖν.
ΣΩ. Τῷ δὲ δὴ ἐντεῦθεν ἤδη πρόσσχες τὸν νοῦν. Ἀριθμητικὸς γὰρ ὢν τελέως ἄλλο τι πάντας ἀριθμοὺς ἐπίσταται; πάντων γὰρ ἀριθμῶν εἰσιν αὐτῷ ἐν τῇ ψυχῇ ἐπιστῆμαι.
ΘΕΑΙ. Τί μήν;
[c] ΣΩ. Ἦ οὖν ὁ τοιοῦτος ἀριθμοῖ ἄν ποτέ τι ἢ αὐτὸς πρὸς αὑτὸν αὐτὰ ἢ ἄλλο τι τῶν ἔξω ὅσα ἔχει ἀριθμόν;

den anderen, die anderen zu wenigen beisammen, und wieder andere fliegen kreuz und quer einzeln zwischen allen anderen umher.
[e] *Theätet.* Gut, er soll also errichtet sein. Aber wie geht es weiter?
Sokrates. In unserer Kindheit, so müssen wir annehmen, ist dieser Behälter leer; statt der Vögel aber muß man sich Wissensstücke vorstellen. Von dem Wissen, das sich jemand erworben und in das Gehege eingesperrt hat, sagen wir, daß er den Gegenstand gelernt oder gefunden habe, worauf sich dieses Wissen richtet, und dies sei Wissen.
Theätet. So soll es sein.
[198 a] *Sokrates.* Wenn er nun also jedes beliebige Wissensstück jagt, ergreift, hat und wieder losläßt, überlege einmal, welchen Namen wir hierfür nehmen sollen: denselben wie zuerst, als er die Wissensstücke erworben hatte, oder einen anderen? Was ich damit meine, wirst du am folgenden klarer verstehen. Du nennst doch etwas Rechenkunst?
Theätet. Ja.
Sokrates. Stelle sie dir also als Jagd nach Wissen von allen geraden und ungeraden Zahlen vor.
Theätet. Ja, ich stelle sie mir so vor.
Sokrates. Durch diese Kunst, glaube ich, hat man die Kenntnisse von den Zahlen zu seiner Verfügung [b] und übergibt sie auch anderen, wenn man es tut.
Theätet. Ja.
Sokrates. Und wir sagen von dem, der sie übergibt, er lehre, von dem, der sie empfängt, er lerne, und von dem, der sie durch seinen Besitz im Taubenschlag hat, er wisse.
Theätet. Sicher.
Sokrates. Nun beachte auch, was jetzt kommt. Als vollendeter Rechenkünstler kennt er doch alle Zahlen? Denn er hat die Kenntnisse von allen Zahlen in seiner Seele.
Theätet. Natürlich.
[c] *Sokrates.* Nun zählt ein solcher doch einmal bei sich selbst die Zahlen zusammen oder auch zählbare äußere Dinge?

ΘΕΑΙ. Πῶς γὰρ οὔ;
ΣΩ. Τὸ δὲ ἀριθμεῖν γε οὐκ ἄλλο τι θήσομεν τοῦ σκοπεῖσθαι πόσος τις ἀριθμὸς τυγχάνει ὤν.
ΘΕΑΙ. Οὕτως.
ΣΩ. Ὃ ἄρα ἐπίσταται, σκοπούμενος φαίνεται ὡς οὐκ εἰδώς, ὃν ὡμολογήκαμεν ἅπαντα ἀριθμὸν εἰδέναι. Ἀκούεις γάρ που τὰς τοιαύτας ἀμφισβητήσεις.
ΘΕΑΙ. Ἔγωγε.
[d] ΣΩ. Οὐκοῦν ἡμεῖς ἀπεικάζοντες τῇ τῶν περιστερῶν κτήσει τε καὶ θήρᾳ ἐροῦμεν ὅτι διττὴ ἦν ἡ θήρα, ἡ μὲν πρὶν ἐκτῆσθαι τοῦ κεκτῆσθαι ἕνεκα, ἡ δὲ κεκτημένῳ τοῦ λαβεῖν καὶ ἔχειν ἐν ταῖς χερσὶν ἃ πάλαι ἐκέκτητο. Οὕτως δὲ καὶ ὧν πάλαι ἐπιστῆμαι ἦσαν αὐτῷ μαθόντι καὶ ἠπίστατο αὐτά, πάλιν ἔστι καταμανθάνειν ταὐτὰ ταῦτα ἀναλαμβάνοντα τὴν ἐπιστήμην ἑκάστου καὶ ἴσχοντα, ἣν ἐκέκτητο μὲν πάλαι, πρόχειρον δ' οὐκ εἶχε τῇ διανοίᾳ;
ΘΕΑΙ. Ἀληθῆ.
[e] ΣΩ. Τοῦτο δὴ ἄρτι ἠρώτων, ὅπως χρὴ τοῖς ὀνόμασι χρώμενον λέγειν περὶ αὐτῶν, ὅταν ἀριθμήσων ἴῃ ὁ ἀριθμητικὸς ἤ τι ἀναγνωσόμενος ὁ γραμματικός, ὡς ἐπιστάμενος ἄρα ἐν τῷ τοιούτῳ πάλιν ἔρχεται μαθησόμενος παρ' ἑαυτοῦ ἃ ἐπίσταται;
ΘΕΑΙ. Ἀλλ' ἄτοπον, ὦ Σώκρατες.
ΣΩ. Ἀλλ' ἃ οὐκ ἐπίσταται φῶμεν αὐτὸν ἀναγνώσεσθαι καὶ ἀριθμήσειν, [199a] δεδωκότες αὐτῷ πάντα μὲν γράμματα πάντα δὲ ἀριθμὸν ἐπίστασθαι;
ΘΕΑΙ. Ἀλλὰ καὶ τοῦτ' ἄλογον.
ΣΩ. Βούλει οὖν λέγωμεν ὅτι τῶν μὲν ὀνομάτων οὐδὲν ἡμῖν μέλει, ὅπῃ τις χαίρει ἕλκων τὸ ἐπίστασθαι καὶ μανθάνειν, ἐπειδὴ δὲ ὡρισάμεθα ἕτερον μέν τι τὸ κεκτῆσθαι τὴν ἐπιστήμην, ἕτερον δὲ τὸ ἔχειν, ὃ μέν τις ἔκτηται μὴ κεκ-

Theätet. Sicher.
Sokrates. Unter Zählen aber verstehen wir doch nichts anderes, als herauszufinden, wieviel eine Zahl beträgt.
Theätet. So ist es.
Sokrates. Was er also weiß, scheint er herauszufinden zu versuchen, als ob er es nicht wüßte, obwohl wir ihm doch ein Wissen von jeder Zahl zusprachen. Sicher hast du doch von solchen Streitfragen gehört.[65]
Theätet. Das habe ich.
[d] *Sokrates.* Bei unserem Vergleich mit der Besitznahme und der Jagd nach den Tauben können wir also von einer doppelten Jagd sprechen: die eine ist die vor dem Besitz zur Besitznahme, die andere ist die nach dem Besitz, wenn man ergreifen und in den Händen haben will, was man schon lange besitzt. Ist es nicht auf diese Weise auch möglich, wovon man schon lange durch Lernen Kenntnis hatte und was man wußte, dasselbe wieder zu erlernen, indem man von jeder Einzelheit das Wissen aufgreift und festhält, das man zwar schon lange besaß, aber in seinen Gedanken nicht gegenwärtig hatte?
Theätet. Das stimmt.
[e] *Sokrates.* Genau danach aber fragte ich eben, welche Ausdrücke man dafür verwenden solle, wenn der Rechenkünstler etwas berechnen will oder der Sprachlehrer etwas lesen. Als ein Wissender geht er also in einem solchen Fall daran, um von sich selber zu lernen, was er bereits weiß?
Theätet. Aber das wäre doch sonderbar, Sokrates!
Sokrates. Sondern wir sollen also sagen, was er nicht weiß, das wolle dieser lesen und berechnen, [199a] obwohl wir ihm doch das Wissen aller Buchstaben und Zahlen zugeschrieben haben?
Theätet. Nein, auch das wäre absurd.
Sokrates. Wollen wir also sagen, daß uns an den Ausdrücken nichts liegt, wohin jemand das »Wissen« oder »Lernen« zerren möchte? Ferner, da wir festgelegt haben, eine Sache sei der Besitz, eine andere das Haben von Wissen, behaupten

τῆσθαι ἀδύνατόν φαμεν εἶναι, ὥστε οὐδέποτε συμβαίνει ὅ τις οἶδεν μὴ εἰδέναι, ψευδῆ μέντοι δόξαν οἷόν τ' εἶναι περὶ αὐτοῦ λαβεῖν; [b] μὴ γὰρ ἔχειν τὴν ἐπιστήμην τούτου οἷόν τε, ἀλλ' ἑτέραν ἀντ' ἐκείνης, ὅταν θηρεύων τινά πού ποτ' ἐπιστήμην διαπετομένων ἀνθ' ἑτέρας ἑτέραν ἁμαρτὼν λάβῃ, τότε ἄρα τὰ ἕνδεκα δώδεκα ᾠήθη εἶναι, τὴν τῶν ἕνδεκα ἐπιστήμην ἀντὶ τῆς τῶν δώδεκα λαβὼν τὴν ἐν ἑαυτῷ οἷον φάτταν ἀντὶ περιστερᾶς.

ΘΕΑΙ. Ἔχει γὰρ οὖν λόγον.

ΣΩ. Ὅταν δέ γε ἣν ἐπιχειρεῖ λαβεῖν λάβῃ, ἀψευδεῖν τε καὶ τὰ ὄντα δοξάζειν τότε, καὶ οὕτω δὴ εἶναι ἀληθῆ τε καὶ ψευδῆ δόξαν, [c] καὶ ὧν ἐν τοῖς πρόσθεν ἐδυσχεραίνομεν οὐδὲν ἔτ' ἐμποδὼν γίγνεσθαι; ἴσως οὖν μοι συμφήσεις· ἢ πῶς ποιήσεις;

ΘΕΑΙ. Οὕτως.

ΣΩ. Καὶ γὰρ τοῦ μὲν ἃ ἐπίστανται μὴ ἐπίστασθαι ἀπηλλάγμεθα· ἃ γὰρ κεκτήμεθα μὴ κεκτῆσθαι οὐδαμοῦ ἔτι συμβαίνει, οὔτε ψευσθεῖσί τινος οὔτε μή. Δεινότερον μέντοι πάθος ἄλλο παραφαίνεσθαί μοι δοκεῖ.

ΘΕΑΙ. Τὸ ποῖον;

ΣΩ. Εἰ ἡ τῶν ἐπιστημῶν μεταλλαγὴ ψευδὴς γενήσεταί ποτε δόξα.

ΘΕΑΙ. Πῶς δή;

[d] ΣΩ. Πρῶτον μὲν τό τινος ἔχοντα ἐπιστήμην τοῦτο αὐτὸ ἀγνοεῖν, μὴ ἀγνωμοσύνῃ ἀλλὰ τῇ ἑαυτοῦ ἐπιστήμῃ· ἔπειτα ἕτερον αὖ τοῦτο δοξάζειν, τὸ δ' ἕτερον τοῦτο, πῶς οὐ πολλὴ ἀλογία, ἐπιστήμης παραγενομένης γνῶναι μὲν τὴν ψυχὴν μηδέν, ἀγνοῆσαι δὲ πάντα; ἐκ γὰρ τούτου τοῦ λόγου κωλύει οὐδὲν καὶ ἄγνοιαν παραγενομένην γνῶναί

wir nun, was jemand besitzt, könne er unmöglich nicht besitzen, so daß man nie nicht wissen könne, was man weiß, allerdings eine falsche Meinung hiervon fassen könne? [b] Denn das Wissen hiervon nicht zu haben, sondern statt dessen ein anderes, ist dann möglich, wenn man bei seiner Jagd auf eines der herumfliegenden Wissensstücke versehentlich eines anstelle eines anderen ergreift. Dann nämlich hält man also die Elf für die Zwölf, weil man das Wissen von der Zwölf statt das von der Elf, das man beides in sich trägt, ergriffen hat, ähnlich wie eine Holztaube statt einer Haustaube.

Theätet. Das hört sich vernünftig an.

Sokrates. Wenn man aber das gewünschte Wissen ergreift, dann irrt man sich nicht und meint das, was ist. Dies also ist wahre und falsche Meinung, [c] und worüber wir uns vorhin geärgert haben, macht uns nun nicht mehr zu schaffen? Vielleicht wirst du mir ja zustimmen. Oder was willst du tun?

Theätet. Ich stimme dir zu.

Sokrates. Denn die Schwierigkeit, nicht zu wissen, was man weiß, sind wir ja los. Es kommt nämlich nicht mehr vor, daß wir nicht besitzen, was wir besitzen, ob man sich nun in etwas irrt oder nicht. Allerdings scheint mir jetzt ein anderer, viel schlimmerer Fall einzutreten.

Theätet. Welcher denn?

Sokrates. Wenn nämlich die Verwechslung von Wissensstükken zu einer falschen Meinung wird.

Theätet. Wieso denn?

[d] *Sokrates.* Zunächst, daß jemand ein Wissen von etwas haben und dieses doch nicht kennen soll, und zwar nicht aus Unkenntnis, sondern durch sein eigenes Wissen. Zweitens aber, das eine jeweils für das andere zu halten, ist das nicht völlig unvernünftig, weil ja die Seele dabei, obwohl das Wissen in ihr vorhanden ist, nichts kennt, sondern alles verkennt? Denn nach dieser Behauptung spräche auch nichts dagegen, daß vorhandene Unwissenheit Wissen verursachte

τι ποιῆσαι καὶ τυφλότητα ἰδεῖν, εἴπερ καὶ ἐπιστήμη ἀγνοῆσαί ποτέ τινα ποιήσει.

[e] ΘΕΑΙ. Ἴσως γάρ, ὦ Σώκρατες, οὐ καλῶς τὰς ὄρνιθας ἐτίθεμεν ἐπιστήμας μόνον τιθέντες, ἔδει δὲ καὶ ἀνεπιστημοσύνας τιθέναι ὁμοῦ συνδιαπετομένας ἐν τῇ ψυχῇ, καὶ τὸν θηρεύοντα τοτὲ μὲν ἐπιστήμην λαμβάνοντα, τοτὲ δ' ἀνεπιστημοσύνην τοῦ αὐτοῦ πέρι ψευδῆ μὲν δοξάζειν τῇ ἀνεπιστημοσύνῃ, ἀληθῆ δὲ τῇ ἐπιστήμῃ.

ΣΩ. Οὐ ῥᾴδιόν γε, ὦ Θεαίτητε, μὴ ἐπαινεῖν σε· ὃ μέντοι εἶπες πάλιν ἐπίσκεψαι. Ἔστω μὲν γὰρ ὡς λέγεις· ὁ δὲ δὴ [200 a] τὴν ἀνεπιστημοσύνην λαβὼν ψευδῆ μέν, φῄς, δοξάσει. Ἦ γάρ;

ΘΕΑΙ. Ναί.

ΣΩ. Οὐ δήπου καὶ ἡγήσεταί γε ψευδῆ δοξάζειν.

ΘΕΑΙ. Πῶς γάρ;

ΣΩ. Ἀλλ' ἀληθῆ γε, καὶ ὡς εἰδὼς διακείσεται περὶ ὧν ἔψευσται.

ΘΕΑΙ. Τί μήν;

ΣΩ. Ἐπιστήμην ἄρα οἰήσεται τεθηρευκὼς ἔχειν ἀλλ' οὐκ ἀνεπιστημοσύνην.

ΘΕΑΙ. Δῆλον.

ΣΩ. Οὐκοῦν μακρὰν περιελθόντες πάλιν ἐπὶ τὴν πρώτην πάρεσμεν ἀπορίαν. Ὁ γὰρ ἐλεγκτικὸς ἐκεῖνος γελάσας φήσει· [b] «Πότερον», ὦ βέλτιστοι, «ἀμφοτέρας τις εἰδώς, ἐπιστήμην τε καὶ ἀνεπιστημοσύνην, ἣν οἶδεν, ἑτέραν αὐτὴν οἴεταί τινα εἶναι ὧν οἶδεν; ἢ οὐδετέραν εἰδώς, ἣν μὴ οἶδε, δοξάζει ἑτέραν ὧν οὐκ οἶδεν; ἢ τὴν μὲν εἰδώς, τὴν δ' οὔ, ἣν οἶδεν, ἣν μὴ οἶδεν; ἢ ἣν μὴ οἶδεν, ἣν οἶδεν ἡγεῖται; ἢ πάλιν αὖ μοι ἐρεῖτε ὅτι τῶν ἐπιστημῶν καὶ ἀνεπιστημοσυνῶν εἰσὶν αὖ ἐπιστῆμαι, ἃς ὁ κεκτημένος ἐν

und Blindheit Sehen, wenn ja auch Wissen bewirken soll, daß jemand nicht weiß.
[e] *Theätet.* Vielleicht haben wir ja zu Unrecht die Vögel nur als Wissensstücke angenommen. Vielmehr hätten wir annehmen müssen, daß zugleich auch Stücke von Nichtwissen in der Seele mit herumfliegen. Wenn man dann bei seiner Jagd teils Stücke von Wissen, teils aber von Nichtwissen einfängt, meint man von demselben Gegenstand durch Nichtwissen etwas Falsches, durch Wissen aber etwas Wahres.
Sokrates. Es ist keineswegs leicht, Theätet, dich nicht zu loben. Aber schau dir doch einmal näher an, was du da gesagt hast. Deine Annahme soll also gelten. Dann wird doch deiner Behauptung nach Falsches meinen, [200a] wer das Nichtwissen ergreift. Oder nicht?
Theätet. Ja.
Sokrates. Er wird doch nicht auch glauben, daß er Falsches meint?
Theätet. Sicher nicht.
Sokrates. Sondern Wahres; und er wird sich wie jemand verhalten, der das weiß, worin er sich doch irrt.
Theätet. Allerdings.
Sokrates. Er wird also glauben, ein Stück Wissen und nicht ein Stück Nichtwissen erjagt zu haben.
Theätet. Offensichtlich.
Sokrates. Also sind wir nach einem langen Umweg wieder in unsere erste Schwierigkeit geraten. Denn unser Widerlegungskünstler wird uns auslachen und fragen: [b] »Ihr wunderlichen Leute, wird denn jemand, der beides weiß, Wissen und Nichtwissen, das eine davon, das er weiß, für das andere halten, das er auch weiß? Oder wird jemand, der beides nicht weiß, was er nicht weiß, für das andere halten, das er auch nicht weiß? Oder wird jemand, wenn er das eine weiß, das andere aber nicht, was er weiß, für das andere halten, das er nicht weiß? Oder was er nicht weiß, für das andere halten, das er weiß? Oder wollt ihr mir erwidern, daß es vom Wissen und Nichtwissen weiteres Wissen gibt, das der Besitzer

ἑτέροις τισὶ γελοίοις περιστερεῶσιν ἢ κηρίνοις πλάσμασι καθείρξας, [c] ἕωσπερ ἂν κεκτῆται ἐπίσταται, καὶ ἐὰν μὴ προχείρους ἔχῃ ἐν τῇ ψυχῇ; καὶ οὕτω δὴ ἀναγκασθήσεσθε εἰς ταὐτὸν περιτρέχειν μυριάκις οὐδὲν πλέον ποιοῦντες;» τί πρὸς ταῦτα, ὦ Θεαίτητε, ἀποκρινούμεθα;

ΘΕΑΙ. Ἀλλὰ μὰ Δί', ὦ Σώκρατες, ἔγωγε οὐκ ἔχω τί χρὴ λέγειν.

ΣΩ. Ἆρ' οὖν ἡμῖν, ὦ παῖ, καλῶς ὁ λόγος ἐπιπλήττει καὶ ἐνδείκνυται ὅτι οὐκ ὀρθῶς ψευδῆ δόξαν προτέραν ζητοῦμεν ἐπιστήμης, [d] ἐκείνην ἀφέντες; τὸ δ' ἐστὶν ἀδύνατον γνῶναι πρὶν ἄν τις ἐπιστήμην ἱκανῶς λάβῃ τί ποτ' ἐστίν.

ΘΕΑΙ. Ἀνάγκη, ὦ Σώκρατες, ἐν τῷ παρόντι ὡς λέγεις οἴεσθαι.

ΣΩ. Τί οὖν τις ἐρεῖ πάλιν ἐξ ἀρχῆς ἐπιστήμην; οὐ γάρ που ἀπεροῦμέν γέ πω;

ΘΕΑΙ. Ἥκιστα, ἐάνπερ μὴ σύ γε ἀπαγορεύῃς.

ΣΩ. Λέγε δή, τί ἂν αὐτὸ μάλιστα εἰπόντες ἥκιστ' ἂν ἡμῖν αὐτοῖς ἐναντιωθεῖμεν;

[e] ΘΕΑΙ. Ὅπερ ἐπεχειροῦμεν, ὦ Σώκρατες, ἐν τῷ πρόσθεν· οὐ γὰρ ἔχω ἔγωγε ἄλλο οὐδέν.

ΣΩ. Τὸ ποῖον;

ΘΕΑΙ. Τὴν ἀληθῆ δόξαν ἐπιστήμην εἶναι. Ἀναμάρτητόν γέ πού ἐστιν τὸ δοξάζειν ἀληθῆ, καὶ τὰ ὑπ' αὐτοῦ γιγνόμενα πάντα καλὰ καὶ ἀγαθὰ γίγνεται.

ΣΩ. Ὁ τὸν ποταμὸν καθηγούμενος, ὦ Θεαίτητε, ἔφη ἄρα δείξειν αὐτό· καὶ τοῦτο ἐὰν ἰόντες ἐρευνῶμεν, τάχ' ἂν ἐμπόδιον γενόμενον αὐτὸ φήνειεν τὸ ζητούμενον, [201 a] μένουσι δὲ δῆλον οὐδέν.

in irgendwelchen anderen eigentümlichen Taubenschlägen oder Wachsgebilden eingesperrt hat und kennt, [c] solange er es besitzt, auch wenn er es in seiner Seele nicht gegenwärtig hat? Und so werdet ihr euch gezwungen sehen, endlos im Kreise herumzulaufen, ohne etwas zu erreichen?« Was sollen wir darauf antworten, Theätet?

Theätet. Bei Zeus, ich weiß wirklich nicht, was wir sagen sollen, Sokrates.

Sokrates. Müssen wir uns also nicht wegen unserer Untersuchung, mein Junge, zu Recht einen Vorwurf gefallen lassen, da sie zeigt, daß wir fälschlicherweise eher nach der falschen Meinung als nach dem Wissen suchen, [d] während wir dieses beiseite lassen? Man kann aber unmöglich die falsche Meinung erkennen, bevor man hinlänglich erfaßt hat, was Wissen ist.

Theätet. Wie die Dinge jetzt stehen, Sokrates, muß man deiner Meinung zustimmen.

Sokrates. Um wieder von vorne anzufangen: wie soll man Wissen bestimmen? Denn wir wollen doch nicht etwa aufgeben?

Theätet. Auf keinen Fall, wenn du jedenfalls nicht aufgibst.

Sokrates. Welche Bestimmung können wir geben, mit der wir am wenigsten mit uns selbst in Widerspruch geraten?

[e] *Theätet.* Genau die, Sokrates, mit der wir es auch schon vorher versucht haben. Denn ich wenigstens wüßte nichts anderes.

Sokrates. Welche denn?

Theätet. Daß Wissen wahre Meinung sei. Denn wahres Meinen ist fehlerfrei und hat nur schöne und gute Folgen.

Sokrates. Wer bei der Flußüberquerung vorangeht, Theätet, sagt, es werde sich schon zeigen. Und auch wenn wir bei unserem Thema vorangehen und auf der Spur bleiben, werden wir vielleicht darüber stolpern und dadurch auf das Gesuchte stoßen, [201 a] wenn wir aber bleiben, wird sich uns nichts zeigen.

ΘΕΑΙ. Ὀρθῶς λέγεις· ἀλλ' ἴωμέν γε καὶ σκοπῶμεν.

ΣΩ. Οὐκοῦν τοῦτό γε βραχείας σκέψεως· τέχνη γάρ σοι ὅλη σημαίνει μὴ εἶναι ἐπιστήμην αὐτό.

ΘΕΑΙ. Πῶς δή; καὶ τίς αὕτη;

ΣΩ. Ἡ τῶν μεγίστων εἰς σοφίαν, οὓς δὴ καλοῦσιν ῥήτοράς τε καὶ δικανικούς. Οὗτοι γάρ που τῇ ἑαυτῶν τέχνῃ πείθουσιν οὐ διδάσκοντες ἀλλὰ δοξάζειν ποιοῦντες ἃ ἂν βούλωνται. Ἢ σὺ οἴει δεινούς τινας οὕτω διδασκάλους εἶναι, [b] ὥστε οἷς μὴ παρεγένοντό τινες ἀποστερούμενοι χρήματα ἤ τι ἄλλο βιαζόμενοι, τούτους δύνασθαι πρὸς ὕδωρ σμικρὸν διδάξαι ἱκανῶς τῶν γενομένων τὴν ἀλήθειαν;

ΘΕΑΙ. Οὐδαμῶς ἔγωγε οἶμαι, ἀλλὰ πεῖσαι μέν.

ΣΩ. Τὸ πεῖσαι δ' οὐχὶ δοξάσαι λέγεις ποιῆσαι;

ΘΕΑΙ. Τί μήν;

ΣΩ. Οὐκοῦν ὅταν δικαίως πεισθῶσιν δικασταὶ περὶ ὧν ἰδόντι μόνον ἔστιν εἰδέναι, ἄλλως δὲ μή, ταῦτα τότε ἐξ ἀκοῆς κρίνοντες, [c] ἀληθῆ δόξαν λαβόντες, ἄνευ ἐπιστήμης ἔκριναν, ὀρθὰ πεισθέντες, εἴπερ εὖ ἐδίκασαν;

ΘΕΑΙ. Παντάπασι μὲν οὖν.

ΣΩ. Οὐκ ἄν, ὦ φίλε, εἴ γε ταὐτὸν ἦν δόξα τε ἀληθὴς εἰς δικαστήριον καὶ ἐπιστήμη, ὀρθά ποτ' ἂν δικαστὴς ἄκρος ἐδόξαζεν ἄνευ ἐπιστήμης· νῦν δὲ ἔοικεν ἄλλο τι ἑκάτερον εἶναι.

ΘΕΑΙ. Ὅ γε ἐγώ, ὦ Σώκρατες, εἰπόντος του ἀκούσας ἐπελελήσμην, νῦν δ' ἐννοῶ· ἔφη δὲ τὴν μὲν μετὰ λόγου ἀληθῆ δόξαν ἐπιστήμην εἶναι, [d] τὴν δὲ ἄλογον ἐκτὸς ἐπιστήμης· καὶ ὧν μὲν μή ἐστι λόγος, οὐκ ἐπιστητὰ εἶναι, οὑτωσὶ καὶ ὀνομάζων, ἃ δ' ἔχει, ἐπιστητά.

Theätet. Du hast recht. Laß uns also vorwärtsgehen und zusehen!
Sokrates. Diese Untersuchung jedenfalls ist kurz. Denn eine ganze Kunst beweist dir, daß dies nicht Wissen ist.
Theätet. Wie denn? Und was ist dies für eine Kunst?
Sokrates. Die Kunst der allerklügsten Männer, die man Redner und Advokaten nennt. Denn diese überreden durch ihre Kunst nicht, indem sie lehren, sondern indem sie bewirken, daß man meint, was sie gerade wollen. Oder glaubst du etwa, es gebe solche großartigen Lehrer, [b] die in der kurzen Zeitspanne einer Wasseruhr den wahren Hergang von Ereignissen Hörern klarmachen können, die nicht dabeiwaren, etwa bei Geldraub oder anderen Gewalttaten?
Theätet. Das glaube ich auf keinen Fall, sondern sie können nur überreden.
Sokrates. Nennst du aber nicht überreden, eine Meinung zu bewirken?
Theätet. Sicher.
Sokrates. Wenn also Richter zu Recht zu dem überredet worden sind, wovon nur ein Augenzeuge etwas wissen kann, auf eine andere Weise aber nicht, und wenn sie darüber dann nach Hörensagen geurteilt haben, [c] so haben sie mit Hilfe einer wahren Meinung, ohne Wissen, geurteilt, und zwar in der richtigen Überzeugung, wenn sie jedenfalls gute Richter sind?
Theätet. Auf jeden Fall.
Sokrates. Wenn allerdings, mein Freund, vor Gericht wahre Meinung und Wissen dasselbe wären, würde auch der beste Richter niemals Richtiges ohne Wissen meinen. Nun aber ist offensichtlich beides etwas Verschiedenes.
Theätet. Was ich schon einmal, Sokrates, jemanden habe sagen hören, kommt mir jetzt wieder in den Sinn. Er sagte nämlich, wahre Meinung verbunden mit Erklärung sei Wissen,[66] [d] die ohne Erklärung aber läge außerhalb des Wissens. Und wovon es keine Erklärung gebe, das sei, wie er sich ausdrückte, nicht wißbar, wovon es aber eine gebe, das sei wißbar.

ΣΩ. Ἦ καλῶς λέγεις. Τὰ δὲ δὴ ἐπιστητὰ ταῦτα καὶ μὴ πῇ διῄρει, λέγε, εἰ ἄρα κατὰ ταὐτὰ σύ τε κἀγὼ ἀκηκόαμεν.
ΘΕΑΙ. Ἀλλ᾽ οὐκ οἶδα εἰ ἐξευρήσω· λέγοντος μεντἂν ἑτέρου, ὡς ἐγῷμαι, ἀκολουθήσαιμ᾽ ἄν.
ΣΩ. Ἄκουε δὴ ὄναρ ἀντὶ ὀνείρατος. Ἐγὼ γὰρ αὖ ἐδόκουν ἀκούειν τινῶν [e] ὅτι τὰ μὲν πρῶτα οἱονπερεὶ στοιχεῖα, ἐξ ὧν ἡμεῖς τε συγκείμεθα καὶ τἆλλα, λόγον οὐκ ἔχοι. Αὐτὸ γὰρ καθ᾽ αὑτὸ ἕκαστον ὀνομάσαι μόνον εἴη, προσειπεῖν δὲ οὐδὲν ἄλλο δυνατόν, οὔθ᾽ ὡς ἔστιν, οὔθ᾽ ὡς οὐκ ἔστιν· [202a] ἤδη γὰρ ἂν οὐσίαν ἢ μὴ οὐσίαν αὐτῷ προστίθεσθαι, δεῖν δὲ οὐδὲν προσφέρειν, εἴπερ αὐτὸ ἐκεῖνο μόνον τις ἐρεῖ. Ἐπεὶ οὐδὲ τὸ «αὐτὸ» οὐδὲ τὸ «ἐκεῖνο» οὐδὲ τὸ «ἕκαστον» οὐδὲ τὸ «μόνον» οὐδὲ «τοῦτο» προσοιστέον οὐδ᾽ ἄλλα πολλὰ τοιαῦτα· ταῦτα μὲν γὰρ περιτρέχοντα πᾶσι προσφέρεσθαι, ἕτερα ὄντα ἐκείνων οἷς προστίθεται, δεῖν δέ, εἴπερ ἦν δυνατὸν αὐτὸ λέγεσθαι καὶ εἶχεν οἰκεῖον αὑτοῦ λόγον, ἄνευ τῶν ἄλλων ἁπάντων λέγεσθαι. Νῦν δὲ ἀδύνατον εἶναι ὁτιοῦν τῶν πρώτων ῥηθῆναι λόγῳ· [b] οὐ γὰρ εἶναι αὐτῷ ἀλλ᾽ ἢ ὀνομάζεσθαι μόνον – ὄνομα γὰρ μόνον ἔχειν – τὰ δὲ ἐκ τούτων ἤδη συγκείμενα, ὥσπερ αὐτὰ πέπλεκται, οὕτω καὶ τὰ ὀνόματα αὐτῶν συμπλακέντα λόγον γεγονέναι· ὀνομάτων γὰρ συμπλοκὴν εἶναι λόγου οὐσίαν. Οὕτω δὴ τὰ μὲν στοιχεῖα ἄλογα καὶ ἄγνωστα εἶναι, αἰσθητὰ δέ· τὰς δὲ συλλαβὰς γνωστάς τε καὶ ῥητὰς καὶ ἀληθεῖ δόξῃ δοξαστάς. Ὅταν μὲν οὖν ἄνευ λόγου τὴν ἀληθῆ δόξαν τινός τις λάβῃ, [c] ἀληθεύειν μὲν αὐτοῦ τὴν

Sokrates. Das ist schön gesagt. Sage uns aber noch, wie er dieses Wißbare und Nichtwißbare unterschieden hat, damit wir sehen, ob du und ich es in derselben Weise aufgefaßt haben.

Theätet. Ich weiß nicht, ob ich es wiederholen kann. Wenn es aber ein anderer vorträgt, glaube ich, könnte ich wohl folgen.

Sokrates. Dann höre dir also meinen Traum für deinen an. Ich glaube nämlich von einigen gehört zu haben, [e] was man etwa Elemente nennen könnte, aus denen wir und alles übrige zusammengesetzt sind, das habe keine Erklärung. Jedes Einzelne sei nämlich nur für sich allein benennbar, ohne daß man etwas anderes von ihm aussagen könne, etwa daß es »ist« oder »nicht ist«. [202a] Denn dann würde ihm ja das Sein oder Nichtsein hinzugefügt werden, obwohl man ihm nichts beilegen dürfe, wenn man es nur als es selbst benennen dürfe. Ja, man dürfe nicht einmal dieses »selbst« noch das »jenes«, noch »jedes«, noch »allein«, noch auch »dieses« hinzufügen noch vieles andere dergleichen. Denn diese Ausdrücke trieben sich überall umher und würden allen anderen beigelegt, wobei sie von dem verschieden seien, dem sie beigefügt werden. Das Element aber müsse, falls man es benennen könnte und eine eigentümliche Erklärung besäße, ohne alle anderen Ausdrücke benannt werden. Nun sei es allerdings unmöglich, irgendeinen dieser ersten Bestandteile in einer Erklärung auszudrücken. [b] Es gebe nämlich dafür nichts anderes als bloße Benennung, weil sie eben nur einen Namen haben. Das daraus Zusammengesetzte aber sei selbst schon eine Verknüpfung, und ebenso seien auch ihre Benennungen miteinander verknüpft und zur Erklärung geworden. Denn die Erklärung sei wesentlich eine Verknüpfung von Benennungen. Auf diese Weise seien also die Elemente unerklärbar und unerkennbar, wohl aber wahrnehmbar. Die Verbindungen dagegen seien erkennbar, aussagbar und durch wahre Meinung vorstellbar. Wer also ohne Erklärung die wahre Meinung von etwas erfasse, [c] dessen Seele sei

ψυχὴν περὶ αὐτό, γιγνώσκειν δ' οὔ· τὸν γὰρ μὴ δυνάμενον δοῦναί τε καὶ δέξασθαι λόγον ἀνεπιστήμονα εἶναι περὶ τούτου· προσλαβόντα δὲ λόγον δυνατόν τε ταῦτα πάντα γεγονέναι καὶ τελείως πρὸς ἐπιστήμην ἔχειν. Οὕτως σὺ τὸ ἐνύπνιον ἢ ἄλλως ἀκήκοας;

ΘΕΑΙ. Οὕτω μὲν οὖν παντάπασιν.

ΣΩ. Ἀρέσκει οὖν σε καὶ τίθεσαι ταύτῃ, δόξαν ἀληθῆ μετὰ λόγου ἐπιστήμην εἶναι;

ΘΕΑΙ. Κομιδῇ μὲν οὖν.

[d] ΣΩ. Ἆρ', ὦ Θεαίτητε, νῦν οὕτω τῇδε τῇ ἡμέρᾳ εἰλήφαμεν ὃ πάλαι καὶ πολλοὶ τῶν σοφῶν ζητοῦντες πρὶν εὑρεῖν κατεγήρασαν;

ΘΕΑΙ. Ἐμοὶ γοῦν δοκεῖ, ὦ Σώκρατες, καλῶς λέγεσθαι τὸ νῦν ῥηθέν.

ΣΩ. Καὶ εἰκός γε αὐτὸ τοῦτο οὕτως ἔχειν· τίς γὰρ ἂν καὶ ἔτι ἐπιστήμη εἴη χωρὶς λόγου τε καὶ ὀρθῆς δόξης; ἓν μέντοι τί με τῶν ῥηθέντων ἀπαρέσκει.

ΘΕΑΙ. Τὸ ποῖον δή;

ΣΩ. Ὃ καὶ δοκεῖ λέγεσθαι κομψότατα, ὡς τὰ μὲν στοιχεῖα ἄγνωστα, [e] τὸ δὲ τῶν συλλαβῶν γένος γνωστόν.

ΘΕΑΙ. Οὐκοῦν ὀρθῶς;

ΣΩ. Ἰστέον δή· ὥσπερ γὰρ ὁμήρους ἔχομεν τοῦ λόγου τὰ παραδείγματα οἷς χρώμενος εἶπε πάντα ταῦτα.

ΘΕΑΙ. Ποῖα δή;

ΣΩ. Τὰ τῶν γραμμάτων στοιχεῖά τε καὶ συλλαβάς. Ἢ οἴει ἄλλοσέ ποι βλέποντα ταῦτα εἰπεῖν τὸν εἰπόντα ἃ λέγομεν;

ΘΕΑΙ. Οὔκ, ἀλλ' εἰς ταῦτα.

[203 a] ΣΩ. Βασανίζωμεν δὴ αὐτὰ ἀναλαμβάνοντες, μᾶλλον δὲ ἡμᾶς αὐτούς, οὕτως ἢ οὐχ οὕτως γράμματα ἐμάθο-

zwar im Besitz der Wahrheit, wisse aber nichts. Denn wer hierüber nicht Rede und Antwort stehen könne, habe kein Wissen. Wenn er aber die Erklärung hinzunehme, sei er zu alledem fähig geworden und habe einen vollkommenen Besitz des Wissens. Hast du deinen Traum auch so verstanden oder anders?

Theätet. Ganz genauso.

Sokrates. Bist du also damit zufrieden, und nimmst du an, daß wahre Meinung verbunden mit Erklärung Wissen sei?

Theätet. Sicher.

[d] *Sokrates.* Also haben wir, Theätet, jetzt auf diese Weise am heutigen Tage gefunden, was viele kluge Menschen schon seit langem suchen und worüber sie alt geworden sind, ohne es gefunden zu haben?

Theätet. Ich jedenfalls habe den Eindruck, Sokrates, daß unsere jetzige Behauptung stimmt.

Sokrates. Es ist ja auch wirklich anzunehmen, daß sie stimmt. Denn wie sollte es auch ein Wissen ohne Erklärung und wahre Meinung geben? Mit einem Punkt bin ich bei unseren Behauptungen unzufrieden.

Theätet. Womit denn?

Sokrates. Was gerade am geistreichsten klang, daß nämlich die Elemente unerkennbar seien, [e] das Gebiet der Zusammensetzungen jedoch erkennbar.

Theätet. Ist das nicht richtig?

Sokrates. Das muß man sich ansehen. Wir haben nämlich gleichsam als Geiseln für diese Behauptungen die Beispiele, die der benutzt hat, der dies alles gesagt hat.

Theätet. Welche denn?

Sokrates. Die Buchstaben und Silben der Schrift. Oder glaubst du, daß der Urheber der Behauptungen, von denen wir jetzt reden, dabei etwas anderes vor Augen hatte?

Theätet. Nein, sondern genau dieses.

[203 a] *Sokrates.* Wir wollen uns diese Beispiele also vornehmen und sie untersuchen, vielmehr uns selbst: Haben wir auf folgende Weise lesen gelernt oder nicht? Also erstens: lassen

μεν. Φέρε πρῶτον· ἆρ᾽ αἱ μὲν συλλαβαὶ λόγον ἔχουσι, τὰ δὲ στοιχεῖα ἄλογα;
ΘΕΑΙ. Ἴσως.
ΣΩ. Πάνυ μὲν οὖν καὶ ἐμοὶ φαίνεται. Σωκράτους γοῦν εἴ τις ἔροιτο τὴν πρώτην συλλαβὴν οὑτωσί· «Ὦ Θεαίτητε, λέγε τί ἐστι ΣΩ;» τί ἀποκρινῇ;
ΘΕΑΙ. Ὅτι σῖγμα καὶ ὦ.
ΣΩ. Οὐκοῦν τοῦτον ἔχεις λόγον τῆς συλλαβῆς;
ΘΕΑΙ. Ἔγωγε.
[b] ΣΩ. Ἴθι δή, οὕτως εἰπὲ καὶ τὸν τοῦ σῖγμα λόγον.
ΘΕΑΙ. Καὶ πῶς τοῦ στοιχείου τις ἐρεῖ στοιχεῖα; καὶ γὰρ δή, ὦ Σώκρατες, τό τε σῖγμα τῶν ἀφώνων ἐστί, ψόφος τις μόνον, οἷον συριττούσης τῆς γλώττης· τοῦ δ᾽ αὖ βῆτα οὔτε φωνὴ οὔτε ψόφος, οὐδὲ τῶν πλείστων στοιχείων. Ὥστε πάνυ εὖ ἔχει τὸ λέγεσθαι αὐτὰ ἄλογα, ὧν γε τὰ ἐναργέστατα αὐτὰ φωνὴν μόνον ἔχει, λόγον δὲ οὐδ᾽ ὁντινοῦν.
ΣΩ. Τουτὶ μὲν ἄρα, ὦ ἑταῖρε, κατωρθώκαμεν περὶ ἐπιστήμης.
ΘΕΑΙ. Φαινόμεθα.
[c] ΣΩ. Τί δέ; τὸ μὴ γνωστὸν εἶναι τὸ στοιχεῖον ἀλλὰ τὴν συλλαβὴν ἆρ᾽ ὀρθῶς ἀποδεδείγμεθα;
ΘΕΑΙ. Εἰκός γε.
ΣΩ. Φέρε δή, τὴν συλλαβὴν πότερον λέγομεν τὰ ἀμφότερα στοιχεῖα, καὶ ἐὰν πλείω ᾖ ἢ δύο, τὰ πάντα, ἢ μίαν τινὰ ἰδέαν γεγονυῖαν συντεθέντων αὐτῶν;
ΘΕΑΙ. Τὰ ἅπαντα ἔμοιγε δοκοῦμεν.
ΣΩ. Ὅρα δὴ ἐπὶ δυοῖν, σῖγμα καὶ ὦ. Ἀμφότερά ἐστιν ἡ πρώτη συλλαβὴ τοῦ ἐμοῦ ὀνόματος. Ἄλλο τι ὁ γιγνώσκων αὐτὴν τὰ ἀμφότερα γιγνώσκει;
[d] ΘΕΑΙ. Τί μήν;

die Silben eine Erklärung zu, die Buchstaben aber sind unerklärbar?

Theätet. Wahrscheinlich.

Sokrates. Das ist auch völlig meine Auffassung. Wenn man etwa nach der ersten Silbe von »Sokrates« fragte: »Erkläre einmal, Theätet, was ist ›So‹?« Was würdest du antworten?

Theätet. S und o.

Sokrates. Diese Erklärung hast du also für die Silbe?

Theätet. Ja.

[b] *Sokrates.* Also, gib mir genauso auch eine Erklärung für das »s«.

Theätet. Wie könnte man wohl die Elemente von einem Element angeben? Denn das »s«, Sokrates, gehört doch zu den stimmlosen Lauten und ist lediglich ein Geräusch, als ob jemand mit der Zunge zischt. Das »b« ferner ist weder stimmhaft noch ist es ein Geräusch, genauso ist es bei den meisten Buchstaben. Daher kann man sie völlig zu Recht als unerklärbar bezeichnen, zumal die deutlichsten von ihnen nur stimmhaft sind, aber auch keine Erklärung zulassen.

Sokrates. Diesen Punkt haben wir nun, mein Freund, beim Wissen richtiggestellt.

Theätet. Offensichtlich.

[c] *Sokrates.* Wie aber? Haben wir denn zu Recht behauptet, der Buchstabe sei unerkennbar, wohl aber die Silbe?

Theätet. Sicher.

Sokrates. Nun gut, meinen wir mit der Silbe beide Buchstaben oder, wenn sie mehr als zwei hat, diese alle? Oder aber ist sie eine einzige Gestalt durch die Zusammensetzung der Buchstaben geworden?

Theätet. Meiner Ansicht nach meinen wir damit alle.

Sokrates. Betrachte dies einmal bei den beiden Buchstaben »s« und »o«. Beide sind die erste Silbe meines Namens. Wer diese kennt, kennt doch auch beide Buchstaben?

[d] *Theätet.* Allerdings.

ΣΩ. Τὸ σῖγμα καὶ τὸ ὦ ἄρα γιγνώσκει.
ΘΕΑΙ. Ναί.
ΣΩ. Τί δ'; ἑκάτερον ἄρ' ἀγνοεῖ, καὶ οὐδέτερον εἰδὼς ἀμφότερα γιγνώσκει;
ΘΕΑΙ. 'Αλλὰ δεινὸν καὶ ἄλογον, ὦ Σώκρατες.
ΣΩ. 'Αλλὰ μέντοι εἴ γε ἀνάγκη ἑκάτερον γιγνώσκειν, εἴπερ ἀμφότερά τις γνώσεται, προγιγνώσκειν τὰ στοιχεῖα ἅπασα ἀνάγκη τῷ μέλλοντί ποτε γνώσεσθαι συλλαβήν, καὶ οὕτως ἡμῖν ὁ καλὸς λόγος ἀποδεδρακὼς οἰχήσεται.
[e] ΘΕΑΙ. Καὶ μάλα γε ἐξαίφνης.
ΣΩ. Οὐ γὰρ καλῶς αὐτὸν φυλάττομεν. Χρῆν γὰρ ἴσως τὴν συλλαβὴν τίθεσθαι μὴ τὰ στοιχεῖα ἀλλ' ἐξ ἐκείνων ἕν τι γεγονὸς εἶδος, ἰδέαν μίαν αὐτὸ αὑτοῦ ἔχον, ἕτερον δὲ τῶν στοιχείων.
ΘΕΑΙ. Πάνυ μὲν οὖν· καὶ τάχα γ' ἂν μᾶλλον οὕτως ἢ 'κείνως ἔχοι.
ΣΩ. Σκεπτέον καὶ οὐ προδοτέον οὕτως ἀνάνδρως μέγαν τε καὶ σεμνὸν λόγον.
ΘΕΑΙ. Οὐ γὰρ οὖν.
[204a] ΣΩ. 'Εχέτω δὴ ὡς νῦν φαμεν, μία ἰδέα ἐξ ἑκάστων τῶν συναρμοττόντων στοιχείων γιγνομένη ἡ συλλαβή, ὁμοίως ἔν τε γράμμασι καὶ ἐν τοῖς ἄλλοις ἅπασι.
ΘΕΑΙ. Πάνυ μὲν οὖν.
ΣΩ. Οὐκοῦν μέρη αὐτῆς οὐ δεῖ εἶναι.
ΘΕΑΙ. Τί δή;
ΣΩ. Ὅτι οὗ ἂν ᾖ μέρη, τὸ ὅλον ἀνάγκη τὰ πάντα μέρη εἶναι. Ἦ καὶ τὸ ὅλον ἐκ τῶν μερῶν λέγεις γεγονὸς ἕν τι εἶδος ἕτερον τῶν πάντων μερῶν;
ΘΕΑΙ. Ἔγωγε.

Sokrates. Also kennt er das »s« und das »o«.
Theätet. Ja.
Sokrates. Wie aber? Jedes von beiden ist ihm unbekannt, und obwohl er also keines von beiden kennt, kennt er dennoch beides zusammen?
Theätet. Das wäre ja eigenartig und widersprüchlich, Sokrates.
Sokrates. Wenn man allerdings jedes von beiden kennen muß, wenn man jedenfalls beides zusammen kennt, muß man mit zwingender Notwendigkeit die Buchstaben schon vorher kennen, wenn man die Silbe kennenlernen will. Und auf diese Weise wird unsere schöne Behauptung wieder unseren Händen entwischt sein.
[e] *Theätet.* Und zwar recht plötzlich.
Sokrates. Wir haben ja auch nicht sorgfältig darauf aufgepaßt. Man hätte die Silbe nämlich vielleicht nicht als die Buchstaben bezeichnen dürfen, sondern als einheitliches, aus ihnen entstandenes Gebilde, das eine eigene, einheitliche Gestalt hätte und verschieden von den Buchstaben wäre.
Theätet. Auf jeden Fall. Und wahrscheinlich dürfte es sich eher so als auf die vorige Weise verhalten.
Sokrates. Wir müssen es prüfen und nicht mutlos eine so bedeutende und großartige Behauptung aufgeben.
Theätet. Auf keinen Fall.
[204 a] *Sokrates.* Also, wie gesagt, die Silbe soll eine einheitliche, aus allen einzelnen zusammengefügten Buchstaben entstandene Gestalt sein, und zwar in gleicher Weise bei der Schrift und bei allen übrigen Fällen.
Theätet. Allerdings.
Sokrates. Also darf es auch keine Teile von ihr geben?
Theätet. Wieso?
Sokrates. Denn wenn es Teile davon gibt, muß auch das Ganze aus allen diesen Teilen bestehen. Oder meinst du, auch das Ganze sei aus Teilen entstanden und trotzdem ein einheitliches Gebilde, das verschieden von allen Teilen ist?
Theätet. Ja, das meine ich.

ΣΩ. Τὸ δὲ δὴ πᾶν καὶ τὸ ὅλον πότερον ταὐτὸν καλεῖς ἢ ἕτερον ἑκάτερον;

[b] ΘΕΑΙ. Ἔχω μὲν οὐδὲν σαφές, ὅτι δὲ κελεύεις προθύμως ἀποκρίνασθαι, παρακινδυνεύων λέγω ὅτι ἕτερον.

ΣΩ. Ἡ μὲν προθυμία, ὦ Θεαίτητε, ὀρθή· εἰ δὲ καὶ ἡ ἀπόκρισις, σκεπτέον.

ΘΕΑΙ. Δεῖ γε δή.

ΣΩ. Οὐκοῦν διαφέροι ἂν τὸ ὅλον τοῦ παντός, ὡς ὁ νῦν λόγος;

ΘΕΑΙ. Ναί.

ΣΩ. Τί δὲ δή; τὰ πάντα καὶ τὸ πᾶν ἔσθ' ὅτι διαφέρει; οἷον ἐπειδὰν λέγωμεν ἕν, δύο, τρία, τέτταρα, πέντε, ἕξ, [c] καὶ ἐὰν δὶς τρία ἢ τρὶς δύο ἢ τέτταρά τε καὶ δύο ἢ τρία καὶ δύο καὶ ἕν, πότερον ἐν πᾶσι τούτοις τὸ αὐτὸ ἢ ἕτερον λέγομεν;

ΘΕΑΙ. Τὸ αὐτό.

ΣΩ. Ἆρ' ἄλλο τι ἢ ἕξ;

ΘΕΑΙ. Οὐδέν.

ΣΩ. Οὐκοῦν ἐφ' ἑκάστης λέξεως πᾶν τὰ ἓξ εἰρήκαμεν;

ΘΕΑΙ. Ναί.

ΣΩ. Πάλιν δ' οὐδὲν λέγομεν τὰ πάντα λέγοντες;

ΘΕΑΙ. Ἀνάγκη.

ΣΩ. Ἦ ἄλλο τι ἢ τὰ ἕξ;

ΘΕΑΙ. Οὐδέν.

[d] ΣΩ. Ταὐτὸν ἄρα ἕν γε τοῖς ὅσα ἐξ ἀριθμοῦ ἐστι τό τε πᾶν προσαγορεύομεν καὶ τὰ ἅπαντα;

ΘΕΑΙ. Φαίνεται.

ΣΩ. Ὧδε δὴ περὶ αὐτῶν λέγωμεν. Ὁ τοῦ πλέθρου ἀριθμὸς καὶ τὸ πλέθρον ταὐτόν· ἦ γάρ;

ΘΕΑΙ. Ναί.

Sokrates. Bezeichnest du denn »die Gesamtheit« und »das Ganze« als dasselbe oder als verschieden voneinander?[67]

[b] *Theätet.* Das weiß ich nicht genau. Weil du mich aber aufforderst, ohne Scheu zu antworten, wage ich die Antwort, beides sei verschieden.

Sokrates. Deine Furchtlosigkeit, Theätet, ist richtig; ob auch deine Antwort, muß man prüfen.

Theätet. Das muß man sicher.

Sokrates. Nach dem jetzigen Untersuchungsstand unterscheidet sich also »das Ganze« von »der Gesamtheit«?

Theätet. Ja.

Sokrates. Wie aber weiter? Sind »sämtliche« und »die Gesamtheit« auch verschieden? Wenn wir etwa »eins, zwei, drei, vier, fünf, sechs« sagen und [c] wenn »zweimal drei« oder »dreimal zwei« oder »vier und zwei« oder »drei und zwei und eins«, sagen wir in allen diesen Fällen dasselbe oder etwas Verschiedenes?

Theätet. Dasselbe.

Sokrates. Etwas anderes als sechs?

Theätet. Nein, nichts anderes.

Sokrates. Bei jeder einzelnen Formulierung haben wir als Gesamtheit die Sechs genannt?

Theätet. Ja.

Sokrates. Und weiter, sagen wir nichts, wenn wir sämtliche aufzählen?

Theätet. Notwendigerweise doch.

Sokrates. Etwas anderes als sechs?

Theätet. Nein, nichts anderes.

[d] *Sokrates.* In allem also, was jedenfalls aus Zahlen besteht, bezeichnen wir »die Gesamtheit« und »sämtliche« als dasselbe?

Theätet. Offensichtlich.

Sokrates. Wir können also darüber folgendes feststellen: die Zahl eines Morgen Landes und der Morgen Land sind dasselbe, oder nicht?

Theätet. Ja.

ΣΩ. Καὶ ὁ τοῦ σταδίου δὴ ὡσαύτως.
ΘΕΑΙ. Ναί.
ΣΩ. Καὶ μὴν καὶ ὁ τοῦ στρατοπέδου γε καὶ τὸ στρατόπεδον, καὶ πάντα τὰ τοιαῦτα ὁμοίως; ὁ γαρ ἀριθμὸς πᾶς τὸ ὂν πᾶν ἕκαστον αὐτῶν ἐστιν.
ΘΕΑΙ. Ναί.
[e] ΣΩ. Ὁ δὲ ἑκάστων ἀριθμὸς μῶν ἄλλο τι ἢ μέρη ἐστίν;
ΘΕΑΙ. Οὐδέν.
ΣΩ. Ὅσα ἄρα ἔχει μέρη, ἐκ μερῶν ἂν εἴη;
ΘΕΑΙ. Φαίνεται.
ΣΩ. Τὰ δὲ γε πάντα μέρη τὸ πᾶν εἶναι ὡμολόγηται, εἴπερ καὶ ὁ πᾶς ἀριθμὸς τὸ πᾶν ἔσται.
ΘΕΑΙ. Οὕτως.
ΣΩ. Τὸ ὅλον ἄρ' οὐκ ἔστιν ἐκ μερῶν. Πᾶν γὰρ ἂν εἴη τὰ πάντα ὂν μέρη.
ΘΕΑΙ. Οὐκ ἔοικεν.
ΣΩ. Μέρος δ' ἔσθ' ὅτου ἄλλου ἐστὶν ὅπερ ἐστὶν ἢ τοῦ ὅλου;
ΘΕΑΙ. Τοῦ παντός γε.
[205a] ΣΩ. Ἀνδρικῶς γε, ὦ Θεαίτητε, μάχῃ. Τὸ πᾶν δὲ οὐχ ὅταν μηδὲν ἀπῇ, αὐτὸ τοῦτο πᾶν ἐστιν;
ΘΕΑΙ. Ἀνάγκη.
ΣΩ. Ὅλον δὲ οὐ ταὐτὸν τοῦτο ἔσται, οὗ ἂν μηδαμῇ μηδὲν ἀποστατῇ; οὗ δ' ἂν ἀποστατῇ, οὔτε ὅλον οὔτε πᾶν, ἅμα γενόμενον ἐκ τοῦ αὐτοῦ τὸ αὐτό;
ΘΕΑΙ. Δοκεῖ μοι νῦν οὐδὲν διαφέρειν πᾶν τε καὶ ὅλον.
ΣΩ. Οὐκοῦν ἐλέγομεν ὅτι οὗ ἂν μέρη ᾖ, τὸ ὅλον τε καὶ πᾶν τὰ πάντα μέρη ἔσται;
ΘΕΑΙ. Πάνυ γε.
ΣΩ. Πάλιν δή, ὅπερ ἄρτι ἐπεχείρουν, οὐκ, εἴπερ ἡ συλ-

Sokrates. Und bei der Rennbahn ist es genauso?
Theätet. Ja.
Sokrates. Ferner die Zahl eines Heeres und das Heer, und alles dergleichen genauso? Ihre gesamte Zahl ist jedesmal die Gesamtheit ihres Seins.
Theätet. Ja.
[e] *Sokrates.* Die Zahl bei jedem einzelnen ist doch nichts anderes als seine Teile?
Theätet. Nein, nichts anderes.
Sokrates. Was aber Teile hat, besteht doch aus Teilen?
Theätet. Offensichtlich.
Sokrates. Sämtliche Teile aber bilden, so stimmen wir überein, die Gesamtheit, wenn doch die gesamte Zahl die Gesamtheit ist.
Theätet. So ist es.
Sokrates. »Das Ganze« besteht also nicht aus Teilen. Denn sonst wäre es eine »Gesamtheit«, wenn es sämtliche Teile wären.
Theätet. Offensichtlich.
Sokrates. Kann ein Teil aber von etwas anderem das sein, was er ist, als von dem Ganzen?
Theätet. Doch, von der Gesamtheit.
[205 a] *Sokrates.* Du kämpfst aber tapfer, Theätet! Die Gesamtheit ist doch genau dann eine Gesamtheit, wenn nichts an ihr fehlt?
Theätet. Natürlich.
Sokrates. Ist aber nicht das Ganze genau dasselbe, wovon nämlich überhaupt nichts fehlt? Wovon aber etwas fehlt, das ist weder ein Ganzes noch eine Gesamtheit, da beides in derselben Beziehung dasselbe ist?
Theätet. Jetzt scheint mir die Gesamtheit und das Ganze keinen Unterschied zu haben.
Sokrates. Sagten wir nicht, wovon es Teile gibt, das umfasse das Ganze und die Gesamtheit alle Teile?
Theätet. Sicher.
Sokrates. Wenn nun, wie vorhin angenommen, die Silbe

λαβὴ μὴ τὰ στοιχεῖά, ἐστιν, [b] ἀνάγκη αὐτὴν μὴ ὡς μέρη ἔχειν ἑαυτῆς τὰ στοιχεῖα, ἢ ταὐτὸν οὖσαν αὐτοῖς ὁμοίως ἐκείνοις γνωστὴν εἶναι;
ΘΕΑΙ. Οὕτως.
ΣΩ. Οὐκοῦν τοῦτο ἵνα μὴ γένηται, ἕτερον αὐτῶν αὐτὴν ἐθέμεθα;
ΘΕΑΙ. Ναί.
ΣΩ. Τί δ'; εἰ μὴ τὰ στοιχεῖα συλλαβῆς μέρη ἐστίν, ἔχεις ἄλλ' ἄττα εἰπεῖν ἃ μέρη μέν ἐστι συλλαβῆς, οὐ μέντοι στοιχεῖά γ' ἐκείνης;
ΘΕΑΙ. Οὐδαμῶς. Εἰ γάρ, ὦ Σώκρατες, μόρι' ἄττ' αὐτῆς συγχωροίην, γελοῖόν που τὰ στοιχεῖα ἀφέντα ἐπ' ἄλλα ἰέναι.
[c] ΣΩ. Παντάπασι δή, ὦ Θεαίτητε, κατὰ τὸν νῦν λόγον μία τις ἰδέα ἀμέριστος συλλαβὴ ἂν εἴη.
ΘΕΑΙ. Ἔοικεν.
ΣΩ. Μέμνησαι οὖν, ὦ φίλε, ὅτι ὀλίγον ἐν τῷ πρόσθεν ἀπεδεχόμεθα ἡγούμενοι εὖ λέγεσθαι ὅτι τῶν πρώτων οὐκ εἴη λόγος ἐξ ὧν τἆλλα σύγκειται, διότι αὐτὸ καθ' αὑτὸ ἕκαστον εἴη ἀσύνθετον, καὶ οὐδὲ τὸ «εἶναι» περὶ αὐτοῦ ὀρθῶς ἔχοι προσφέροντα εἰπεῖν, οὐδὲ «τοῦτο», ὡς ἕτερα καὶ ἀλλότρια λεγόμενα, καὶ αὕτη δὴ ἡ αἰτία ἄλογόν τε καὶ ἄγνωστον αὐτὸ ποιοῖ;
ΘΕΑΙ. Μέμνημαι.
[d] ΣΩ. Ἦ οὖν ἄλλη τις ἢ αὕτη ἡ αἰτία τοῦ μονοειδές τε καὶ ἀμέριστον αὐτὸ εἶναι; ἐγὼ μὲν γὰρ οὐχ ὁρῶ ἄλλην.
ΘΕΑΙ. Οὐ γὰρ οὖν δὴ φαίνεται.
ΣΩ. Οὐκοῦν εἰς ταὐτὸν ἐμπέπτωκεν ἡ συλλαβὴ εἶδος ἐκείνῳ, εἴπερ μέρη τε μὴ ἔχει καὶ μία ἐστὶν ἰδέα;

nicht mit ihren Buchstaben gleichzusetzen ist, [b] folgt dann nicht notwendigerweise, daß sie ihre Buchstaben nicht wie Teile hat oder, wenn beides doch gleich ist, daß sie dann in gleicher Weise wie ihre Teile erkennbar ist?
Theätet. So ist es.
Sokrates. Damit dies nun nicht einträte, haben wir sie als verschieden von ihnen angenommen?
Theätet. Ja.
Sokrates. Wie aber? Wenn nicht die Buchstaben Teile der Silbe sind, kannst du dann etwas anderes nennen, was Teile, aber nicht Buchstaben der Silbe ist?
Theätet. Auf keinen Fall. Denn wenn ich, Sokrates, irgendwelche Teile von ihr zugäbe, wäre es ja lächerlich, die Buchstaben beiseite zu lassen und auf etwas anderes zu kommen.
[c] *Sokrates.* Nach unserem jetzigen Untersuchungsgang, Theätet, wäre die Silbe ja sicher eine einheitliche, unteilbare Gestalt.
Theätet. Offensichtlich.
Sokrates. Erinnerst du dich aber, mein Freund, daß wir kurz zuvor die Behauptung für richtig hielten, von den ersten Bestandteilen, aus denen sich das übrige zusammensetze, gebe es keine Erklärung? Denn jeder von ihnen sei für sich selbst gesehen unzusammengesetzt, und man könne in seiner Aussage nicht einmal das »Sein« zu Recht hinzufügen, auch nicht »dieses«, weil damit etwas anderes und Fremdes von ihm ausgesagt würde. Und dies sei der Grund, weshalb es unerklärbar und unerkennbar sei.
Theätet. Ich erinnere mich.
[d] *Sokrates.* Gibt es nun einen anderen Grund als diesen dafür, daß es von einheitlicher Gestalt und unteilbar ist? Denn ich sehe keinen anderen.
Theätet. Offensichtlich gibt es auch keinen.
Sokrates. Also fällt die Silbe unter denselben Begriff wie der Buchstabe, falls sie keine Teile hat und eine einheitliche Gestalt ist?

ΘΕΑΙ. Παντάπασι μὲν οὖν.
ΣΩ. Εἰ μὲν ἄρα πολλὰ στοιχεῖα ἡ συλλαβή ἐστιν καὶ ὅλον τι, μέρη δ' αὐτῆς ταῦτα, ὁμοίως αἵ τε συλλαβαὶ γνωσταὶ καὶ ῥηταὶ καὶ τὰ στοιχεῖα, ἐπείπερ τὰ πάντα μέρη τῷ ὅλῳ ταὐτὸν ἐφάνη.
[e] ΘΕΑΙ. Καὶ μάλα.
ΣΩ. Εἰ δέ γε ἕν τε καὶ ἀμερές, ὁμοίως μὲν συλλαβή, ὡσαύτως δὲ στοιχεῖον ἄλογόν τε καὶ ἄγνωστον· ἡ γὰρ αὐτὴ αἰτία ποιήσει αὐτὰ τοιαῦτα.
ΘΕΑΙ. Οὐκ ἔχω ἄλλως εἰπεῖν.
ΣΩ. Τοῦτο μὲν ἄρα μὴ ἀποδεχώμεθα, ὃς ἂν λέγῃ συλλαβὴν μὲν γνωστὸν καὶ ῥητόν, στοιχεῖον δὲ τοὐναντίον.
ΘΕΑΙ. Μὴ γάρ, εἴπερ τῷ λόγῳ πεισόμεθα.
[206a] ΣΩ. Τί δ' αὖ; τοὐναντίον λέγοντος ἆρ' οὐ μᾶλλον ἂν ἀποδέξαιο ἐξ ὧν αὐτὸς σύνοισθα σαυτῷ ἐν τῇ τῶν γραμμάτων μαθήσει;
ΘΕΑΙ. Τὸ ποῖον;
ΣΩ. Ὡς οὐδὲν ἄλλο μανθάνων διετέλεσας ἢ τὰ στοιχεῖα ἕν τε τῇ ὄψει διαγιγνώσκειν πειρώμενος καὶ ἐν τῇ ἀκοῇ αὐτὸ καθ' αὑτὸ ἕκαστον, ἵνα μὴ ἡ θέσις σε ταράττοι λεγομένων τε καὶ γραφομένων.
ΘΕΑΙ. Ἀληθέστατα λέγεις.
ΣΩ. Ἐν δὲ κιθαριστοῦ τελέως μεμαθηκέναι μῶν ἄλλο τι ἦν [b] ἢ τὸ τῷ φθόγγῳ ἑκάστῳ δύνασθαι ἐπακολουθεῖν, ποίας χορδῆς εἴη· ἃ δὴ στοιχεῖα πᾶς ἂν ὁμολογήσειε μουσικῆς λέγεσθαι;
ΘΕΑΙ. Οὐδὲν ἄλλο.
ΣΩ. Ὧν μὲν ἄρ' αὐτοὶ ἔμπειροί ἐσμεν στοιχείων καὶ συλλαβῶν, εἰ δεῖ ἀπὸ τούτων τεκμαίρεσθαι καὶ εἰς τὰ ἄλλα, πολὺ τὸ τῶν στοιχείων γένος ἐναργεστέραν τε τὴν γνῶσιν ἔχειν φήσομεν καὶ κυριωτέραν τῆς συλλαβῆς πρὸς τὸ λα-

Theätet. Auf jeden Fall.
Sokrates. Wenn also die Silbe mit den vielen Buchstaben gleichzusetzen ist und ein Ganzes bildet, die Buchstaben aber ihre Teile sind, dann sind die Silben in gleicher Weise erkennbar und aussagbar wie ihre Buchstaben, da sich ja »sämtliche« Teile und »das Ganze« als dasselbe erwiesen haben.
[e] *Theätet.* Allerdings.
Sokrates. Wenn sie andererseits eins und unteilbar ist, dann ist die Silbe in gleicher Weise wie der Buchstabe unerklärbar und unerkennbar. Denn derselbe Grund macht sie hierzu.
Theätet. Dagegen kann ich nichts einwenden.
Sokrates. Folglich können wir es nicht gelten lassen, wenn jemand behauptet, die Silbe sei erkennbar und aussagbar, der Buchstabe aber sei das Gegenteil hiervon.
Theätet. Allerdings nicht, wenn wir uns jedenfalls an den Beweisgang halten.
[206 a] *Sokrates.* Wie aber weiter? Würdest du nicht eher die gegenteilige Behauptung gelten lassen nach dem, was dir vom Erlernen der Schrift her bewußt ist?
Theätet. Welche denn?
Sokrates. Daß du beim Lernen andauernd nichts anderes versucht hast, als die Buchstaben jeden für sich beim Sehen und Hören genau auseinanderzuhalten, um nicht durch ihre Stellung in Wort und Schrift verwirrt zu werden.
Theätet. Völlig richtig.
Sokrates. Und worin sonst bestand das gründliche Lernen des Kitharaspiels, [b] als einen jeden Ton mit der entsprechenden Saite in Verbindung bringen zu können? Die Töne aber dürfte wohl jeder als Elemente der Musik zugeben?
Theätet. Nichts anderes sonst.
Sokrates. Wenn wir nun von den Urbestandteilen und Verbindungen, mit denen wir eigene Erfahrungen gemacht haben, auch auf das übrige schließen dürfen, dann können wir behaupten, daß der Bereich der Urbestandteile klarer erkennbar und auch wichtiger ist als das Zusammengesetzte im

βεῖν τελέως ἕκαστον μάθημα, καὶ ἐάν τις φῇ συλλαβὴν μὲν γνωστόν, ἄγνωστον δὲ πεφυκέναι στοιχεῖον, ἑκόντα ἢ ἄκοντα παίζειν ἡγησόμεθ᾽ αὐτόν.

ΘΕΑΙ. Κομιδῇ μὲν οὖν.

[c] ΣΩ. Ἀλλὰ δὴ τούτου μὲν ἔτι κἂν ἄλλαι φανεῖεν ἀποδείξεις, ὥς ἐμοὶ δοκεῖ· τὸ δὲ προκείμενον μὴ ἐπιλαθώμεθα δι᾽ αὐτὰ ἰδεῖν, ὅτι δή ποτε καὶ λέγεται τὸ μετὰ δόξης ἀληθοῦς λόγον προσγενόμενον τὴν τελεωτάτην ἐπιστήμην γεγονέναι.

ΘΕΑΙ. Οὐκοῦν χρὴ ὁρᾶν.

ΣΩ. Φέρε δή, τί ποτε βούλεται τὸν λόγον ἡμῖν σημαίνειν; τριῶν γάρ ἕν τί μοι δοκεῖ λέγειν.

ΘΕΑΙ. Τίνων δή;

[d] ΣΩ. Τὸ μὲν πρῶτον εἴη ἂν τὸ τὴν αὑτοῦ διάνοιαν ἐμφανῆ ποιεῖν διὰ φωνῆς μετὰ ῥημάτων τε καὶ ὀνομάτων, ὥσπερ εἰς κάτοπτρον ἢ ὕδωρ τὴν δόξαν ἐκτυπούμενον εἰς τὴν διὰ τοῦ στόματος ῥοήν. Ἢ οὐ δοκεῖ σοι τὸ τοιοῦτον λόγος εἶναι;

ΘΕΑΙ. Ἔμοιγε. Τὸν γοῦν αὐτὸ δρῶντα λέγειν φαμέν.

ΣΩ. Οὐκοῦν αὖ τοῦτό γε πᾶς ποιεῖν δυνατὸς θᾶττον ἢ σχολαίτερον, τὸ ἐνδείξασθαι τί δοκεῖ περὶ ἑκάστου αὐτῷ, ὁ μὴ ἐνεὸς ἢ κωφὸς ἀπ᾽ ἀρχῆς· καὶ οὕτως ὅσοι τι ὀρθὸν δοξάζουσι, [e] πάντες αὐτὸ μετὰ λόγου φανοῦνται ἔχοντες, καὶ οὐδαμοῦ ἔτι ὀρθὴ δόξα χωρὶς ἐπιστήμης γενήσεται.

ΘΕΑΙ. Ἀληθῆ.

ΣΩ. Μὴ τοίνυν ῥᾳδίως καταγιγνώσκωμεν τὸ μηδὲν εἰρηκέναι τὸν ἀποφηνάμενον ἐπιστήμην ὃ νῦν σκοποῦμεν. Ἴσως γὰρ ὁ λέγων οὐ τοῦτο ἔλεγεν, ἀλλὰ τὸ ἐρωτηθέντα τί ἕκαστον δυνατὸν εἶναι τὴν ἀπόκρισιν διὰ τῶν στοιχείων ἀποδοῦναι τῷ ἐρομένῳ.

Hinblick auf das gründliche Lernen jeder Sache. Und wenn jemand erklärt, das Zusammengesetzte sei zwar erkennbar, der Urbestandteil aber sei von Natur unerkennbar, so werden wir annehmen, daß er freiwillig oder unfreiwillig Scherze macht.

Theätet. Völlig richtig.

[c] *Sokrates.* Aber dafür gibt es meiner Ansicht nach noch weitere Beweise. Wir dürfen jedoch darüber nicht die Prüfung der vorgelegten Frage vergessen, was es eigentlich bedeute, »wahre Meinung verbunden mit Erklärung« ergebe vollendetes Wissen.

Theätet. Das müssen wir uns allerdings ansehen.

Sokrates. Also weiter! Was soll man eigentlich unter »Erklärung« verstehen? Von drei Bedeutungen scheint mir eine gemeint zu sein.

Theätet. Von welchen denn?

[d] *Sokrates.* Die erste wäre wohl, seine Gedanken mittels der Stimme mit Zeit- und Hauptwörtern deutlich machen, indem man seine Meinung in dem Luftstrom, der aus dem Munde herauskommt, wie in einem Spiegel oder im Wasser abbildet. Oder verstehst du dies nicht unter Erklärung?

Theätet. Doch. Diese Tätigkeit nennen wir tatsächlich Erklärung.

Sokrates. Zeigen, was man von jeder Sache hält, kann jeder, schneller oder langsam, wer nicht von Geburt an taub und stumm ist. Auf diese Weise werden nun alle, die etwas Richtiges meinen, [e] dies offensichtlich auch mit einer Erklärung verbinden, und es wird keine richtige Meinung mehr ohne Erkenntnis geben.

Theätet. Das stimmt.

Sokrates. Aber wir wollen deshalb nicht leichtsinnig den Vorwurf erheben, mit der jetzt untersuchten Bestimmung der Erkenntnis sei nichts Haltbares behauptet. Vielleicht meinte ihr Urheber nicht dieses, sondern die Fähigkeit, auf die Frage hin, was ein jedes sei, dem Fragenden eine Antwort mit Hilfe der Urbestandteile zu geben.

[207a] ΘΕΑΙ. Οἷον τί λέγεις, ὦ Σώκρατες;
ΣΩ. Οἷον καὶ Ἡσίοδος περί ἁμάξης λέγει τὸ «ἑκατὸν δέ τε δούραθ' ἁμάξης». Ἃ ἐγὼ μὲν οὐκ ἂν δυναίμην εἰπεῖν, οἶμαι δὲ οὐδὲ σύ· ἀλλ' ἀγαπῷμεν ἂν ἐρωτηθέντες ὅτι ἐστὶν ἅμαξα, εἰ ἔχοιμεν εἰπεῖν τροχοί, ἄξων, ὑπερτερία, ἄντυγες, ζυγόν.
ΘΕΑΙ. Πάνυ μὲν οὖν.
ΣΩ. Ὁ δέ γε ἴσως οἴοιτ' ἂν ἡμᾶς, ὥσπερ ἂν τὸ σὸν ὄνομα ἐρωτηθέντας καὶ ἀποκρινομένους κατὰ συλλαβήν, γελοίους εἶναι, [b] ὀρθῶς μὲν δοξάζοντας καὶ λέγοντας ἃ λέγομεν, οἰομένους δὲ γραμματικοὺς εἶναι καὶ ἔχειν τε καὶ λέγειν γραμματικῶς τὸν τοῦ Θεαιτήτου ὀνόματος λόγον· τὸ δ' οὐκ εἶναι ἐπιστημόνως οὐδὲν λέγειν, πρὶν ἂν διὰ τῶν στοιχείων μετὰ τῆς ἀληθοῦς δόξης ἕκαστον περαίνῃ τις, ὅπερ καὶ ἐν τοῖς πρόσθε που ἐρρήθη.
ΘΕΑΙ. Ἐρρήθη γάρ.
ΣΩ. Οὕτω τοίνυν καὶ περὶ ἁμάξης ἡμᾶς μὲν ὀρθὴν ἔχειν δόξαν, τὸν δὲ διὰ τῶν ἑκατὸν ἐκείνων δυνάμενον διελθεῖν αὐτῆς τὴν οὐσίαν, [c] προσλαβόντα τοῦτο, λόγον τε προσειληφέναι τῇ ἀληθεῖ δόξῃ καὶ ἀντὶ δοξαστικοῦ τεχνικόν τε καὶ ἐπιστήμονα περὶ ἁμάξης οὐσίας γεγονέναι, διὰ στοιχείων τὸ ὅλον περάναντα.
ΘΕΑΙ. Οὐκοῦν εὖ δοκεῖ σοι, ὦ Σώκρατες;
ΣΩ. Εἰ σοί, ὦ ἑταῖρε, δοκεῖ, καὶ ἀποδέχῃ τὴν διὰ στοιχείου διέξοδον περὶ ἑκάστου λόγον εἶναι, τὴν δὲ κατὰ συλλαβὰς ἢ καὶ κατὰ μεῖζον ἔτι ἀλογίαν, τοῦτό μοι λέγε, [d] ἵν' αὐτὸ ἐπισκοπῶμεν.
ΘΕΑΙ. Ἀλλὰ πάνυ ἀποδέχομαι.
ΣΩ. Πότερον ἡγούμενος ἐπιστήμονα εἶναι ὁντινοῦν ὁτουοῦν, ὅταν τὸ αὐτὸ τοτὲ μὲν τοῦ αὐτοῦ δοκῇ αὐτῷ

[207a] *Theätet.* Was zum Beispiel willst du damit sagen, Sokrates?
Sokrates. Was etwa Hesiod vom Wagen sagt: »die hundert Hölzer des Wagens«.[68] Ich könnte sie allerdings nicht aufzählen, vermutlich du auch nicht. Wir würden vielmehr auf die Frage hin, was ein Wagen sei, schon zufrieden sein, wenn wir »Räder, Achse, Obergestell, Wagenrand, Joch« aufzählen könnten.
Theätet. Allerdings.
Sokrates. Der Frager würde uns jedoch für lächerlich halten, wenn wir auf die Frage nach deinem Namen nur silbenweise antworteten. [b] Was wir meinten und sagten, sei zwar richtig, wir bildeten uns aber ein, Sprachkenner zu sein und die Erklärung des Namens »Theätet« zu haben und auszusprechen. Man spreche aber über nichts erkenntnismäßig, bevor man nicht ein jedes mittels der Urbestandteile mit wahrer Meinung völlig erklärt habe, wie ja bereits vorhin gesagt wurde.
Theätet. Ja, das wurde gesagt.
Sokrates. So hätten jetzt auch wir vom Wagen zwar eine richtige Meinung. Wer aber mittels jener hundert Teile sein Wesen durchgehen könne, [c] der habe, mit diesem Zusatz, zur wahren Meinung noch die Erklärung hinzugewonnen. Er meine somit nicht nur etwas, sondern habe technischen Sachverstand und Wissen vom Wesen des Wagens, indem er mittels der Urbestandteile das Ganze völlig erklärt habe.
Theätet. Hälst du das denn für richtig, Sokrates?
Sokrates. Was deine Meinung hierzu ist, mein Freund, und ob du es gelten läßt, daß die Erklärung darin bestehe, ein jedes mittels der Urbestandteile durchzugehen, und nicht darin, dies mittels der Silben oder noch größerer Einheiten zu tun, das sage mir jetzt, [d] damit wir die Sache untersuchen.
Theätet. Allerdings lasse ich es vollkommen gelten.
Sokrates. Und glaubst du vielleicht, jemand könne von irgend etwas ein Wissen haben, wenn er dasselbe bald dem

εἶναι, τοτὲ δὲ ἑτέρου, ἢ καὶ ὅταν τοῦ αὐτοῦ τοτὲ μὲν ἕτερον, τοτὲ δὲ ἕτερον δοξάζῃ;

ΘΕΑΙ. Μὰ Δί᾽ οὐκ ἔγωγε.

ΣΩ. Εἶτα ἀμνημονεῖς ἐν τῇ τῶν γραμμάτων μαθήσει κατ᾽ ἀρχὰς σαυτόν τε καὶ τοὺς ἄλλους δρῶντας αὐτά;

ΘΕΑΙ. Ἆρα λέγεις τῆς αὐτῆς συλλαβῆς τοτὲ μὲν ἕτερον, τοτὲ δὲ ἕτερον ἡγουμένους γράμμα, [e] καὶ τὸ αὐτὸ τοτὲ μὲν εἰς τὴν προσήκουσαν, τοτὲ δὲ εἰς ἄλλην τιθέντας συλλαβήν;

ΣΩ. Ταῦτα λέγω.

ΘΕΑΙ. Μὰ Δί᾽ οὐ τοίνυν ἀμνημονῶ, οὐδέ γέ πω ἡγοῦμαι ἐπίστασθαι τοὺς οὕτως ἔχοντας.

ΣΩ. Τί οὖν; ὅταν ἐν τῷ τοιούτῳ καιρῷ «Θεαίτητον» γράφων τις θῆτα καὶ εἶ οἴηταί τε δεῖν γράφειν καὶ γράψῃ, [208a] καὶ αὖ «Θεόδωρον» ἐπιχειρῶν γράφειν ταῦ καὶ εἶ οἴηταί τε δεῖν γράφειν καὶ γράψῃ, ἆρ᾽ ἐπίστασθαι φήσομεν αὐτὸν τὴν πρώτην τῶν ὑμετέρων ὀνομάτων συλλαβήν;

ΘΕΑΙ. Ἀλλ᾽ ἄρτι ὡμολογήσαμεν τὸν οὕτως ἔχοντα μήπω εἰδέναι.

ΣΩ. Κωλύει οὖν τι καὶ περὶ τὴν δευτέραν συλλαβὴν καὶ τρίτην καὶ τετάρτην οὕτως ἔχειν τὸν αὐτόν;

ΘΕΑΙ. Οὐδέν γε.

ΣΩ. Ἆρ᾽ οὖν τότε τὴν διὰ στοιχείου διέξοδον ἔχων γράψει «Θεαίτητον» μετὰ ὀρθῆς δόξης, ὅταν ἑξῆς γράφῃ;

ΘΕΑΙ. Δῆλον δή.

[b] ΣΩ. Οὐκοῦν ἔτι ἀνεπιστήμων ὤν, ὀρθὰ δὲ δοξάζων, ὥς φαμεν;

ΘΕΑΙ. Ναί.

einen, bald dem anderen Gegenstand zuschreibt, oder wenn er von demselben Gegenstand bald das eine, bald das andere meint?

Theätet. Bei Zeus, ich jedenfalls glaube das nicht.

Sokrates. Erinnerst du dich aber, daß du und die anderen anfangs beim Schreibenlernen genau dieses getan haben?

Theätet. Meinst du, daß wir derselben Silbe bald den einen, bald den anderen Buchstaben zugeschrieben haben, [e] und daß wir denselben Buchstaben bald der passenden, bald einer anderen Silbe zugeordnet haben?

Sokrates. Ja, das meine ich.

Theätet. Bei Zeus, daran erinnere ich mich recht gut! Und meiner Meinung nach hat man, wenn man sich so verhält, noch keineswegs ein Wissen.

Sokrates. Wie aber? Wenn bei einer solchen Gelegenheit jemand »Theätet« schreiben will und »Th«, »e« schreiben zu müssen glaubt und auch tatsächlich schreibt, [208a] ferner, wenn er »Theodoros« schreiben möchte und »Th«, »e« schreiben zu müssen glaubt und auch tatsächlich schreibt, sollen wir dann sagen, er wisse die ersten Silben eurer Namen?

Theätet. Wir haben doch gerade übereinstimmend gesagt, daß jemand mit einem solchen Verhalten noch kein Wissen besitze.

Sokrates. Und aus welchem Grund sollte dieser sich nicht auch bei der zweiten, dritten und vierten Silbe so verhalten?

Theätet. Es gibt keinen.

Sokrates. Wenn er also über den vollständigen Durchgang durch die Grundbestandteile Bescheid weiß, wird er dann nicht mit der richtigen Meinung »Theätet« schreiben, wenn er es der Reihe nach tut?

Theätet. Offensichtlich.

[b] *Sokrates.* Obwohl er also noch kein Wissen hat, meint er das Richtige, wie wir behaupten?

Theätet. Ja.

ΣΩ. Λόγον γε ἔχων μετὰ ὀρθῆς δόξης. Τὴν γὰρ διὰ τοῦ στοιχείου ὁδὸν ἔχων ἔγραφεν, ἣν δὴ λόγον ὡμολογήσαμεν.
ΘΕΑΙ. Ἀληθῆ.
ΣΩ. Ἔστιν ἄρα, ὦ ἑταῖρε, μετὰ λόγου ὀρθὴ δόξα, ἣν οὔπω δεῖ ἐπιστήμην καλεῖν.
ΘΕΑΙ. Κινδυνεύει.
ΣΩ. Ὄναρ δή, ὡς ἔοικεν, ἐπλουτήσαμεν οἰηθέντες ἔχειν τὸν ἀληθέστατον ἐπιστήμης λόγον. Ἢ μήπω κατηγορῶμεν; [c] ἴσως γὰρ οὐ τοῦτό τις αὐτὸν ὁριεῖται, ἀλλὰ τὸ λοιπὸν εἶδος τῶν τριῶν, ὧν ἕν γέ τι ἔφαμεν λόγον θήσεσθαι τὸν ἐπιστήμην ὁριζόμενον δόξαν εἶναι ὀρθὴν μετὰ λόγου.
ΘΕΑΙ. Ὀρθῶς ὑπέμνησας· ἔτι γὰρ ἓν λοιπόν. Τὸ μὲν γὰρ ἦν διανοίας ἐν φωνῇ ὥσπερ εἴδωλον, τὸ δ᾽ ἄρτι λεχθὲν διὰ στοιχείου ὁδὸς ἐπὶ τὸ ὅλον· τὸ δὲ δὴ τρίτον τί λέγεις;
ΣΩ. Ὅπερ ἂν οἱ πολλοὶ εἴποιεν, τὸ ἔχειν τι σημεῖον εἰπεῖν ᾧ τῶν ἁπάντων διαφέρει τὸ ἐρωτηθέν.
ΘΕΑΙ. Οἷον τίνα τίνος ἔχεις μοι λόγον εἰπεῖν;
[d] ΣΩ. Οἷον, εἰ βούλει, ἡλίου πέρι ἱκανὸν οἶμαί σοι εἶναι ἀποδέξασθαι, ὅτι τὸ λαμπρότατόν ἐστι τῶν κατὰ τὸν οὐρανὸν ἰόντων περὶ γῆν.
ΘΕΑΙ. Πάνυ μὲν οὖν.
ΣΩ. Λαβὲ δὴ οὗ χάριν εἴρηται. Ἔστι δὲ ὅπερ ἄρτι ἐλέγομεν, ὡς ἄρα τὴν διαφορὰν ἑκάστου ἂν λαμβάνῃς ᾗ τῶν

Sokrates. Er hat aber die Erklärung mit richtiger Meinung. Denn er schrieb es ja, indem er über den Durchgang durch die Grundbestandteile Bescheid wußte, den wir gemeinsam als Erklärung annahmen.
Theätet. Richtig.
Sokrates. Es gibt also, mein Freund, eine wahre Meinung verbunden mit Erklärung, welche man noch nicht Wissen nennen darf.
Theätet. So sieht es aus.
Sokrates. Anscheinend sind wir also nur im Traum reicher geworden mit unserem Glauben, eine vollkommen richtige Erklärung für das Wissen zu besitzen. Oder sollen wir diese Anklage noch nicht aussprechen? [c] Denn vielleicht wird man sie nicht auf diese Weise bestimmen, sondern nach der noch übriggebliebenen der drei Bedeutungen. Eine von ihnen muß man, wie wir sagten, für die »Erklärung« annehmen, wenn man Wissen als wahre Meinung verbunden mit Erklärung bestimmt.
Theätet. Mit deiner Erinnerung hast du recht. Eine ist ja noch übrig. Die erste war gleichsam ein Abbild des Gedankens in der Stimme, die eben genannte war der Durchgang durch die Grundbestandteile zum Ganzen. Was meinst du aber mit der dritten?
Sokrates. Was auch die meisten sagen würden: ein Merkmal angeben können, wodurch sich das Gefragte von allem übrigen unterscheidet.
Theätet. Welche Erklärung zum Beispiel kannst du mir von irgend etwas geben?
[d] *Sokrates.* Von der Sonne zum Beispiel, wenn du willst, wird dir die Bestimmung genügen, daß sie das glänzendste von allen Gestirnen ist, die sich am Himmel um die Erde bewegen.
Theätet. Auf jeden Fall.
Sokrates. Laß mich dir den springenden Punkt des Gesagten darlegen. Was wir vorhin sagten, bedeutet nämlich, daß man nach der Behauptung mancher Leute dann eine Erklärung

ἄλλων διαφέρει, λόγον, ὥς φασί τινες, λήψῃ· ἕως δ' ἂν κοινοῦ τινος ἐφάπτῃ, ἐκείνων πέρι σοι ἔσται ὁ λόγος ὧν ἂν ἡ κοινότης ᾖ.

[e] ΘΕΑΙ. Μανθάνω· καί μοι δοκεῖ καλῶς ἔχειν λόγον τὸ τοιοῦτον καλεῖν.

ΣΩ. Ὃς δ' ἂν μετ' ὀρθῆς δόξης περὶ ὁτουοῦν τῶν ὄντων τὴν διαφορὰν τῶν ἄλλων προσλάβῃ, αὐτοῦ ἐπιστήμων γεγονὼς ἔσται οὗ πρότερον ἦν δοξαστής.

ΘΕΑΙ. Φαμέν γε μὴν οὕτω.

ΣΩ. Νῦν δῆτα, ὦ Θεαίτητε, παντάπασιν ἔγωγε, ἐπειδὴ ἐγγὺς ὥσπερ σκιαγραφήματος γέγονα τοῦ λεγομένου, συνίμηι οὐδὲ σμικρόν· ἕως δὲ ἀφειστήκη πόρρωθεν, ἐφαίνετό τί μοι λέγεσθαι.

ΘΕΑΙ. Πῶς τί τοῦτο;

[209a] ΣΩ. Φράσω, ἐὰν οἷός τε γένωμαι. Ὀρθὴν ἔγωγε ἔχων δόξαν περὶ σοῦ, ἐὰν μὲν προσλάβω τὸν σὸν λόγον, γιγνώσκω δή σε, εἰ δὲ μή, δοξάζω μόνον.

ΘΕΑΙ. Ναί.

ΣΩ. Λόγος δέ γε ἦν ἡ τῆς σῆς διαφορότητος ἑρμηνεία.

ΘΕΑΙ. Οὕτως.

ΣΩ. Ἡνίκ' οὖν ἐδόξαζον μόνον, ἄλλο τι ᾧ τῶν ἄλλων διαφέρεις, τούτων οὐδενὸς ἡπτόμην τῇ διανοίᾳ;

ΘΕΑΙ. Οὐκ ἔοικε.

ΣΩ. Τῶν κοινῶν τι ἄρα διενοούμην, ὧν οὐδὲν σὺ μᾶλλον ἤ τις ἄλλος ἔχει.

[b] ΘΕΑΙ. Ἀνάγκη.

ΣΩ. Φέρε δὴ πρὸς Διός· πῶς ποτε ἐν τῷ τοιούτῳ σὲ μᾶλλον ἐδόξαζον ἢ ἄλλον ὁντινοῦν; Θὲς γάρ με διανοούμενον ὡς ἔστιν οὗτος Θεαίτητος, ὃς ἂν ᾖ τε ἄνθρωπος καὶ ἔχῃ

erfaßt, wenn man den Unterschied eines jeden Dinges erfaßt hat, wodurch er sich von dem übrigen unterscheidet. Solange man jedoch nur eine Gemeinsamkeit trifft, bezieht sich die Erklärung darauf, wovon diese Gemeinsamkeit gilt.

[e] *Theätet.* Ich begreife. Und ich finde es sehr richitg, dies unter Erklärung zu verstehen.

Sokrates. Wer also bei seiner richtigen Meinung über irgendeines der Dinge auch noch dessen Unterschied vom übrigen zusätzlich auffaßt, der wird davon ein Wissen haben, wovon er vorher nur eine Meinung hatte.

Theätet. Das ist unsere Behauptung.

Sokrates. Jetzt allerdings, Theätet, wenn ich an das Gesagte wie an ein perspektivisches Gemälde näher herangehe, begreife ich auch nicht das Geringste mehr. Solange ich aber weiter entfernt davon stand, schien mir damit etwas Haltbares gesagt zu sein.

Theätet. Wie meinst du das?

[209 a] *Sokrates.* Ich will es dir sagen, wenn ich kann. Wenn ich also zu meiner wahren Meinung über dich auch noch die Erklärung von dir hinzunehme, kenne ich dich, sonst aber habe ich bloß eine Meinung von dir.

Theätet. Ja.

Sokrates. Die Erklärung von dir aber war die Darstellung deines Unterschiedes.

Theätet. So ist es.

Sokrates. Als ich nur eine Meinung von dir hatte, erfaßte ich mit meinen Gedanken doch nichts davon, wodurch du dich von den anderen unterscheidest?

Theätet. Offensichtlich nicht.

Sokrates. Ich habe mir also nur etwas Gemeinsames gedacht, das du genauso wie ein anderer an dir hast.

[b] *Theätet.* Notwendigerweise.

Sokrates. In Zeus' Namen also weiter! Wieso eigentlich würde ich dich in einem solchen Fall mehr meinen als irgendeinen anderen? Nimm einmal an, ich dächte mir den Theätet als einen solchen, der ein Mensch ist und Nase, Augen und

ῥῖνα καὶ ὀφθαλμοὺς καὶ στόμα καὶ οὕτω δὴ ἓν ἕκαστον τῶν μελῶν· αὕτη οὖν ἡ διάνοια ἔσθ' ὅτι μᾶλλον ποιήσει με Θεαίτητον ἢ Θεόδωρον διανοεῖσθαι, ἢ τῶν λεγομένων Μυσῶν τὸν ἔσχατον;

ΘΕΑΙ. Τί γάρ;

ΣΩ. Ἀλλ' ἐὰν δὴ μὴ μόνον τὸν ἔχοντα ῥῖνα καὶ ὀφθαλμοὺς διανοηθῶ, [c] ἀλλὰ καὶ τὸν σιμόν τε καὶ ἐξόφθαλμον, μή τι σὲ αὖ μᾶλλον δοξάσω ἢ ἐμαυτὸν ἢ ὅσοι τοιοῦτοι;

ΘΕΑΙ. Οὐδέν.

ΣΩ. Ἀλλ' οὐ πρότερόν γε, οἶμαι, Θεαίτητος ἐν ἐμοὶ δοξασθήσεται, πρὶν ἂν ἡ σιμότης αὕτη τῶν ἄλλων σιμοτήτων ὧν ἐγὼ ἑώρακα διάφορόν τι μνημεῖον παρ' ἐμοὶ ἐνσημηναμένη κατάθηται – καὶ τἆλλα οὕτω ἐξ, ὧν εἶ σύ – ἥ με, καὶ ἐὰν αὔριον ἀπαντήσω, ἀναμνήσει καὶ ποιήσει ὀρθὰ δοξάζειν περὶ σοῦ.

ΘΕΑΙ. Ἀληθέστατα.

[d] ΣΩ. Περὶ τὴν διαφορότητα ἄρα καὶ ἡ ὀρθὴ δόξα ἂν εἴη ἑκάστου πέρι.

ΘΕΑΙ. Φαίνεταί γε.

ΣΩ. Τὸ οὖν προσλαβεῖν λόγον τῇ ὀρθῇ δόξῃ τί ἂν ἔτι εἴη; εἰ μὲν γὰρ προσδοξάσαι λέγει ᾗ διαφέρει τι τῶν ἄλλων, πάνυ γελοία γίγνεται ἡ ἐπίταξις.

ΘΕΑΙ. Πῶς;

ΣΩ. Ὧν ὀρθὴν δόξαν ἔχομεν ᾗ τῶν ἄλλων διαφέρει, τούτων προσλαβεῖν κελεύει ἡμᾶς ὀρθὴν δόξαν ᾗ τῶν ἄλλων διαφέρει. Καὶ οὕτως ἡ μὲν σκυτάλης ἢ ὑπέρου ἢ ὅτου δὴ λέγεται περιτροπὴ [e] πρὸς ταύτην τὴν ἐπίταξιν οὐδὲν ἂν λέγοι, τυφλοῦ δὲ παρακέλευσις ἂν καλοῖτο δι-

Mund und genauso Körperteil für Körperteil hat. Wird nun dieser Gedanke mich mehr den Theätet als den Theodoros denken lassen, oder auch nur den letzten Myser[69], wie man so sagt?

Theätet. Wie sollte er?

Sokrates. Aber wenn ich ihn mir nicht nur mit Nase und Augen denke, [c] sondern auch mit einer breiten Nase und hervorquellenden Augen, werde ich etwa dann eher dich meinen als mich oder sonst irgendeinen von diesem Aussehen?

Theätet. Keineswegs.

Sokrates. Sondern Theätet wird nicht eher, wie ich glaube, von mir gemeint sein, bis seine breite Nase bei mir ein Kennzeichen einprägt und zurückläßt, das sich von den anderen breiten Nasen unterscheidet, die ich gesehen habe. Dasselbe gilt für deine übrigen Bestandteile. Dies würde mich, auch wenn ich dir morgen begegnete, an dich erinnern und eine richtige Meinung von dir bewirken.

Theätet. Völlig richtig.

[d] *Sokrates.* Auf den Unterschied bezieht sich also schon die richtige Meinung von einem jeden.

Theätet. Offensichtlich.

Sokrates. Was würde es dann eigentlich bringen, wenn man der richtigen Meinung noch die Erklärung hinzufügte? Wenn es nämlich die zusätzliche Meinung darüber bedeutet, wodurch sich etwas vom übrigen unterscheidet, dann würde dies eine recht lächerliche Vorschrift sein.

Theätet. Wieso?

Sokrates. Wovon wir schon eine richtige Meinung haben, inwiefern es sich vom übrigen unterscheidet, davon sollen wir noch eine richtige Meinung hinzufügen, inwiefern es sich vom übrigen unterscheidet. Somit wäre das Herumdrehen eines Briefstabes[70], einer Mörserkeule oder was man sonst aufzählt, [e] noch gar nichts gegen eine solche Vorschrift. Noch passender könnte man sie die Aufforderung eines Blinden nennen. Denn aufzufordern, was wir haben,

καιότερον· τὸ γάρ, ἃ ἔχομεν, ταῦτα προσλαβεῖν κελεύειν, ἵνα μάθωμεν ἃ δοξάζομεν, πάνυ γενναίως ἔοικεν ἐσκοτωμένῳ.

ΘΕΑΙ. Εἰπὲ δὴ τί νυνδὴ ὡς ἐρῶν ἐπύθου;

ΣΩ. Εἰ τὸ λόγον, ὦ παῖ, προσλαβεῖν γνῶναι κελεύει, ἀλλὰ μὴ δοξάσαι τὴν διαφορότητα, ἡδὺ χρῆμ᾽ ἂν εἴη τοῦ καλλίστου τῶν περὶ ἐπιστήμης λόγου. Τὸ γὰρ γνῶναι ἐπιστήμην που λαβεῖν ἐστιν· [210a] ἦ γάρ;

ΘΕΑΙ. Ναί.

ΣΩ. Οὐκοῦν ἐρωτηθείς, ὡς ἔοικε, τί ἐστιν ἐπιστήμη, ἀποκρινεῖται ὅτι δόξα ὀρθὴ μετὰ ἐπιστήμης διαφορότητος. Λόγου γὰρ πρόσληψις τοῦτ᾽ ἂν εἴη κατ᾽ ἐκεῖνον.

ΘΕΑΙ. Ἔοικεν.

ΣΩ. Καὶ παντάπασί γε εὔηθες, ζητούντων ἡμῶν ἐπιστήμην, δόξαν φάναι ὀρθὴν εἶναι μετ᾽ ἐπιστήμης εἴτε διαφορότητος εἴτε ὁτουοῦν. Οὔτε ἄρα αἴσθησις, ὦ Θεαίτητε, οὔτε δόξα ἀληθής, [b] οὔτε μετ᾽ ἀληθοῦς δόξης λόγος προσγιγνόμενος ἐπιστήμη ἂν εἴη.

ΘΕΑΙ. Οὐκ ἔοικεν.

ΣΩ. Ἦ οὖν ἔτι κυοῦμέν τι καὶ ὠδίνομεν, ὦ φίλε, περὶ ἐπιστήμης, ἢ πάντα ἐκτετόκαμεν;

ΘΕΑΙ. Καὶ ναὶ μὰ Δί᾽ ἔγωγε πλείω ἢ ὅσα εἶχον ἐν ἐμαυτῷ διὰ σὲ εἴρηκα.

ΣΩ. Οὐκοῦν ταῦτα μὲν πάντα ἡ μαιευτικὴ ἡμῖν τέχνη ἀνεμιαῖά φησι γεγενῆσθαι καὶ οὐκ ἄξια τροφῆς;

ΘΕΑΙ. Παντάπασι μὲν οὖν.

ΣΩ. Ἐὰν τοίνυν ἄλλων μετὰ ταῦτα ἐγκύμων ἐπιχειρῇς γίγνεσθαι, ὦ Θεαίτητε, [c] ἐάντε γίγνῃ, βελτιόνων ἔσῃ πλήρης διὰ τὴν νῦν ἐξέτασιν, ἐάντε κενὸς ᾖς, ἧττον ἔσῃ

hinzuzunehmen, damit wir erfahren, was wir schon meinen, das gleicht doch ganz genau der Handlungsweise eines Menschen, der in Finsternis lebt.
Theätet. Sage uns doch, was du jetzt mit deiner Frage herausbekommen wolltest.
Sokrates. Wenn die Erklärung hinzufügen bedeutet, mein Junge, den Unterschied zu erkennen und nicht nur zu meinen, dann wäre das ja eine herrliche Sache mit dieser schönsten aller Erklärungen des Wissens. Denn Erkennen heißt doch Erfassen des Wissens. [210a] Nicht wahr?
Theätet. Ja.
Sokrates. Also wird man offensichtlich auf die Frage hin, was Wissen sei, antworten, es sei eine wahre Meinung verbunden mit dem Wissen des Unterschiedes. Denn das Hinzufügen der Erklärung wäre ja nach seiner Auffassung genau dieses.
Theätet. Offensichtlich.
Sokrates. Und es ist doch recht einfältig, bei unserer Untersuchung des Wissens zu behaupten, es sei wahre Meinung verbunden mit dem Wissen vom Unterschied oder von sonst etwas. Folglich, Theätet, wäre das Wissen weder Wahrnehmung [b] noch wahre Meinung, noch Erklärung verbunden mit wahrer Meinung.
Theätet. Offensichtlich nicht.
Sokrates. Gehen wir also noch schwanger und haben wir Wehen, mein Freund, hinsichtlich des Wissens, oder haben wir alles zutage gebracht?
Theätet. Bei Zeus, ich jedenfalls habe mehr, als ich überhaupt in mir hatte, mit deiner Hilfe gesagt.
Sokrates. Und behauptet nun nicht meine Geburtshilfekunst, dies alles seien bloße Windeier und nicht der Aufzucht wert?
Theätet. Allerdings.
Sokrates. Wolltest du nun nach diesem mit anderem schwanger werden wollen, Theätet, [c] oder wärest du es wirklich, dann wirst du auf Grund der jetzigen Untersuchung voll von

βαρὺς τοῖς συνοῦσι καὶ ἡμερώτερος σωφρόνως οὐκ οἰόμενος εἰδέναι ἃ μὴ οἶσθα. Τοσοῦτον γὰρ μόνον ἡ ἐμή τέχνη δύναται, πλέον δὲ οὐδέν, ουδέ τι οἶδα ὧν οἱ ἄλλοι, ὅσοι μεγάλοι καὶ θαυμάσιοι ἄνδρες εἰσί τε καὶ γεγόνασιν· τὴν δὲ μαιείαν ταύτην ἐγώ τε καὶ ἡ μήτηρ ἐκ θεοῦ ἐλάχομεν, ἡ μὲν τῶν γυναικῶν, [d] ἐγὼ δὲ τῶν νέων τε καὶ γενναίων καὶ ὅσοι καλοί. Νῦν μὲν οὖν ἀπαντητέον μοι εἰς τὴν τοῦ βασιλέως στοὰν ἐπὶ τὴν Μελήτου γραφὴν ἥν με γέγραπται· ἕωθεν δέ, ὦ Θεόδωρε, δεῦρο πάλιν ἀπαντῶμεν.

besseren Gedanken sein. Solltest du aber leer bleiben, wirst du deiner Umgebung weniger lästig fallen und freundlicher sein, wenn du besonnenerweise nicht zu wissen glaubst, was du nicht weißt. Denn nur so viel kann meine Kunst erreichen, mehr aber nicht. Auch weiß ich nichts von dem, was die anderen, berühmten und bewundernswerten Männer der Vergangenheit und Gegenwart wissen und wußten. Diese Geburtshilfekunst aber haben ich und meine Mutter vom Gott erhalten, meine Mutter für die Frauen, [d] ich aber für die hervorragenden schönen und jungen Männer. Jetzt muß ich zur Königshalle gehen wegen der Anklage, die Meletos gegen mich eingeleitet hat.[71] Morgen früh aber, Theodoros, wollen wir uns wieder hier treffen.[72]

Anmerkungen

Gliederung des Dialogs

Rahmengespräch (142 a)
Herleitung der Frage nach dem Wissen (143 c)
Antwort durch Aufzählung (146 c)

Wissen als Wahrnehmung (151 e)
Kritik an der Identifikation von Wissen und Wahrnehmung (160 e)
Verteidigungsrede des Sokrates für Protagoras (165 e)
Fortführung der Kritik an der Identifikation von Wissen und Wahrnehmung (168 c)
Exkurs: Freies und geknechtetes Denken (172 c)
Weitere Kritik an der Identifikation von Wissen und Wahrnehmung (177 c)

Wissen als wahre Meinung (187 a)
Bestimmung der falschen Meinung (187 c)
Das Modell des Wachsblocks (190 e)
Das Modell des Taubenschlags (196 d)

Wissen als wahre Meinung verbunden mit Erklärung (201 c)
Bestimmung der Erklärung (206 c)
Scheitern der Untersuchung (210 a)

1 (142 a) Eukleides, etwa 450–370 v. Chr., aus Megara, war ein Schüler des Sokrates. Zusammen mit Terpsion war er bei dem letzten Gespräch des Sokrates im Gefängnis anwesend (*Phaidon* 59 c). Platon flüchtete sich nach dem Tode des Sokrates zu Eukleides nach Megara. Wenig später gründete Eukleides eine eigene, die sogenannte Megarische Schule.

2 (142 a) Theätet, etwa 415–369 v. Chr., aus Athen, Schüler des Mathematikers Theodoros (s. Anm. 7) und Schüler Platons, war ein bedeutender Mathematiker. Er bewies die Irrationalität aller Quadratzahlen aus nichtquadratischen ganzen Zahlen, klassifizierte die Irrationalzahlen und bewies, daß es genau fünf regelmäßige Körper gibt.

3 (142 a) Die Schlacht bei Korinth zwischen den Athenern und den Thebanern fand im Jahr 369 statt. Dieses Datum gibt also für die Abfassungszeit des Platonischen Dialoges einen gewissen Anhalt.

4 (142 c) Megara ist eine im Westen gelegene Nachbarstadt Athens.

5 (142c) Der im folgenden erzählte Dialog wird also kurz vor das Todesjahr des Sokrates, 399 v. Chr., verlegt (siehe auch das Dialog-Ende).

6 (143b) Erineos ist ein attisches Dorf am Fluß Kephissos.

7 (143b) Theodoros, 470/460–390/380 v. Chr., aus Kyrene, war ein bedeutender Mathematiker. Seine bekannteste Leistung wird in 147d erwähnt (s. Anm. 10).

8 (145a) Geometrie, Arithmetik, Astronomie und Musik, das später sogenannte Quadrivium, gehören seit dem Sophisten Hippias zur griechischen »universellen Bildung« (ἐγκύκλιος παιδεία); dazu kommt dann das Trivium Grammatik, Dialektik und Rhetorik. Als die Wissensgebiete, in denen sich die Freien bildeten, machten sie in Rom den Kanon der sieben *artes liberales* aus und bildeten schließlich das Curriculum der Artistenfakultät der mittelalterlichen Universitäten.

9 (146a) Bei dem Ballspiel nannten die Kinder den Sieger »König«; er durfte den Besiegten befehlen und sich auf den Rücken der Besiegten setzen, die darum »Esel« genannt wurden.

10 (147d) Theodoros zeigte, daß die Seiten der Quadrate mit 3, 5, 6, 7, 8, 10, 11, 12, 13, 14, 15 und 17 Quadratfuß Flächeninhalt mit dem einen Fuß (als fest gewählter Längeneinheit) nicht kommensurabel sind, das heißt, daß das Verhältnis der Seite 1 zu 1 Fuß niemals gleich dem Verhältnis irgend zweier ganzer Zahlen ist. Wir sagen, diese Quadratwurzeln sind irrational. Für $\sqrt{18} = 3\sqrt{2}$ war der Beweis wegen der offenbar bekannten Irrationalität von $\sqrt{2}$ erledigt. Ob Theodoros den Beweis für die 19 und die folgenden Zahlen nur zufällig nicht ausgeführt hat oder weil das von ihm gewählte Verfahren für 19 weitaus komplizierter war als für die kleineren Zahlen, ist unklar.

11 (149a) Sokrates war der Sohn der Hebamme Phänarete aus ihrer zweiten Ehe mit dem Steinmetz Sophroniskos.

12 (149b) Artemis ist eine Tochter des Zeus und der Leto, die Schwester des Apollon. Sie gilt unter anderem als jungfräuliche Geburtshelferin.

13 (149d) Zum sachverständigen Zusammenführen von Mann und Frau vergleiche man die diesbezügliche Institution in Platons *Staat* V, 458ff.

14 (150c) Als Auftrag des Gottes Apollon beschreibt Sokrates seine Tätigkeit auch *Apologie* 20c ff., 30d ff.

15 (151a) Aristeides und sein Vater Lysimachos kommen auch in Platons *Laches* 179a vor.

16 (151 a) Das Daimonion wird von Sokrates in seiner Verteidigungsrede gegen die Anklage der Einführung neuer Götter als eine innere Stimme beschrieben, die jedesmal, wenn sie sich melde, ihm von einer Handlung abrate, ihm aber noch nie zu einer Handlung zugeredet habe (*Apologie* 31 d).

17 (151 b) Prodikos, 2. Hälfte des 5. Jahrhunderts v. Chr., aus Keos, war ein bekannter Sophist, der sich mit Kosmologie, Anthropologie und Ethik beschäftigte, vor allem aber mit Synonymik, der Lehre von der Unterscheidung bedeutungsverwandter Wörter. Für Platon war die Synonymik des Prodikos eine Vorstufe der Definitionskunst des Sokrates (vgl. Platon, *Protagoras* 341 a; *Kratylos* 384 b; *Euthydemos* 277 e ff.).

18 (151 e) Den Begriff »Wahrnehmung« (αἴσθησις) hat man an dieser Stelle offenbar noch nicht als Gegensatz zum »Urteil« zu verstehen; gemeint ist vielmehr noch ganz undifferenziert die »Auffassung« oder das »Gewahrwerden« von einem Gegenstande (engl. ›perception‹ im Unterschied zu ›sensation‹).

19 (151 e) Protagoras, 480–410 v. Chr., aus Abdera, war der älteste und bedeutendste der Sophisten; er unternahm als erster Vortragsreisen und fand mit seinem gegen Honorar erteilten Unterricht in der »Wohlberatenheit in eigenen und öffentlichen Angelegenheiten« (*Protagoras* 318 e f.) großen Anklang, insbesondere auch in Athen, wo er mit Perikles befreundet war. Seine Philosophie, insbesondere seine Erkenntnislehre, aber auch seine Geschichtstheorie, wirkte auf Demokrit, Antisthenes, Platon und die Skeptiker. Platon setzt sich mit ihm auch in seinem Dialog *Protagoras* auseinander.

20 (152 a) Die Doppelbedeutung des griechischen ὡς (»daß« und »wie«) hat manche Interpreten zu der Übersetzung veranlaßt: »der seienden, wie sie sind, der nicht seienden, wie sie nicht sind«. Diese Übersetzung ist ganz unhaltbar, und zwar schon aus grammatischem Grunde: »wie« in der Bedeutung von »wie beschaffen« heißt griechisch οἷα, nicht ὡς. Auch inhaltlich zeigt die Explikation des Satzes im Dialog, daß nach dieser Lehre einem Gegenstande nicht Qualitäten oder Prädikate, sondern nur Sein oder Nichtsein zugeschrieben werden, z. B. dem kalten Wind wird Sein, dem warmen Wind wird Nichtsein zugeschrieben.

21 (152 c) Die Chariten (lat. Grazien) sind drei segenspendende Göttinnen; sie schenken Fruchtbarkeit und sind ein Inbegriff der Anmut.

22 (152 c) Die *Wahrheit* (Ἀλήθεια) war der Titel des mit dem

Homo-mensura-Satz beginnenden Buches des Protagoras. Vgl. auch 162a.

23 (152e) Heraklit, etwa 550–480 v. Chr., aus Ephesos, war ein bedeutender Naturphilosoph; er lehrte, daß sich die Elemente ineinander verwandeln. Wegen dieser ständigen Veränderung sagte Heraklit: »Man kann nicht zweimal in denselben Fluß steigen« (Heraklit B 49a Diels/Kranz).

24 (152e) Empedokles, etwa 500–430 v. Chr., aus Akragas, lehrte in seiner Naturphilosophie, daß die vier »Wurzeln« aller Dinge, Feuer, Luft, Wasser und Erde, sich mischen und trennen, und zwar unter dem Einfluß der »Liebe« sich mischen, unter dem Einfluß des »Streits« sich trennen, wobei im Kosmos periodisch die Liebe und der Streit die Herrschaft erringen.

25 (152e) Epicharm war ein dorischer Komödiendichter in der ersten Hälfte des 5. Jahrhunderts v. Chr.

26 (152e) Homer, *Ilias* 14,201, und 14,302. – Die Griechen verwendeten Homer oft als anerkannte Autorität für neue Gedanken. Besonders bemühten sich die Sophisten um die sprachliche und inhaltliche Interpretation der Homerischen Dichtung (vgl. hierzu Platons Kritik in *Ion* und *Staat* X,595b ff.).

27 (153c) Siehe Homer, *Ilias* 8,18ff. Angespielt wird auf den Gleichklang von σείϱ (Sonne) und σειϱὴ χϱυσείη (goldenes Seil). Zu Platons Skepsis gegenüber auf ungesicherter Etymologie beruhenden Interpretationen siehe den *Kratylos.*

28 (154c) Zur Interpretation der gewählten Zahlen 4, 6 und 12 im Sinne einer Anspielung auf die Approximation des geometrischen Mittels durch arithmetisches und harmonisches Mittel siehe Brown (1969).

29 (154d) Siehe Euripides, *Hippolytos* 612: »Die Zunge hat den Eid geschworen, nicht das Herz.«

30 (155d) Nach Hesiod (*Theogonie* 265f.) ist Iris die Tochter des Thaumas. Nun wird Thaumas mit ϑαυμάζειν (sich wundern) in Verbindung gebracht (vgl. *Kratylos* 398d), und Iris, die in ihrer Eigenschaft als Götterbotin zwischen Himmel und Erde vermittelt, steht offenbar für die Philosophie. Den Gedanken, daß die Philosophie aus dem Sich-Wundern entspringe, findet man auch bei Aristoteles (*Metaphysik* I,2,982b11ff., und 983a12ff.), in offensichtlicher Anspielung auf das mathematische Beispiel von der Inkommensurabilität der Diagonalen im *Theätet.* [Anm. von E. M.]

31 (155e) Mit den »Uneingeweihten« scheint Platon nicht auf eine

bestimmte Philosophenschule anzuspielen. Die ältere Ansicht, daß Antisthenes und seine Anhänger gemeint seien, wird heute im allgemeinen verworfen. Möglicherweise liegt hier eine ironisierende Abwertung der Schrift des Protagoras als »esoterisch, unverständlich« vor (vgl. 162a).

32 (156a) Ob Platon mit den »geistreicheren« oder »gewitzteren« Leuten (κομψότεροι) eine bestimmte Gruppe – etwa Aristipp und seine Anhänger – gemeint hat, ist unsicher. Jedenfalls wird die hier referierte Lehre als eine mögliche Auslegung des Protagoreischen Homo-mensura-Satzes dargestellt. Wo es später (171a) um die Widerlegung des Homo-mensura-Satzes geht, wird das Wort wiederaufgenommen; das »Witzigste« (κομψότατον) sei schließlich, daß dem Satz zufolge auch die Bestreiter des Satzes im Recht seien.

33 (160a f.) Zur Unmöglichkeit wahrzunehmen, ohne *etwas* wahrzunehmen, vgl. insbesondere *Charmides* 167d f.

34 (160e) Ein neugeborenes Kind wurde am fünften Tage nach seiner Geburt zur kultischen Reinigung feierlich im Kreise um den Herd des Hauses herumgetragen.

35 (162d, e) Zum Zweifel des Protagoras an der Existenz der Götter vgl. Protagoras B 4 Diels/Kranz.

36 (164e) Kallias ist eine schon unter den Zeitgenossen umstrittene Figur. Er hat offenbar das große Vermögen seines Vaters Hipponikos freigebig ausgegeben. Seine Mutter war in zweiter Ehe mit Perikles verheiratet; seine Schwester war die Frau des Alkibiades. In Platons Dialog *Protagoras* sehen wir Kallias als den großzügigen und interessierten Gastgeber der auswärtigen Sophisten.

37 (166c) Das Schwein symbolisiert im griechischen im Gegensatz zum deutschen Sprachgebrauch nicht einen moralischen, sondern einen intellektuellen Mangel. Zum Schwein als dem dummen Tier vgl. *Laches* 196d; s. auch Cicero, *Academica posteriora* I, 5, 18.

38 (169a) Skiron war ein Riese, der alle, die zwischen Megara und Athen den Strand entlangwanderten, aufhielt, zum Kampf zwang, besiegte, ihm die Füße zu waschen zwang und dann ins Meer stieß. Theseus gelang es, ihn zu besiegen und ins Meer zu stoßen.

39 (169b) Antaios zwang die durch Libyen ziehenden Fremden ebenfalls zum Kampf und tötete sie. Herkules gelang es, ihn zu besiegen.

40 (170e) Vgl. Homer, *Odyssee* 16,121.

41 (171a) Das von Platon hier gegen die Protagoreische Position, daß jeder nur Wahres vorstelle, vorgebrachte Argument, daß demnach auch die Bestreiter dieser Position Wahres vorstellen, ist zuvor bereits von Demokrit gegen Protagoras verwendet worden: vgl. Sextus Empiricus, *Adversus mathematicos* 7,389. Auch Aristoteles übernimmt diese Argumentation: Aristoteles, *Metaphysik* IV, 8,1012b15ff. Das Argument erhält später den Namen περιτροπή (Umkehrung) und gewinnt eine wichtige Rolle bei den Skeptikern.

42 (172c) Zum Verhalten der Redner vor Gericht vgl. Platon, *Gorgias* 484c–e, und *Staat* VII,517d.

43 (172d) Vgl. Aristoteles, *Metaphysik* I,1,981b20ff. Aristoteles meint, daß die theoretischen Wissenschaften zuerst dort entstanden, wo die Bedürfnisse des Lebens bereits befriedigt waren. Als Beispiel nennt er die Entstehung der Mathematik in Ägypten, wo dem Stande der Priester Muße gelassen war. Einen gegenteiligen Standpunkt hatte Demokrit eingenommen, indem er die Wissenschaften alle aus den Bedürfnissen des Lebens (aus der χρεία) herleitete.

44 (172d) Für die Messung von Zeitintervallen wurden im gesamten Altertum Wasseruhren verwendet.

45 (172e) In der sogenannten Antomosie legten sowohl der Kläger auf die Klageschrift als auch der Beklagte auf die Einrede einen Eid ab. Diese beeideten Stellungnahmen beider Seiten dienten einer summarischen Prüfung, ob ein gerichtliches Verfahren zu eröffnen war.

46 (173e) Vgl. Pindar, Fragment 292 ed. Snell.

47 (174a) Thales, 1. Hälfte des 6. Jahrhunderts v. Chr., aus Milet, gilt – nach Aristoteles, *Metaphysik* I, 3, 983b 20ff. – als der erste, der auf rationale, nicht mehr mythologische Weise über den Kosmos philosophierte. Er lehrte, daß die Erde wie ein Schiff auf dem Wasser schwimme. Als der erste der Sieben Weisen hat er den Ruf, ein weltfremder Theoretiker zu sein (vgl. Aristophanes, *Vögel* 1009; *Wolken* 180). Aristoteles (*Politik* I,11,1259a) berichtet eine Anekdote, nach der Thales den Nutzen seiner Wissenschaft durch Vorausberechnung einer reichen Olivenernte und Aufkauf möglichst vieler Olivenpressen zur teuren Weitervermietung bewiesen habe; auf den Nutzen komme es ihm aber nicht an.

48 (174b) Vgl. zur »Idee des Menschen« Aristoteles, *Metaphysik* VII,16,1040b34.

49 (175a) Amphitryon, ein Feldherr der Thebaner, ist, wohl nach

griechischem Vorbild, Titelfigur der Verwechslungskomödie des Plautus (vgl. Molière, Kleist), in der seine Frau Alkmene von Zeus in seiner Gestalt geliebt wurde.

50 (175 e) Zu Platons Vergleich der sophistischen Rhetorik mit der Kochkunst siehe *Gorgias* 463 a–465 e.

51 (178 c) Aristoteles (*Metaphysik* IV,5,1010 b11 ff.) übernimmt von Platon das Argument, daß die Meinung des Arztes darüber, ob jemand gesund werden wird oder nicht, gültiger sei als die des Laien.

52 (180 e) Parmenides, etwa 515–445 v. Chr., aus Elea, läßt in seinem Lehrgedicht die Göttin den Dichter belehren, daß es Nichtsein, Werden, Vergehen, Bewegung und Vielheit nicht gebe, sondern vom Standpunkt der Göttin aus sei nur das Eine, Unentstandene, Unvergängliche, Unbewegte, Seiende (wenn auch aus der begrenzten Sichtweise der Menschen die Dinge aus Sein und Nichts gemischt erscheinen). Der zitierte, unklar überlieferte Satz ist bei Diels/Kranz der Vers 18 B 8, 38 des Parmenideischen Lehrgedichts. – Melissos, 1. Hälfte des 5. Jahrhunderts v. Chr., aus Samos, übernimmt die Lehre des Parmenides mit der Abweichung, daß er das Seiende nicht wie Parmenides für begrenzt, sondern für unbegrenzt hält.

53 (181 c) Das griechische Wort κίνησις bedeutet »Bewegung« im allgemeineren Sinne von »Veränderung«; schon umgangssprachlich fallen also sowohl Ortsbewegung als auch qualitative Veränderung darunter. Der Prozeß der Fixierung einer philosophischen Terminologie läßt sich an diesem Beispiel über Platon, *Parmenides* 138 b f., und *Gesetze* X,893 c ff., bis zu Aristoteles verfolgen, für den die vierfache Differenzierung der Bewegung als substantielle, qualitative sowie quantitative Veränderung und Ortsbewegung feststeht.

54 (182 a) Auch am Begriff der »Beschaffenheit« oder »Qualität« läßt sich der hier recht mühsam vollzogene Übergang vom umgangssprachlichen Ausdruck zum philosophischen Terminus technicus beobachten; bei Aristoteles ist Beschaffenheit (ποιότης) fest fixiert als eine der 10 Kategorien. Vgl. zur ersten terminologischen Einführung der Kategorien »sein« und »leiden« Platon, *Euthyphron* 11 a. [Anm. von E. M.]

55 (183 e) Vgl. Homer, *Odyssee* 8,22, und *Ilias* 3,172.

56 (183 e) Ein Zusammentreffen des Sokrates mit Parmenides wird nicht nur hier, sondern auch in *Sophistes* 217 c und *Parmenides* 126 c ff. erwähnt.

57 (189d) Zur Selbstprädikation vgl. Platon, *Euthydemos* 283e bis 284e. Man kann nicht lügen oder etwas Falsches sagen, weil etwas sagen immer Seiendes und somit Wahres sagen heißt. Wie man also vom Wahren nicht falsch sprechen kann, so auch vom Schlechten nur schlecht, von den Großen nur groß, den Warmen nur warm und den Frostigen nur frostig. Vgl. R. Marten, »›Selbstprädikation‹ bei Platon«, in: *Kant-Studien* 58 (1967) S. 209–215; bes. S. 212–215 ›Zur Selbstbezogenheit des Logos‹. [Anm. von E.M.]

58 (190c) Gemeint ist die Ausdrucksweise im vorangegangenen Satz (vgl. bereits 190b). Anders als in der deutschen Übersetzung »daß das eine das andere ist« besteht im Griechischen die Schwierigkeit, daß ohnehin niemand ἕτερον mit ἕτερον verwechseln kann, da beides dasselbe ist. Daher muß Sokrates im nächsten Satz erläutern, was er inhaltlich mit dieser Verwechselung meint.

59 (191c) Ob es möglich ist zu lernen, was man früher nicht wußte, ist eine der Streitfragen in Platons Dialog *Euthydemos* 276d ff.

60 (191c) Zur wächsernen Prägemasse s. auch Aristoteles, *Über die Seele* II,12,424a17ff.

61 (192aff.) Die Ziffern im Text sind vom Übersetzer eingefügt. Siehe die Übersicht über die verschiedenen Kombinationsmöglichkeiten von Wissen bzw. Nichtwissen und Wahrnehmen bzw. Nichtwahrnehmen bei Deicke (1964), Detel (1972) und McDowell (1973).

62 (192c) Die Übersetzung folgt der Interpretation dieser Stelle durch Deicke (1964), gegen Schleiermacher, Detel (1972) und McDowell (1973).

63 (194c) Vgl. Homer, *Ilias* 2,851. Angespielt wird auf die Ähnlichkeit der Wörter κέαρ (Herz) und κηρός (Wachs).

64 (197b) An dieser Stelle wird die terminologische Unterscheidung von δύναμις (Möglichkeit) und ἐνέργεια (Wirklichkeit) vorbereitet (vgl. Aristoteles, *Metaphysik* V,7, und IX). [Anm. von E. M.]

65 (198c) Solche Streitfragen sind Gegenstand des Platonischen Dialogs *Euthydemos*.

66 (201c) Die Fähigkeit, eine Erklärung geben zu können, hat Platon selbst als das Unterscheidungsmerkmal zwischen einer bloßen Meinung und dem Wissen angegeben: *Menon* 97bff.; *Symposion* 202a; *Phaidon* 76b; *Staat* VII,534bf.

(201d ff.) Der Autor, von dem Theätet diese Definition übernommen zu haben angibt, ist offenbar Antisthenes. Dies zeigt

der Vergleich mit Aristoteles, *Metaphysik* IIX,3,1043b23ff. Antisthenes, Schüler des Sokrates, aber auch von den Sophisten beeinflußt, lebte etwa 450–365 v. Chr. [Anm. von E. M.]

67 (204a ff.) Zur Unterscheidung von Gesamtheit und Ganzem (πᾶν, ὅλον) vgl. die diesbezüglichen terminologischen Festlegungen bei Aristoteles, *Metaphysik* V,26,1024a1 (vgl. auch XII,1). [Anm. von E. M.]

68 (207a) Vgl. Hesiod, *Erga* 456.

69 (209b) Die Myser sind die vorgriechischen Bewohner von Mysia, einer Landschaft im nordwestlichen Kleinasien.

70 (209d) Der Briefstab (Skytale) war ein in Sparta verwendeter Stab zum Codieren von Nachrichten.

71 (210d) Vgl. den Dialogbeginn von Platons *Euthyphron.* Im Jahre 399 v. Chr. wurde Sokrates angeklagt, die Götter des attischen Staatskults nicht anzuerkennen, neue Götter einzuführen und die Jugend zu verführen. Ankläger waren Meletos, Anytos und Lykon. Mit seiner Verteidigungsrede, die hernach von Xenophon (Xenophon, *Apologie*) und von Platon (Platon, *Apologie*) literarisch verarbeitet worden ist, gelang es Sokrates nicht, die über ihn zu Gericht sitzende Volksversammlung von seiner Unschuld zu überzeugen. Er wurde zum Tod durch den Giftbecher verurteilt.

72 (210d) In Platons Dialog *Sophistes* findet das Gespräch eine Fortsetzung (vgl. *Sophistes* 216a1), auf die hier hingewiesen wird.

Literaturhinweise

Zum Text

Der vorliegende griechische Text folgt im wesentlichen der Ausgabe von Auguste Diès: Platon: Œuvres Complètes. Bd. 8. T. 1. Paris [4]1965 (Budé). Die Ziffern und Buchstaben im Text beziehen sich auf die Stephanus-Ausgabe (Paris 1578), nach der man allgemein (oft auch mit Zeilenangabe) zitiert.

Übersetzungen des »Theätet«

Platons Protagoras, Theaitetos. Ins Deutsche übertr. von K. Preisendanz. Jena 1920.

Platon: Theätet. Übers. und erl. von O. Apelt. Leipzig [4]1923.

Plato's theory of knowledge. The Theaetetus and the Sophist of Plato translated with a running commentary by F. M. Cornford. New York 1935.

Platons Spätdialoge. Bd. 1: Theaitetos, Der Sophist, Der Staatsmann, Kratylos. Eingel. von O. Gigon. Übertr. von R. Rufener. Zürich/ Stuttgart 1965.

Platon: Sämtliche Werke. Bd. 4: Phaidros, Parmenides, Theaitetos, Sophistes. Nach der Übers. von F. Schleiermacher mit der Stephanus-Numerierung hrsg. von W. F. Otto, E. Grassi, G. Plamböck. Reinbek bei Hamburg 1967.

Platon: Theaitetos, Der Sophist, Der Staatsmann. Bearb. von P. Staudacher. Griech. Text von A. Diès. Deutsche Übers. von F. Schleiermacher. Darmstadt 1970.

Platon: Theaetetus. Ed. and transl. with notes by J. McDowell. Oxford 1973.

Forschungsliteratur

J. L. Ackrill: Plato on False Belief: Theaetetus 187–200. In: The Monist 50 (1966) S. 383–402.

R. S. Bluck: ›Knowledge by Acquaintance‹ in Plato's Theaitetus. In: Mind 72 (1963) S. 259–263.

W. Bondeson: Perception, true opinion and knowledge in Plato's Theaetetus. In: Phronesis 14 (1969) S. 111–122.

M. S. Brown: Theaetetus: Knowledge as Continued Learning. In: Journal of the History of Philosophy 7 (1969) S. 359–379.
J. Burnet: ›Plato or Protagoras‹ by F. C. S. Schiller. In: Mind N. S. 17 (1908) S. 422f.
R. Camerer: Zu Platon Theaetet 183a 2–b 5. In: Hermes 96 (1968) S. 635–637.
A. Capelle: Bemerkungen zu Platons Theaetet. In: Hermes 88 (1960) S. 265–280.
A. Capelle: Zur Frage nach den κομψότεροι in Platons Theaetet p. 15a. In: Hermes 90 (1962) S. 288–294.
F. M. Cornford: Plato's theory of knowledge. The Theaetetus and the Sophist of Plato translated with a running commentary. New York 1935.
W. Deicke: Platon, Theaetet 192c. In: Phronesis 9 (1964) S. 136–142.
W. Detel: Platons Beschreibung des falschen Satzes im Theätet und Sophistes. Göttingen 1972.
W. Detel: Zur Argumentationsstruktur im ersten Hauptteil von Platons Aretedialogen. In: Archiv für Geschichte der Philosophie 55 (1973) S. 1–29.
H. Diels/W. Kranz (Hrsg.): Die Fragmente der Vorsokratiker. Bd. 1. Dublin [14]1969. Bd. 2. Dublin [12]1966.
M. Emsbach: Untersuchungen zur Wissenschaftsauffassung des Sophisten Protagoras. Diss. Hamburg 1979.
P. Friedländer, Theaitetos. In: P. F.: Platon. Bd. 3: Die platonischen Schriften. 2. und 3. Periode. Berlin [2]1960. S. 131–172.
K. v. Fritz: Protagoras. In: Paulys Realencyclopädie der classischen Altertumswissenschaft. Bd. 23,1 (1957) Sp. 908–921.
K. v. Fritz: Platon, Theaetet und die antike Mathematik. Darmstadt 1969.
R. Hackforth: Platonic forms in the Theaetetus. In: Classical Quarterly 51 (1957) S. 53–58.
E. Heitsch: Erscheinung und Meinung. Platons Kritik an Protagoras als Selbstkritik. In: Philosophisches Jahrbuch 76 (1968/69) S. 23–36.
W. Hicken: The character and provenance of Socrates' ›dream‹ in the Theaetetus. In: Phronesis 3 (1958) S. 126–145.
F. Kreis: Die Lehre des Protagoras und ihre Darstellung in Platons Theätet. In: Archiv für Geschichte der Philosophie 35 (1923) S. 43–49.
J. McDowell (Hrsg.): Platon, Theaetetus. Ed. and transl. with notes by J. McDowell. Oxford 1973.

E. Martens: Nachwort. In: Platon, Charmides. Übers. und hrsg. von E. M. Stuttgart 1977 (Reclams Universal-Bibliothek, Nr. 9861 [2]), S. 97–128.
E. Martens: Zur Funktion der Umgangssprache in Platons Philosophiedidaktik. In: Philosophisches Jahrbuch 85 (1978) S. 371 bis 379.
H. Meyerhoff: Socrates' ›dream‹ in the Theaetetus. In: Classical Quarterly 52 (1958) S. 131–138.
J. M. E. Moravcsik: Understanding and knowledge in Plato's Philosophy. In: Neue Hefte für Philosophie 15/16 (1979) S. 53 bis 69.
R. J. Mortley: Plato and the sophistic heritage of Protagoras. In: Eranos 67 (1969) S. 24–32.
P. Natorp: Forschungen zur Geschichte des Erkenntnisproblems im Altertum. Berlin 1884.
A. Neumann: Die Problematik des Homo-mensura-Satzes. In: Sophistik. Hrsg. von C. Classen. Darmstadt 1976. S. 257–270.
K. Oehler: Die Lehre vom noetischen und dianoetischen Denken bei Platon und Aristoteles. Ein Beitrag zur Erforschung der Geschichte des Bewußtseinsproblems in der Antike. München 1962.
G. Patzig: Platon und das Problem des Irrtums. In: Neue Sammlung 8 (1968) S. 44–56.
D. Roloff: Platonische Ironie. Das Beispiel: Theaitetos. Heidelberg 1975.
E. Sachs: De Theaeteto Atheniensi mathematico. Berlin 1914.
F. C. S. Schiller: Plato or Protagoras: being a critical examination of the Protagoras speech in the ›Theaetetus‹, with some remarks upon error. Oxford 1908.
F. C. S. Schiller: Plato or Protagoras? In: Mind N. S. 17 (1908) S. 518–526.
B. Snell: Die Ausdrücke für den Begriff des Wissens in der vorplatonischen Philosophie. Berlin 1924.
B. Snell: Leben und Meinungen der Sieben Weisen. München 1952.
J. Sprute: Über den Erkenntnisbegriff in Platons Theaitet. In: Phronesis 13 (1968) S. 47–67.
A. E. Taylor: Plato, The man and his work. London 1926.
F. Tenbruck: Zur Soziologie der Sophistik. In: Neue Hefte für Philosophie 10 (1976) S. 51–77.
L. Versenyi: Protagoras' man-measure fragment. In: American Journal of Philology 83 (1962) S. 178–184.
W. Wieland: Platon und der Nutzen der Idee. Zur Funktion der Idee

des Guten. In: Allgemeine Zeitschrift für Philosophie 1/1 (1976) S. 19–33.
J. Xenakis: Essence, being and fact in Plato: an analysis of one of Theaetetus' »koina«. In: Kant-Studien 49 (1957/58) S. 167–181.

Nachwort

Platons *Theätet* behandelt nicht nur die Frage, was ἐπιστήμη ist, sondern gibt zugleich auch mehr oder minder versteckte Hinweise darauf, wie wir diese Fragen beantworten können und wozu wir sie überhaupt stellen sollen. Er verbindet die Inhalts- mit der Methoden- und Zielfrage. Allerdings können wir auf diese Fragen nur schwer eine zufriedenstellende Antwort finden. Denn einerseits macht es uns Platon mit seiner ironisch-aporetischen Schreibweise nach Art der sokratischen Definitionsdialoge nicht gerade leicht, seine eigene Meinung zu diesen Fragen herauszufinden. Andererseits wüßten wir selbst dann, wenn wir Platons eigene Meinung einigermaßen klar herausgefunden hätten, immer noch nicht, was Wissen ist, sondern hätten lediglich eine Meinung hierüber kennengelernt: wir hätten kein Wissen vom Wissen, sondern nur eine Meinung von einer Meinung. Schon durch Platons Schreibweise, erst recht von der Sache her sind wir somit gezwungen, über das verhandelte Thema selber mit ihm nachzudenken und uns an seinem Dialog über das Wissen in Form eines Wissens als »Dialog der Seele mit sich selbst« (189e f.) zu beteiligen, also argumentativ. Belege für den recht unterschiedlichen, ja widersprüchlichen Umgang mit Platons Dialog bieten die mannigfaltigen Interpretationsangebote, von denen das Literaturverzeichnis nur einen Teil aufführt.

Schon die unterschiedlichen Übersetzungsmöglichkeiten von ἐπιστήμη können daran zweifeln lassen, ob Platon und seine deutschen oder anderssprachigen Gesprächspartner eigentlich über dasselbe nachdenken. Da bei Platon ἐπιστήμη ungetrennt theoretisches Wissen und praktisches Können von den alltäglichen, konkreten bis hin zu den abstrakten, im strengen Sinne wissenschaftlichen Vollzügen umfaßt, können einseitige Übersetzungen die ganze Fragestellung gegen-

über Platons Ausgangspunkt stark verschieben. Die Übersetzung mit »Erkenntnis« etwa grenzt die Fragestellung leicht auf das theoretische Problem der Erkenntnistheorie ein, während »Wissenschaft« nur auf die abstrakten, im strengen Sinne wissenschaftlichen Vollzüge abhebt und Platon als Vorläufer moderner Wissenschaftstheorie interpretiert, wieder unter Ausblendung der praktischen Problemseite. Man wird also sehr sorgfältig darauf achten müssen, welches Vorverständnis Platon mit ἐπιστήμη verbindet, im Unterschied zu unseren verschiedenen Verwendungsweisen von »Wissen«. Damit ergibt sich bereits eine erste Verbindung der Inhalts- mit der Methodenfrage. Beim Vorverständnis von ἐπιστήμη wurde bereits die praktische Dimension der Fragestellung angedeutet. Die Zielfrage ist schon hiermit untrennbar mit den beiden anderen verbunden. Dieser Zusammenhang soll im folgenden ein wenig aufgehellt werden – andere Leser mögen andere Fragen für wichtig und andere Antworten für richtig halten. Die drei Schlüsselfragen zum *Theätet* heißen also: Wozu sollen wir wissen, was Wissen ist? Wie können wir wissen, was Wissen ist? Was wissen wir vom Wissen?

Wozu sollen wir wissen, was Wissen ist?

Im Normalfall wissen wir einfach etwas oder glauben, etwas zu wissen. Wenn wir uns irren, sind wir im Prinzip durchaus in der Lage, unseren Irrtum zu korrigieren, und sind auch auf weitere Korrekturen gefaßt, einmal abgesehen von dogmatischen Verhärtungen. Die Frage, was Wissen ist, stellen wir uns selten oder überhaupt nicht, dann natürlich auch nicht, wie wir dies wissen können. Wir wissen nicht, wozu ein solches Wissen gut sein sollte. Platons Dialoge dagegen stellen die Frage nach dem Wissen und anderen vermeintlichen Selbstverständlichkeiten in voller Schärfe. Dabei lassen

sich zwei Schritte unterscheiden. Der erste Schritt übersteigt die Naivität alltäglichen (einschließlich wissenschaftlichen) Redens und Handelns; der zweite Schritt übersteigt die ihrerseits zunächst naive philosophische Redepraxis, indem er das Weiterdenken oder die Reflexion auf sich selbst anwendet und die Methoden- sowie Zielfrage stellt. Unterteilt man Platons Dialoge grob in frühere, mittlere und spätere, so lassen sich beide Schritte leicht den einzelnen Gruppen zuordnen, wenn auch nie in strikter Trennung. In seinen früheren Dialogen vollzieht Platon den ersten Schritt, indem er Fragen behandelt wie »Was ist Tapferkeit?« (*Laches*), »Was ist Frömmigkeit?« (*Euthyphron*), »Ist Tugend angeboren, einzuüben oder lehrbar?« (*Menon*) oder »Was ist Gerechtigkeit?« (*Staat* I). In seinen mittleren Dialogen (etwa *Symposion, Phaidon, Phaidros, Staat* – außer Buch I) faßt Platon dann seine ersten Überlegungen zusammen und stellt die Frage nach ihren Voraussetzungen. Als Antwort, die in Wirklichkeit lediglich der Ausgangspunkt der nächsten Frageebene ist, gilt für gewöhnlich Platons Lehre vom Ideenwissen, insbesondere der Idee des Guten, ohne daß er allerdings diese Lehre an irgendeiner Stelle ausdrücklich und zusammenhängend darlegte (vgl. Wieland 1976). Um zu wissen, was Tapferkeit, Gerechtigkeit, Frömmigkeit, Tugend usw. ist, und um somit wahre von falschen Sätzen hierüber unterscheiden zu können, müssen wir wissen, was Wissen, Wahrheit, Irrtum usw. ist. Ein Wissen ist nach Platon, wie in jeder Philosophiegeschichte steht, nur von Ideen möglich. Was aber sind Ideen? Hiermit beschäftigt sich Platon in seinen späteren Dialogen, etwa im *Theätet, Sophistes* und vor allem im *Parmenides*. Nach dem Aufstieg, um Platons Redeweise aus dem Höhlengleichnis im *Staat* zu verwenden, vollzieht er dann in seinem Spätwerk, den *Gesetzen*, den Abstieg, indem er ganz konkrete Vorstellungen über den Aufbau eines Staates entwickelt, wie bereits zum Teil im *Staat* selbst. Überdies hat er nie seine theoretischen Überlegungen von ihrer praktischen Zielsetzung getrennt.

Im *Theätet* lassen sich zur praktischen Zielsetzung von Platons Philosophie drei mögliche Antworten erkennen: Philosophie als Philosophie-Therapie, als Praxis-Analyse und -Therapie sowie als Selbstzweck. Die erste Antwort nennt Platon zwar nicht ausdrücklich, führt sie aber hier so deutlich wie sonst in kaum einem anderen Dialog als Möglichkeit vor. Er setzt sich auf weiten Strecken mit den Auffassungen anderer Philosophen über das Wissen oder damit zusammenhängende Fragen auseinander, etwa in den Passagen über den Homo-mensura-Satz des Protagoras und, damit zusammenhängend, über die Herakliteische Lehre vom Fluß aller Dinge sowie über die Parmenideische Lehre vom unbeweglichen einen Sein (152a–184a), ferner im Abschnitt über die Erkenntnislehre des Antisthenes (201c–208b). Nun fördert zwar die argumentative Auseinandersetzung mit kontroversen Meinungen zweifellos die Lösung philosophischer Sachfragen. Dennoch liegt hierin leicht die berufstypische Gefahr des Philosophengezänks um bloße Worte (177e). In einer Kombination von Sach- und Wortkontroverse könnte es sich hierbei aber auch um den Versuch handeln, ein scheinbares Sach- als bloßes Wortproblem zu entlarven, das wir ohne die Philosophie gar nicht erst hätten. Im normalen, alltäglichen Sprachgebrauch können wir nämlich »Wissen« und ähnliche Wörter ganz gut verwenden (196d f.). Erst der Philosoph, so scheint es, bringt uns mit seiner Fragerei durcheinander. »Wissen« wäre dann kein Sach-, sondern ein Definitions- oder Wortproblem, das nur Philosophen haben. Gute Philosophie wäre daher Anti-Philosophie als Rückgewinnung des normalen Alltagsverstandes, wie etwa Wittgensteins Programm in den *Philosophischen Untersuchungen* lautet. Patient ist in diesem Fall nicht der Laie, sondern der Philosoph als Ursache der eigenen Krankheit, die er bei anderen zu heilen meint. In Platons Philosophie als »Hebammenkunst« (148d–151d, 210b–d) liegt der Anspruch einer Philosophie-Therapie als Abwehr des Versuchs, Wahrheit durch Setzung des Stärkeren und gerade nicht durch gemein-

samen, von jedermann im Grunde bereits gekonnten Vernunftgebrauch zu ermitteln, im harmloseren Fall als Abwehr unnötiger Spitzfindigkeiten in bloßen Wortgefechten. Freilich galt es nach Platon, hierin Kant vergleichbar (etwa im Abschnitt »Übergang von der gemeinen sittlichen Vernunfterkenntnis zur philosophischen« in der *Grundlegung zur Metaphysik der Sitten*), an die bereits von jedermann gekonnte Dialogkunst oder Dialektik zu erinnern, sie theoretisch aufzuhellen und praktisch einzuüben, entgegen dem Anschein einer bevormundenden Ideenschau und -lenkung seitens des Philosophenherrschers (*Staat* VII).

Mit der Aufhellung und Einübung der Dialogkunst betreibt Platon nicht nur Philosophie-Therapie, sondern darüber hinaus auch Praxis-Analyse und -Therapie. In weiten Teilen der Sophistik, insbesondere in bestimmten, wenn auch nicht notwendigerweise Protagoras selbst anzulastenden Konsequenzen des Homo-mensura-Satzes (vgl. zur Unterscheidung zwischen der Lehre des Protagoras und Platons Konsequenzen Emsbach 1979) sah Platon den für das private und öffentliche Handeln folgenreichen Versuch, die gemeinsame, Autonomie sichernde Dialogbasis unserer Redepraxis zu zerstören und durch eine rhetorische Technik nach dem Prinzip des Stärkeren zu ersetzen, die Macht des stärkeren Argumentes gegen das Argument des Stärkeren einzutauschen (vgl. Platons Dialoge *Gorgias, Protagoras, Phaidros, Sophistes*). Dann bestünde die an den Sophisten gerühmte Öffentlichkeit des Wissens (vgl. Tenbruck 1976) nur zum Schein, nämlich als öffentlich ausgetragener Redekampf, nicht als gemeinsame Wahrheitssuche. Platons maieutische Dialogkunst steht im Kontrast zur dogmatischen Monologtechnik des Protagoras: wir wissen immer schon, was Wissen ist, und brauchen uns auch sonst nicht über unsere handlungsleitenden Begriffe und Maximen von außen belehren zu lassen. Allerdings ist die Krankheit der Fremdbestimmung nicht bloße Privatsache einiger berufsmäßiger und bezahlter Weisheitslehrer, die eine schlechte Philosophie verkaufen,

sondern ein weitverbreiteter Hang von jedermann, den Platon durch die Sophistik lediglich auf den Begriff gebracht und praktisch verstärkt sah. Daher ist seine Philosophie mehr als bloß interne Philosophie-Therapie. In seinen Frühdialogen analysiert Platon häufig die Neigung der Gesprächspartner, sich in ihren handlungsleitenden Vorstellungen mit einem eingebildeten, auf der Meinung anderer beruhenden Wissen zu begnügen. In einem ersten Schritt verhilft Sokrates daher mit seiner berüchtigten Was-ist-Frage seinen Gesprächspartnern zu einem Wissen von ihrem Nichtwissen. Daß hierbei durchaus Emotionen und Widerstände zu überwinden sind, zeigen die Frühdialoge auf Schritt und Tritt. Beim sokratischen Dialog als gemeinsamer Wahrheitssuche geht es nicht nur um ein theoretisches Wissen, sondern auch um ein praktisches Können, vor allem um die Überwindung eines bloß subjektiven Standpunktes zugunsten einer Orientierung an den berechtigten Interessen aller Beteiligten. Wenn man diesen ersten Schritt der Destruktion naiven Alltagsredens, die einfache Reflexion, als praktisch notwendig akzeptiert, muß man auch den zweiten Schritt der Destruktion naiven Philosophieredens mitmachen, die doppelte Reflexion. Zu fragen ist nämlich: Warum sollen wir nicht in unserem Nichtwissen verharren? Und außerdem: Wie können wir eigentlich von unserem Nichtwissen wissen? Die erste Frage beantwortet Platon, indem er daran erinnert, daß unser Handeln immer schon auf etwas Gutes, und das heißt etwas *wirklich* Gutes bezogen ist (177d). Wegen der prinzipiellen Differenz zwischen wirklichem und vermeintlichem Guten können wir uns mit keinem bloß eingebildeten Wissen, also einem Nichtwissen vom Guten zufriedengeben. Daher sind wir aus praktischen Gründen genötigt, unser Wissen zu überprüfen, auch unser Wissen vom Wissen. Dabei geraten wir unweigerlich in sehr abstrakte und subtile Untersuchungen, die zwar nicht von jedermann nachvollzogen werden können, aber für ihn eine Bestätigung dessen sind, was er im Grunde immer schon weiß. Ähnlich wie bei

Kant kommt auch bei Platon der professionellen Philosophie lediglich eine stellvertretende Analyse- und Hilfskompetenz zu, auf keinen Fall aber eine Entscheidungskompetenz in der Frage letztlich nach dem Guten. Wenn Philosophie als doppelte Reflexion, bis zum Ende gehendes Weiterdenken, auch nicht jedermanns Sache ist, kann und muß sie als einfache Reflexion, als autonomes, vom *Guten* geleitetes Denken und Handeln, von jedermann vollzogen werden. In ihr hat die doppelte Reflexion ihren Ausgangspunkt und zugleich ihr Ziel.

Dem scheint Philosophie als Selbstzweck zu widersprechen, die dritte noch zu diskutierende Antwort Platons auf die Wozu-Philosophie-Frage. Der Philosophen-Exkurs im *Theätet* (172c–177c) wird oft als Platons Überwindung eines extremen Relativismus und platten Pragmatismus interpretiert, wie er sich in einer bestimmten Auslegung bei Protagoras darbietet. Nicht der Mensch, sondern Gott ist der Maßstab aller Dinge (*Gesetze* IV, 716c), worauf der *Theätet* oft genug anspielt (158b, 161c, 162c). Insofern wir, so versteht man Platon oft, das eigentliche Wissen als Wissen der unwandelbaren Ideen erreicht haben, nehmen wir teil am Göttlichen und finden zu unserer Bestimmung im geordneten Ganzen des Seins, im Kosmos. Was der Mensch ist (174b), werde in Platons onto-theologischer Anthropologie beantwortet. Vor dieser höchsten Bestimmung des Menschen verblassen alle pragmatischen Verrichtungen als Mittel zum Zweck, und oft auch ohne Zweck. Nach dem Höhlengleichnis ist der Aufstieg zur Idee des Guten höchste und die einzig wahre Praxis, der Abstieg bloßer Rückfall in die Praxis der Schattengefechte, deren bessere Bewältigung zwar notwendig für unsere irdische Existenz ist, aber allenfalls sekundäre Bedeutung hat. Jedenfalls legt Platons Redeweise nicht nur im *Theätet,* sondern auch im *Phaidon* und im Höhlengleichnis des *Staates* eine solche dualistische Welt- und Lebensauffassung recht nahe. Sie wurde insbesondere für die christliche Dogmatik wirksam, darüber hinaus als

»Christentum fürs Volk« (Nietzsche). Allerdings widerspricht diese Lesart der Einheit der zweifachen Reflexion, nach der die höchste Philosophie letztlich der besseren Praxisorientierung von jedermann dient und keinesfalls göttliche »theoria« für einige wenige ist. Auch können wir das höchste Wissen nie durch direkten Zugriff erreichen, sondern immer nur verbunden mit einem Nichtwissen unserer menschlichen Fehlbarkeit. Genauso können wir das angestrebte Gute nie voll verwirklichen in unserem auf Scheitern angelegten Handeln (176 a), ganz abgesehen von unserer Erkenntnisschwäche. Daher ist auch die vielzitierte philosophische »Verwunderung« (155 d) weder bloß aporetische Verwirrung als Ausgangspunkt für das eigentliche Wissen, noch ist sie ans Ziel gelangtes Staunen über das göttliche Sein im ganzen, den Kosmos, sondern »Anfang« (ἀρχή) im Doppelsinn von Ausgangs- und Endpunkt als Einheit der einfachen und doppelten Reflexion.

Selbstzweck ist Platons Philosophie jedoch insofern, als sie uns über das höchste Ziel unseres Wissens und Handelns zur Aufklärung verhilft und somit Analyse und Therapie unserer Praxis werden kann, die latent oder ausdrücklich von einer Pseudo-Philosophie bedroht wird und deshalb auch einer Philosophie-Therapie bedarf.

Wie können wir wissen, was Wissen ist?

Platon gibt uns im *Theätet* genügend Hinweise, wie wir den Übergang vom Nichtwissen (des Wissens) zum Wissen (des Wissens) vollziehen können, ohne über ein höheres, unfehlbares Wissen (der Idee des Wissens) zu verfügen. Im *Menon* (80 e–86 c) bietet er die Lehre von der Wiedererinnerung (ἀνάμνησις) an ein vorgeburtliches oder apriorisches Ideenwissen als Lösung des Problems an, wie man etwas suchen könne, was man nicht weiß, da man es ja nicht als das Gesuchte

erkennen könne und, wenn man es wüßte, nicht erst zu suchen brauchte. Dabei verbürgt sich Sokrates jedoch lediglich für die prinzipielle Möglichkeit des Suchens, nicht aber für das »übrige« (86 c f.), den metaphysisch-dualistischen Rahmen. Vielmehr steht uns für den Übergang, wie auch der *Theätet* zeigt, nichts anderes als unsere vorgängige Dialogpraxis zur Verfügung, mit den in ihr gelernten Unterscheidungen, die es aufzudecken und gemeinsam zu prüfen gilt. Kriterium der Prüfung ist die gemeinsame Zustimmung der Dialogpartner, die sich stets nur auf die jeweils verfügbaren und akzeptierten Kriterien beziehen können und auf eine erneute Revision ihrer Ergebnisse gefaßt sein müssen. Daher lassen sich bei Platon nie eindeutige, endgültige Positionen, sondern stets nur neue Reflexionsansätze finden, die dennoch um einen Grundkonsens über die Bedingungen unserer Dialogpraxis, die Form unseres Wissens, kreisen. Das Vorverständnis darüber, was Wissen ist, läßt sich einmal aus dem Vollzug des Dialogs selbst erschließen, insbesondere aus dem einleitenden Gespräch, sodann wird es an einzelnen Stellen ausdrücklich ausgesprochen.

Im Gespräch, das die Frage nach der ἐπιστήμη vorbereitet (143 d–145 e), knüpft Platon indirekt an das latente Vorverständnis an, indem er auffallend gehäuft verschiedene Synonyma verwendet. (1) Zunächst setzt Sokrates φιλοσοφία mit Wissenschaften wie Geometrie gleich (143 d). Er befindet sich damit in Übereinstimmung mit dem damaligen Sprachgebrauch, der seinerseits der bis dahin praktizierten Einheit von einzelwissenschaftlicher Forschung und Betrachtung des Ganzen (des Seins, der Natur) entspricht, im *Theätet* exemplifiziert durch Thales (174 a ff.). Die von Platon gegen die Sophisten gerichtete Unterscheidung von φιλοσοφία als »Liebe zur Weisheit« und σοφία als Besitz von »Weisheit« (vgl. etwa *Symposion* 203 b–204 c) spielt an dieser Stelle überhaupt keine Rolle und kann auch von der Terminologie her nicht an den Dialog herangetragen werden. Vielmehr sind, wie auch die folgenden Unterscheidungen zeigen,

die jeweiligen Bedeutungen der verschiedenen Wörter für »Wissen« erst aus dem Zusammenhang zu erschließen. (2) Vor allem die zweite Bedeutung zeigt, daß man dabei gut daran tut, Platon eine sehr bewußte Verwendung der verschiedenen Synonyma zuzutrauen und ihm keine versehentlichen fehlerhaften Äquivokationen zu unterstellen. Wenn Sokrates »wissen« möchte (εἰδέναι, 143d), im Sinne von »erfahren« (πυνθάνεσθαι, 143e), wer jetzt zu den tüchtigen jungen Leuten gehört, führt von dieser Wortbedeutung ein direkter Weg zur ersten Definition, in der Theätet Wissen mit Wahrnehmung gleichsetzt. (3) Eine ähnliche Nähe zu Verben der sinnlichen Wahrnehmung hat die nächste Wortbedeutung. Bei der Frage, ob Sokrates den Theätet »kennt« (γιγνώσκειν, 144c), wird Wissen im Sinne von Kenntnis bzw. Bekanntschaft verwendet (knowledge by acquaintance). Wenn Platon später bei der Diskussion der Möglichkeit von Irrtum ständig von dieser Bedeutung ausgeht, wird man ihm dies kaum als fehlerhaftes Versehen anrechnen können. (4) Wenn wir »Wissen« untersuchen, geht es auch um Selbsterkenntnis, um ein Wissen von unserem Wissen (vgl. *Charmides*). In Theätet, auf dessen äußere Ähnlichkeit mit Sokrates Theodoros hinweist, kann Sokrates sich selbst erkennen, indem er ihn wie sich selbst (als Ebenbild) betrachten kann (144d). Allerdings steht dabei, wie im *Charmides* (154e), nicht die äußere Gestalt zur Diskussion, sondern die Seele hinsichtlich ihrer σοφία (145b). (5) Die damit angesprochene Beurteilungs- oder Prüfungspraxis führt zur nächsten Bedeutung von Wissen als Fachwissen. Zur Beurteilung etwa des Aussehens eines Menschen benötigt man das Fachwissen eines Malers (ἐπαΐειν, 144e–145d). Man muß etwas von der Sache verstehen. Vor allem das Fachwissen des Mathematikers spielt im gesamten Dialog eine wichtige Rolle, in der Wahl der Gesprächspartner, insbesondere Theätets, in den mathematischen Beispielen sowie als Argument für die Existenz objektiven Wissens gegen Protagoras (168e f.). Die Qualifikation für eine Wissensprü-

fung läßt sich analog hierzu erschließen: ein Fachwissen vom Wissen. Daß es sich hierbei um ein eigenes Wissen handelt, das noch nicht mit dem sonstigen Fachwissen gegeben ist, betont insbesondere Sokrates in der *Apologie*, als er seine Tätigkeit erklärt (22 d f.). (6) Allerdings leugnet Sokrates jedesmal, dieses entscheidende Wissen, letztlich das Wissen vom Guten, zu besitzen. Er könne nicht »begreifen« (λαβεῖν, 145 e), was Wissen ist. Im Gleichnis vom Taubenschlag (196 d ff.) verwendet Sokrates diese Vokabel häufiger, um die zweite Jagd nach den Tauben, den Übergang vom latenten zum wiedererinnerten Wissen zu bezeichnen. (7) An diesen Übergang, der den Weg andeutet, wie wir etwa ein Wissen vom Wissen erlangen können und wie auch Sokrates selber bei seinem Nichtwissen trotzdem wahre von falschen Antworten unterscheiden kann, erinnert Sokrates mit seinem Hinweis auf das von Theätet erlernte Wissen in Geometrie, Astronomie, Harmonielehre und Arithmetik. Dabei geht Sokrates von dem übereinstimmend zugegebenen Faktum des Lernens aus, das er auch später gegen Protagoras verwendet. Wissen wird an dieser Stelle weder als das Gewußte noch als Wissenszustand verstanden, sondern als Prozeß, genauer als Lehr-Lern-Prozeß im gemeinsamen Dialog. Lernen bedeutet, wie Theätet ebenfalls zustimmt (145 d f.), auf dem jeweiligen Gebiet sachkundiger (σοφώτερον) zu werden oder sich Sachkunde (σοφία) zu erwerben, wofür man auch »Wissen« (ἐπιστήμη) einsetzen könne. Wissen als Lehr-Lern-Prozeß greift Ryle der Sache nach wieder auf, wenn er die Vorstellung ablehnt, es handle sich hierbei um einen Erwerb geistiger Entitäten mit Hilfe »verborgener Drähte und Flaschenzüge«, um einen Geist in der Maschine, und wenn er statt einer so gearteten Erkenntnistheorie lieber eine »Grammatik der Wissenschaft« (Untersuchung ihrer Termini) und eine »Philosophie des Lernens« bzw. »Grammatik der Pädagogik« vorschlägt: »Da es den Lehrberuf und die Lehrpraxis gibt, so könnte es auch einen philosophischen Zweig geben, der sich mit den Begriffen des Lernens, Leh-

rens und Prüfens befaßt« (Gilbert Ryle, *Der Begriff des Geistes*, Stuttgart 1969 [u.ö.], Reclams Universal-Bibliothek, Nr. 8331 [6], S. 435 f.).

Mit der Verbindung von Wissen und Lernen hat Sokrates seine Frage nach der ἐπιστήμη in den Erfahrungsbereich des Theätet als Schüler des Theodoros gestellt, zugleich aber auch den wichtigen Wink gegeben, wie wir etwas vom Wissen wissen können und was Wissen ist: Rückgriff auf und Verständigung über die gemeinsame Dialogpraxis. Man sollte demzufolge den *Theätet* nicht nur, wie üblich, als Klassiker der Erkenntnistheorie, sondern auch als Klassiker der Didaktik lesen.

Mit dem auffallenden Gebrauch der verschiedenen Wörter für Wissen hat der Platonische Sokrates im Einleitungsgespräch vorgeführt, daß wir bereits eine Menge vom Wissen wissen (knowing how) im Vollzug des Wissens, in der Wissenspraxis. Wenn man wissen (knowing that) will, was Wissen ist, kann und muß man auf dieses Vorwissen vom Wissen zurückgreifen. Hierauf macht Sokrates im weiteren Verlauf noch an mehreren Stellen aufmerksam. So etwa, wenn er gegenüber Protagoras das (allerdings noch genauer zu interpreteriende) Faktum der Lehr-Lern-Praxis geltend macht (161 d f., 170 b; vgl. im Hinblick auf die Herakliteer 180 b f.), oder bei der Diskussion über die Erkennbarkeit der Urbestandteile beim Lernen der Buchstaben (206 a f.). Das Vorwissen vom Wissen hebt Platon sogar ausdrücklich als notwendige Bedingung jeden Redens, also auch des Redens über das Wissen, hervor (196 d–197 a), und zwar bezeichnenderweise, bevor er im Gleichnis von der doppelten Taubenjagd auf die aus dem *Menon* den Lesern bereits bekannte Wiedererinnerungslehre anspielt. Die jeweiligen Antworten oder Definitionsversuche von Wissen sind daher auf das bereits im einleitenden Gespräch ausgebreitete Vorwissen vom Wissen zu beziehen und an ihm sowie in wechselseitiger Korrektur zu prüfen.

Die Kunst der Dialektik besteht nach Platon darin, im Dia-

log, der kein bloß äußeres Darstellungsmittel ist und auch »innerhalb der Seele des einzelnen« stattfinden kann, die verschiedenen Bezüge durchzugehen, in denen das Gesuchte und bereits grob Bekannte steht, und somit etwas *als* etwas im vorgängig bekannten »Ideengeflecht« wiederzuerkennen (vgl. *Sophistes* 253b–e) oder, wie wir heute sagen würden, im »Prädikatorengefüge« (vgl. die *Logische Propädeutik* von Wilhelm Kamlah und Paul Lorenzen, Mannheim ²1973). Dabei sind die Abgrenzungen und Übereinstimmungen des Gesuchten mit verwandten Begriffen innerhalb des Ideengeflechts zu untersuchen, das sich, wie die wechselnden terminologischen und definitorischen Bestimmungen der Untersuchungsgegenstände in Platons Dialogen zeigen, keineswegs eindeutig präsentiert. Die Einbindung des jeweils Gesuchten oder zu Bestimmenden in das Ideengeflecht, wie es etwa bereits im Bild vom Taubenschlag in den Gruppierungen der Tauben angedeutet wird (vgl. Detel 1972, S. 57), verbietet ferner eine isolierte Betrachtung oder Fixierung bloß eines Gesichtspunktes. Daher ist auch für die Bestimmung der ἐπιστήμη zu vermuten, daß die Aufhebung der einzelnen Definitionsversuche nicht nur negativ zu verstehen ist, sondern zugleich als Bewahren des jeweils richtigen Teilmoments und als Fortentwicklung zum komplexen, wenn auch für uns nicht abschließbaren Ganzen des Ideengeflechts.

Daraus folgt, daß die gesuchte ἐπιστήμη nicht mit einer bestimmten Form von Wissen gleichgesetzt werden darf, etwa mit Ideenwissen im Sinne einer höchsten geistigen Wahrnehmung. Diese Gleichsetzung liegt nahe, wenn man die drei Definitionen im *Theätet* auf das Liniengleichnis im *Staat* (VI, 509d ff.) abbildet und dann die fehlende vierte Stufe als Lösung der Schlußaporie einsetzt. Vielmehr entfaltet sich Wissen von seiner ersten Erscheinungsform über die Zwischenstufen bis hin zum Absoluten des Philosophen-Exkurses, vergleichbar Aristoteles' Stufengang von der Wahrnehmung bis hin zum höchsten Wissen (*Metaphysik* I, 1f.) und

Hegels *Phänomenologie des Geistes*. Allerdings bindet Platon deutlich seine Dialektik in die umgangssprachliche, fehlbare Dialogpraxis als Teilmoment menschlichen Handelns ein, das einzige Medium der Erkenntnis im Sinne gemeinsamer Selbstverständigung (vgl. Martens 1977, 1978). Die gemeinsame Dialogpraxis oder der gemeinsame Lehr-Lern-Prozeß ist Erklärungsgegenstand und Erklärungsmethode zugleich: ohne Dialog keine Erkenntnis und ohne Erkenntnis kein Dialog (vgl. *Theätet* 161 e; *Parmenides* 135 b f.; *Euthydem* 286 e; *Sophistes* 259 e–260 b). Daher ist bei dem nun folgenden Durchgang durch den Dialog besonders sorgfältig auf weitere Hinweise zu achten, wie wir etwas vom Wissen wissen können und was wir bereits davon wissen. Der Dialog als handlungsvorbereitende Redepraxis steht ferner unter einem praktischen Ziel, der Idee des Guten. Auch dies wird der Fortgang des *Theätet*-Dialogs zeigen.

Was wissen wir vom Wissen?

Wenn wir fragen, was wir vom Wissen wissen, meinen wir sowohl Platons eigene, erst zu rekonstruierende Darlegungen als auch deren argumentative Überprüfung, als Verständigung über unser eigenes Vorverständnis. Dabei kann es nur um einen recht groben Umriß des im *Theätet* verhandelten Themas gehen, zudem eingeschränkt auf unsere drei Schlüsselfragen. Vor allem zu einzelnen philologischen und philosophiehistorischen Fragen ist Cornfords Kommentar (1935) zu empfehlen, während der neuere, sprachanalytisch ausgerichtete Kommentar von McDowell (1973) insbesondere zu einem besseren philosophischen Verständnis des Dialogs beiträgt; im übrigen sei auch auf die im Literaturverzeichnis aufgeführten Arbeiten verwiesen.

Wissensmethode (145 e–151 d)

Wie in den meisten Definitionsdialogen der früheren Phase geht es auch im *Theätet* zunächst um die Frage, wie die gesuchte Antwort aussehen soll (vgl. vor allem *Menon* 71 e–73 c; ferner *Laches* 190 e–191 e; *Euthyphron* 5 d–6 e; im *Charmides* 159 b ist dagegen die geforderte Zusammenfassung unproblematisch). In der Bestimmung der Definitionsweise steckt bereits eine Teilantwort auf die Frage nach dem Wissen. Wissen bezieht sich nach Sokrates immer auf das Gemeinsame vieler Einzelfälle, dessen Status als »Idee« hier noch keine Rolle spielt. Sowohl bei der Aufzählung der Einzelfälle als auch bei seiner Erläuterung der von Sokrates geforderten Definitionsweise greift Theätet auf ein Vorwissen zurück, einmal auf ein umgangssprachliches, dann auf ein fachwissenschaftliches aus der von ihm gelernten Mathematik. Die Einzelfälle der erfragten ἐπιστήμη umfassen theoretisches Wissen (Geometrie und die von Sokrates vorher aufgezählten Beispiele) und praktisches Können (Schusterei als Beispiel für die Handwerkskünste). Beides bildet im griechischen ἐπιστήμη eine Einheit (vgl. Snell 1924; Moravcsik 1979), ähnlich in den etwas altertümlichen deutschen Redewendungen »sich auf das Rechnen verstehen« oder »sie weiß bzw. versteht zu rechnen, sich zu benehmen, Klavier zu spielen« o. ä. Auch die »Sieben Weisen« (σοφοί) waren Praktiker und Theoretiker zugleich, etwa als Gesetzgeber, Schiedsrichter in Rechtsfällen oder Ratgeber. Was Snell vom vorplatonischen Gebrauch von σοφία sagt, trifft auch auf die nach 145 d f. synonyme ἐπιστήμη zu: »Tatsächlich umfaßten die griechischen Wörter für ›Weisheit‹ und ›weise‹ in der Frühzeit das Praktische mit, denn sie werden gebraucht vom Handwerker und von anderen, die sich ›auf eine Sache verstehen‹, und man spricht von weisen Steuerleuten, Wagenlenkern, Dichtern, Gesetzgebern.« (Snell 1952, S. 75). Allerdings waren die »Sieben Weisen«, wie Snell hervorhebt (S. 81), gerade durch ihr theoretisches, auf All-

gemeingültiges bezogenes Wissen besonders erfolgreich und angesehen. In der Philosophen-Karikatur des Thales (173c ff.) bricht die zunächst noch verdeckte Problematik auf, wie sich beide Seiten des Wissens zueinander verhalten, und sie ist der Angelpunkt in der Auseinandersetzung mit Protagoras.

Bereits bei der Definitionsforderung stellt sich die Frage, warum das von Theätet vorgeführte Können beim Aufzählen verschiedener, unumstrittener Wissensfälle in ein theoretisches Wissen gefaßt werden soll. Auch die Aufzählung von Beispielen kann durchaus eine zufriedenstellende Antwort auf die Frage sein, was Wissen ist. Muß man Begriffe definieren können, die man korrekt verwenden kann? Laches etwa, der anerkannt tapfere Feldherr, ärgert sich, daß er zwar wisse, was Tapferkeit ist, es aber nicht sagen oder definieren könne (*Laches* 194a f.). Erst praktische Probleme machen, wie wir bereits sahen, bei Platon die Differenz von Können und Wissen zu einem Diskussionspunkt. Auch im *Theätet* geht es nicht um eine theoretische Definitionsfrage, sondern um die Wissens- oder Lehr-Lern-Praxis der Sophisten, insbesondere des Protagoras. Ist wirklich alles, was wir für Wissen halten oder was dafür ausgegeben wird, Wissen? Welche Kriterien haben wir zur Prüfung der verschiedenen Einzelfälle? Was ist Wissen?

Theätet beweist, daß er Sokrates' Forderung, das Gemeinsame der vielen Einzelfälle anzugeben, verstanden hat, indem er die allgemeine Forderung mit einem Beispiel aus seinem Erfahrungsbereich erklärt (Einteilung der Zahlen; vgl. das Definitionsbeispiel der »Gestalt« *Menon* 74d–75c, der »Geschwindigkeit« *Laches* 192a f.). Dabei dreht sich das Verhältnis von Können und Wissen um. Während sich zuerst das im Können (hier: das Können in der Verwendung von »Wissen«) enthaltene Wissen ausweisen mußte, soll sich nun das Wissen (hier: das Wissen um die richtige Definitionsweise) in einem Können bewähren. Wissen zeigt sich erst im Können, im rechten Gebrauch allgemeiner Regeln

für den Einzelfall (vgl. Wieland 1976): in der Tat kann Theätet in der von Sokrates geforderten Weise definieren. Durch den Primat der Praxis oder des rechten Gebrauchs löst sich die endlose Iteration eines Wissens vom Wissen, die später als Problem stehenbleibt (200 b f.), aber durch einen Rückgriff auf das vorher im Dialog Praktizierte durchaus auflösbar ist.
An die Erklärung und Demonstration der richtigen Definitionsmethode, die 208 c–210 a erneut problematisiert wird, schließt das Bild von der Sokratischen Hebammenkunst sinnvoll an, keineswegs als bloße Assoziation zum Eingeständnis des Theätet, daß er nicht mehr weiterwisse (148 e). Das Bild umschreibt noch einmal den soeben und im Einleitungsgespräch praktizierten Vorgang der Wiedererinnerung und veranschaulicht, daß es hierbei vor allem um ein Können und nicht so sehr um ein Wissen geht. Die theologische, für uns wohl nur schwer nachzuvollziehende Redeweise von Gott als Ursache der Hebammenkunst (150 c; vgl. *Apologie* 20 c–21 e) könnte als Ausdruck für das unhintergehbare Anamnesis-Apriori gelten, für unser immer schon gekonntes Können, durch Rückgriff auf das gemeinsam Gelernte im Dialog weiterzulernen. Ziel des Weiterlernens, einer Definition für das Philosophieren, ist die Unterscheidung von wahren und falschen Behauptungen (150 b, c; 151 d). Damit ist eine weitere Präzisierung dessen gewonnen, was wir unter »Wissen« bereits verstehen.

Wissen als Wahrnehmung (151 e–186 e)

Die Diskussion der ersten Definition, Wissen sei Wahrnehmung (αἴσθησις), erstreckt sich über gut die Hälfte des Dialogs, ein Zeichen dafür, wie ernst Platon diese Antwort nimmt. Theätet bringt seine Definition in Selbstanwendung in Form erscheinenden Wissens vor: ihm »scheint jetzt jedenfalls« Wissen Wahrnehmung zu sein, weil derjenige, der

etwas weiß, dieses Gewußte wahrnimmt (›perception‹ als Gewahrwerden, Bemerken). Damit greift Theätet auf ein im einleitenden Gespräch benutztes Vorverständnis zurück. Wissen als Wahrnehmung war dort eine der Auslegungsmöglichkeiten. Ist Wissen aber nichts anderes als Wahrnehmung? Und weiß Theätet wirklich, was Wissen ist, oder scheint es ihm nur so? Als Maßstab seiner Prüfung benützt Sokrates wie selbstverständlich zwei Kriterien: Wissen bezieht sich »immer auf etwas, das ist, und ist untrüglich« (152c; vgl. 178b). Beide Kriterien sind in der Tat unumstritten: Wenn jemand den Anspruch auf ein Wissen erhebt, behauptet er zugleich, daß der von ihm gemeinte Sachverhalt der Wirklichkeit entspricht, eine Tatsache ist, und daß er sich darin nicht irre.

Mit der Prüfung der ersten Definition verbindet Sokrates zugleich eine Prüfung des Homo-mensura-Satzes, da beides dasselbe nur mit anderen Worten ausdrücke. Bei den Sinneseindrücken ist tatsächlich jedermann unfehlbarer Maßstab. Nach den beiden zugrunde gelegten Kriterien ist Wahrnehmung »so wie Wissen« (152c). Dabei beurteilt Sokrates die Definition nicht zirkulär an einem gerade geleugneten objektiven, sondern an einem subjektiven Seinsbegriff, der allerdings im Hinblick auf das »Gute und Schöne« (157d) später von ihm kritisiert wird. Auch das zweite Kriterium, die Unfehlbarkeit, ist erfüllt, wenn man jedenfalls mit Protagoras leugnet, daß man ein objektives Kriterium habe, um etwa zwischen normalen und anormalen Zuständen unterscheiden zu können. Dann sind auch Träume, Krankheiten, Haluzinationen oder Sinnestäuschungen keine Gegenbeispiele. Die nicht zu leugnenden Wissensunterschiede etwa in der Unterrichtspraxis erklärt Protagoras durch die anfangs bereits vorgeführte Unterscheidung zwischen theoretischem Wissen mit den Kriterien wahr/falsch und praktischem Können mit den Kriterien besser/schlechter (166d–167d). Ähnlich wie der Arzt kann der Sophist anderen aus einem schlechteren zu einem besseren Zustand verhelfen. Auch die

Selbstanwendung trifft daher die Lehre des Protagoras nicht, da sie keine von der Praxis getrennte, absolute theoretische Wahrheit beansprucht (vgl. Emsbach 1979). Man kann sie allenfalls auf praktischer Ebene treffen. Andererseits kann Protagoras nicht auf dem Maßstab der Subjektivität verharren, wenn er mit seiner »Lehre« auf die Zustimmung anderer rechnet. Dann muß er sich eine Kritik seiner eigenen Maßstäbe auch auf theoretischer Ebene gefallen lassen, unabhängig von ihrer immanenten Gültigkeit. Dann wäre Platons Beharren auf Allgemeingültigkeit der behaupteten Lehre berechtigt und die Selbstanwendung des Homo-mensura-Satzes eine Widerlegung, wenn natürlich auch nicht aus der Sicht des Protagoras. Platon greift aber den Satz vor allem auf praktischer Ebene an. Er gelte nur für die Sinneswahrnehmungen (vgl. 171 d f. mit 152 c), nicht aber etwa für ärztliches Wissen oder das Wissen, was einer Polis nützt (172 a f.). Im anschließenden Philosophen-Exkurs setzt Platon dem Pragmatismus des Protagoras (vgl. Schiller 1908) seinen kritischen Pragmatismus entgegen: die Bestimmung des Wahren als das Nützliche vergißt die Frage nach der Wahrheit des Nützlichen, auf die es jedem Handeln ankommt (177 d; *Staat* VI, 505 d f.; ebenso Aristoteles, *Nikomachische Ethik* I, 1; vgl. hierzu Wieland 1976), selbst dem Handeln des Mörders (*Gorgias* 468 a–e). Gerade das wirklich Gute aber verfehlen wir, wie jeder zugeben wird, oft genug (178 a). Wie können dann die Sophisten, so ließe sich fragen, sicher sein, daß sie jemandem wirklich zu einem besseren Zustand verholfen haben? Und wie kann der Betroffene selber sicher sein? Die erste Definition enthält lediglich eine Teilwahrheit, da sie nur auf die momenthafte Sinneswahrnehmung zutrifft (179 c), und wird durch ihre Absolutsetzung falsch. Nur die genannte Wissensform der Wahrnehmung, aber keineswegs jede andere der anfangs unterschiedenen Wissensformen erfüllt das Kriterium der Unfehlbarkeit.

Dieselbe Kritik ergibt sich vom zweiten Kriterium her, dem

Seinsbezug (179d–186e). Die Behauptung des durchgängig relativen Seins würde jede Möglichkeit eines gemeinsamen, auf Intersubjektivität angelegten Dialogs zerstören (179e; vgl. 161e f.); auch wäre eine Unterrichtspraxis unmöglich (180b f.). Denn jeder würde über etwas anderes reden, weil keine gemeinsamen Bezugspunkte bestehen (vgl. zur – nicht recht ernst gemeinten – Etymologie von ἐπιστήμη als Fest-Stellung *Kratylos* 412a, 437a). Natürlich liegt nun umgekehrt gegen Platon der Verdacht nahe, er wolle Wortbedeutungen wie geistige Gegenstände behandeln, etwa verführt durch die exzessive Substantivierungsmöglichkeit des griechischen Artikels. Der Universalienstreit ist bis heute noch nicht entschieden. Das zugrundeliegende Problem läßt sich allerdings nicht leugnen: die Dialektik von Einzelnem und Allgemeinem, Vielem und Einem, von der die »Möglichkeit des Dialogs« abhängt (vgl. *Parmenides* 135c). Eine absolute Relativierung der Wortbedeutungen hätte Nicht-Kommunikation zur Folge (183a f.), ebenso deren absolute Fixierung, da sie der Fehlbarkeit menschlichen Wissens nicht gerecht wird. Auf die Unvermeidbarkeit des Allgemeinen (κοινόν, 185b) geht Sokrates bei seiner abschließenden Widerlegung näher ein (184b–186e). Er unterscheidet zwischen der Mannigfaltigkeit der sinnlichen Eindrücke, die wir »vermittels« der verschiedenen Sinnesorgane wahrnehmen, und deren allgemeinen Bestimmungen, die wir durch die »Seele oder wie man es nennen soll« (184d) erkennen. Diese allgemeinen Bestimmungen muß man, was Platon allerdings an dieser Stelle nur andeutet, ferner als Prädikate erster und zweiter Ordnung unterscheiden, wie man in moderner Sprache sagen könnte. Bereits dadurch, daß wir etwas *als* etwas bezeichnen, schreiben wir einem Einzelding oder einem Einzelereignis eine allgemeine Bestimmung zu, »irgendeinen einheitlichen Gesichtspunkt« (μίαν τινὰ ἰδέαν, 184d). Wahrnehmung hat prädikativen Charakter. Selbst wenn man, wie Kratylos, in Ablehnung allgemeiner Wortbedeutungen »nur noch den Finger bewegte« (Aristoteles, *Meta-*

physik IV, 5, 1010 a 10 ff.), ist nicht ohne Rückfrage und somit allgemeine Wortbedeutungen verständlich, *daß* man und *worauf* man genau hinweisen will, ganz abgesehen davon, daß dann ohnehin nur eine situationsbezogene Verständigung möglich wäre. Die Konsequenz sieht Aristoteles zu Recht im stummen, von sich her völlig kommunikationslosen Zustand etwa einer Pflanze (*Metaphysik* IV, 4, 1008 b 10–12). Wahr-nehmung, die immer schon »artikuliert«, d. h. »gegliedert« ist, geschieht vermittels der Sinne durch die »Seele« (vgl. Hegels Kapitel über »hier und jetzt« in der *Phänomenologie des Geistes*). Wir nehmen aber nicht nur etwas *als* etwas wahr, sondern schreiben ihm auch weitere allgemeine Bestimmungen zu, Prädikate zweiter Ordnung. Wir »denken« etwa (διανοεῖσθαι, 185 a), daß Ton und Farbe »sind«, daß sie voneinander »verschieden«, mit sich selbst »gleich«, beide zusammen »zwei« sind und jedes »eines« ist (vgl. zu den μέγιστα γένη, den »obersten Gattungen«, *Sophistes* 254 d ff.). Wir meinen diese Bestimmungen immer schon mit und müssen sie verstanden haben, gleichsam als »Transzendentalien« jeder Prädikation, wenn wir überhaupt etwas *als* etwas wahrnehmen bzw. bezeichnen. Bezeichnen aber müssen wir es, wenn wir uns mit anderen oder mit uns selbst verständigen wollen. Die Vorgänge der Wahrnehmung vermittels der Sinne und die Prädikation erster und zweiter Ordnung durch das Denken bilden eine unauflösliche Einheit.

Von einem relativen Seinsbegriff her hatte Platon der Wahrnehmung Unfehlbarkeit zugestanden und sie als eine zulässige Wissensform akzeptiert. Versteht man jedoch »Sein« als allgemeine, mit jeder Wahrnehmung notwendig verbundene Bestimmung, kommt der unmittelbaren sinnlichen Wahrnehmung kein Seinsbezug zu, somit auch kein Wahrheitsbezug. Nach beiden anfangs akzeptierten Kriterien ist Wissen somit nicht Wahrnehmung (186 c–e). Bei seiner abschließenden Widerlegung der ersten Definition erinnert Platon noch einmal an den praktischen Ausgangspunkt der theoretischen

Untersuchungen über das Wissen, die Unterrichtspraxis. Die Wahrnehmungsfähigkeit (jetzt als rein sinnliche Perzeption verstanden) kommt allen Menschen und Tieren »von Natur« zu. Aus den Wahrnehmungen aber wahre oder falsche »Schlüsse« zu ziehen (λογίσματα), ob etwas ist oder nicht ist und hinsichtlich seines Nutzens, ist nur »bei vielen Übungen und durch Unterweisung (παιδεία)« möglich, zudem nur mühsam und nicht für alle (186b f.; vgl. das Bildungsprogramm *Staat* VII, 518d ff.). Mit der praktischen Frage ist zugleich die Methodenfrage angeschnitten, wie wir etwas wissen können. Das Anamnesis-Apriori ist uns, wie man aus dieser Stelle erschließen kann, nur als allgemeine, formale Möglichkeit angeboren und muß erst durch einen mühsamen Lehr-Lern-Prozeß im einzelnen inhaltlich ausgebildet werden.

Wissen als wahre Meinung (187a–201c)

Die beiden Kriterien für Wissen, Seins- und Wahrheitsbezug, werden nach den vorangegangenen Überlegungen nicht von der Wahrnehmung, sondern allenfalls von der Seele erfüllt, »wenn sie sich für sich genommen mit dem beschäftigt, was ist«. Diesen Vorgang nennt man »meinen« (δοξάζειν). Aus dem bisherigen Gesprächsverlauf ergibt sich daher konsequent als zweite Definition, Wissen sei Meinung oder, in Absetzung gegen falsche Meinung nach dem Kriterium des Wahrheitsbezugs, »wahre Meinung« (ἀληθὴς δόξα, 187a f.).

Diese neue Definition prüft Sokrates von ihrem Gegenbegriff, der »falschen Meinung«, her, der zunächst mehr Schwierigkeiten macht, jedenfalls dann, wenn man, wie bereits im Einleitungsgespräch als eine Möglichkeit vorgeführt wurde, Wissen mit Kenntnis gleichsetzt. Genau diese Gleichsetzung, nach der Wissen schließlich so etwas wie geistige Wahrnehmung ist, kritisiert Platon, indem er ihre un-

haltbaren Konsequenzen zeigt. Denn man kann dann nur etwas wissen bzw. kennen oder nicht wissen bzw. nicht kennen, aber keine falsche Meinung von etwas haben. Der ganze für den Menschen kennzeichnende Zwischenbereich des Lernens, der ständigen Verflechtung von wahrer mit falscher Meinung fällt somit weg. Wenn eine solche Konsequenz aber absurd ist, kann man auch nicht an der Voraussetzung festhalten. Die Schwierigkeiten, die sich aus der Gleichsetzung von Wissen bzw. Meinen mit Kenntnis für die Bestimmung der falschen Meinung ergeben, diskutiert Sokrates in fünf Ansätzen.

Beim *ersten* Ansatz wird ausdrücklich Lernen und Vergessen ausgeklammert, jedenfalls »für jetzt« (188a), und lediglich die Alternative von Wissen und Nichtwissen angenommen. Dann ergibt sich die Schwierigkeit, daß falsche Meinung nicht möglich ist, da man weder Gewußtes mit Nichtgewußtem noch jeweils beides untereinander verwechseln kann. Entweder meint man etwas, das man weiß (kennt), oder man meint überhaupt nichts. Wenn man aber nichts meint, wie es *zweitens* heißt, meint man überhaupt nicht, analog zu den Sinneswahrnehmungen. Als Ausweg aus diesem Dilemma wird *drittens* die Erklärung von falscher Meinung als »etwas anderes meinen« (ἀλλοδοξία, 189b f.) angeboten, die Verwechslung von etwas mit etwas. Daraus ergeben sich aber dieselben Schwierigkeiten wie beim ersten Ansatz. Die jedesmal zugrundeliegende Gleichsetzung von Wissen mit Kennen läßt sich leicht als Fehler zurückweisen, ohne daß man ihn Platon selber ankreiden könnte, wenn man sich etwa an die bewußten Unterscheidungen im Einleitungsgespräch erinnert – und Erinnerung an vorgenommene Unterscheidungen ist sicher ein wichtiger Bestandteil des Dialogs. Der Fehler dieser Gleichsetzung liegt nun darin, daß grammatisch gleiche Ausdrücke auch sonst gleich behandelt werden. Sowohl Verben der sinnlichen Wahrnehmung wie »ich sehe, höre, fühle etwas« als auch Verben, die geistige Vorgänge bezeichnen, wie »ich weiß, meine, erkenne

etwas« haben ein direktes Objekt; also, so scheint es, beziehen sich beide auf Objekte, wenn auch verschiedener Art, einmal sinnliche, dann geistige. Diese Analogie führt zum bekannten Dualismus und Chorismos, in dem viele Interpreten den einzigen Inhalt der sogenannten Platonischen Ideenlehre sehen, verführt durch die Redeweise etwa im *Phaidon*. Beim falschen Meinen führt die Analogie zur Auffassung, das Falsche sei genauso Objekt des Meinens wie etwa Theätet Objekt des Sehens ist. Wie man aber nicht Nicht-Seiendes oder nichts sehen kann – es sei denn in der scherzhaften Wendung »ich sehe viele, die nicht da sind« –, so kann man auch nicht Nicht-Seiendes oder nichts meinen: in dem einen Fall kann man überhaupt nicht von einem Sehen, in dem anderen Fall nicht von einem Meinen sprechen. Die Auflösung des in dieser Analogie enthaltenen Fehlers liegt, wie Patzig (1968) erläutert, darin, daß Falsches nicht Objekt der Meinung, sondern diese selbst falsch ist. Man kann bei Redewendungen wie »ich sehe Rotes« zwar nicht von einem roten Sehen sprechen, aber generell von einem falschen Meinen. Ferner zielt das Meinen auf einen Sachverhalt, der entweder in der Wirklichkeit besteht oder nicht besteht, eine Tatsache ist oder nicht. Eine falsche Meinung bezieht sich dann auf einen nicht-bestehenden Sachverhalt, nicht auf nichts.

Im *Sophistes* nimmt Platon das Problem der falschen Meinung wieder auf. Hier werden nun ausdrücklich die Ideen nicht als geistige Gegenstände behandelt, sondern sie haben ihren Ort in einem »Ideengeflecht« (»Prädikatorengefüge«) und lassen sich durch die Kunst der Dialektik dihairetisch, durch Einteilung, Abgrenzung und Zuordnung zu verwandten Begriffen (Ober- und Unterideen) bestimmen. Diese Kunst wird bereits in den Sokratischen Frühdialogen vorgeführt (vgl. Detel 1973), wenn auch erst später expliziert, etwa bereits im *Phaidros* (264e–266c). Dabei behauptet Platon nicht, daß wir eindeutig richtige Dihairesen vornehmen können (vgl. *Politikos* 258b6–10, 265a ff.), und auch die

abgelehnten Dihairesen sind nicht schlechthin falsch (vgl. Detel 1972, S. 108, Anm. 45). Unser Wissen vermischt sich stets mit Nichtwissen, ist »Liebe zur Weisheit«, nicht deren endgültiger Besitz.

Liest man das Wachsblock- und das Taubenschlaggleichnis, den *vierten* und *fünften* Erklärungsansatz der falschen Meinung, vor dem Hintergrund der Platonischen Ideen- oder Prädikationstheorie, geben sie durchaus bereits Hinweise auf Platons Lösung. Vordergründig wird zwar beidesmal Wissen als Wissensstück und dessen Besitz behandelt, besonders deutlich im Beispiel der Personenverwechslung, das Wissen mit Kennen bzw. Wiedererkennen gleichsetzt (knowledge by acquaintance). Bei genauerer Analyse aber (vgl. Detel 1972) läßt sich beidesmal die bereits aus dem *Menon* bekannte Anamnesisstruktur als Zuordnung der richtigen, bereits latent gewußten Bestimmungen zum gesuchten Erkenntnisgegenstand feststellen: (1) Erwerben des Wissens (Einprägen der Siegelabdrücke bzw. erstes Einfangen der Tauben); (2) latenter Besitz des Wissens (der Siegelabdrücke bzw. der Tauben); (3) Wiedererinnerung (Vergleich des Wahrgenommenen mit den Siegelabdrücken bzw. zweite Jagd nach den Tauben). Bei der dritten Stufe ist eine falsche Meinung durch Verwechseln möglich, wenn man dem Erkenntnisgegenstand zwar Bestimmungen zuordnet, aber »andere«, als ihm zukommen, oder platonisch gesprochen, andere als solche, an denen er »teilhat« (vgl. Detel 1972). Die komplizierte Kombinatorik der verschiedenen Verwechslungsmöglichkeiten dient eher zur Verwirrung unaufmerksamer Leser, die Wissen immer noch mit einer Art geistiger Wahrnehmung gleichsetzen, als der Problemlösung. Für sie wäre ein »Wissen vom Wissen« (vgl. 200 a f.) lediglich als eine oberste Ideenschau befriedigend, die jedes Wissen und Nichtwissen eindeutig zu unterscheiden erlaubte. Im *Charmides* wird für das »Wissen vom Wissen« das »Wissen vom Guten« eingesetzt (174 b ff.): erst im praktischen Gebrauch kann sich die Tauglichkeit eines Wissens bewähren, nicht durch einen

theoretischen Abschluß. Dies hatte bereits Theätet vorgeführt, als er zeigte, daß er im von Sokrates geforderten Sinne definieren *kann.*

Die zweite Antwort scheitert nicht nur an der Erklärung der falschen Meinung, sondern auch an einem neuen Kriterium für das Wissen, das Sokrates vom Augenzeugenwissen her gewinnt (201 a f.) und das zur dritten Antwort führt. Wenn Sokrates von den Gerichtsrednern und Advokaten behauptet, sie würden nur »überreden« und nicht »lehren« (διδάσκοντες), sondern nur »bewirken, daß man meint«, kommt er auf den Philosophen-Exkurs zurück, in dem er dem Argument des Stärkeren das stärkere Argument entgegensetzte, das philosophische Wissen. Rhetoren können in der kurzen ihnen zur Verfügung stehenden Zeit weder ein Wissen vermitteln, noch haben sie und die Richter selber ein Wissen darüber, »wovon nur ein Augenzeuge etwas wissen kann« (ἰδόντι μόνον ἐστὶν εἰδέναι). Im griechischen Text liegt eine deutliche Anspielung auf die etymologische Verwandtschaft (vgl. auch lat. vid-) von Wissen (als sinnliche Wahrnehmung) mit Sehen. Der Richter kann bestenfalls aufgrund wahrer Meinung, aber nicht aufgrund eines Wissens urteilen. In der Tat reicht es nicht, wenn jemand zufällig recht hat, weil sonst jede Meinung als wahre Meinung ausgegeben werden könnte. Vielmehr muß man auch Gründe für seine Behauptungen angeben können, die allerdings nicht in jedem Fall, sondern nur bei Beobachtungen von Ereignissen oder Personen ein Augenzeugenwissen voraussetzen. Auch hier geht Platon geradezu penetrant deutlich von der fehlerhaften Gleichsetzung von Wissen mit Kennen aus, wohl um noch den letzten Leser stutzig zu machen. Auf jeden Fall läßt sich aus dem angeführten Augenzeugenwissen als neues Kriterium für Wissen dessen »einsichtige« oder »einleuchtende« Begründbarkeit gewinnen. Was zur wahren Meinung hinzukommen muß, damit es ein Wissen ist, wird in der nächsten Definition zu klären versucht.

Wissen als wahre Meinung verbunden mit Erklärung (201c–210d)

Die dritte Definition des Wissens als »wahre Meinung verbunden mit Erklärung« (ἡ μετὰ λόγου ἀληθὴς δόξα) ergibt sich sinnvoll aus dem vorangegangenen Dialog. Theätet erinnert sich zwar an der passenden Stelle, die Definition von einem anderen gehört zu haben, kann sie aber selber nicht erklären und gibt somit ein Gegenbild zu dem von ihm definierten Wissen ab. Auch Sokrates spart bei den drei diskutierten Bedeutungen von λόγος genau diejenige aus, auf die es in diesem Zusammenhang ankommt: das von ihm selber allenthalten postulierte »Rechenschaftgeben« (vgl. etwa 169a f., 175c f.). Damit gibt Platon seinen Lesern erneut Gelegenheit zum Selbstdenken. Wer Wissen als Tätigkeit nicht praktiziert, kann auch nicht sinnvoll darüber reden oder belehrt werden. Allerdings gilt nicht der Umkehrschluß, nach dem man daraus, daß jemand Wissen nicht zufriedenstellend definieren kann, folgern könnte, daß er kein Wissen hat. Schließlich wird gerade Theätet als hervorragender Mathematiker nachdrücklich gelobt. Die an ihm sichtbare Differenz von Können und Wissen führt auf die erste Schlüsselfrage zurück.

Aus der nun zur Prüfung anstehenden dritten Definition ergibt sich die Konsequenz, daß nur das wißbar ist, wovon es eine Erklärung gibt. Damit steht die Unterscheidung von Wißbarem und Nichtwißbarem zur Diskussion. Die von Sokrates referierte These des Antisthenes, daß die ersten Elemente (Buchstaben) nicht wißbar, sondern nur benennbar seien, daß dagegen das aus ihnen Zusammengesetzte (die Silben) eine Erklärung als »Verknüpfung von Benennungen« zuließen und somit wißbar seien, weist deutlich auf die vor allem im *Parmenides* diskutierte Problematik des Einen und Vielen voraus, die eine naive Ideenlehre ad absurdum führt. Auch die komplizierte Untersuchung von Begriffen wie »Gesamtheit«, »Ganzes« und »sämtliche« gibt einen Vorge-

schmack auf den *Parmenides*. Allerdings führt Sokrates seine Gesprächspartner wieder in die Irre, wenn er in Erinnerung an das Lernen der Buchstaben und Töne die erste These umkehrt und nun behauptet, daß gerade die Urbestandteile klarer erkennbar und wichtiger seien als das Zusammengesetzte (206 b). Wenn man sich aber klarmacht, wie man etwas tatsächlich »auseinanderhalten« kann (διαγιγνώσκειν, 206 a), so wird erneut deutlich, daß man *eines* nur in Abhebung zu *anderem* unterscheiden kann und überhaupt erst braucht. Das Eine und das Viele sind miteinander verbunden, und deshalb sind beide Thesen für sich genommen falsch, aber zusammen richtig. Erinnert man sich somit an die eigene Lernpraxis genauer als Sokrates provozierend unterstellt, wird einem diese Dialektik erneut bewußt.

Wenn man »wißbar« durch »erklärbar« erklärt, muß man wissen, was Erklärung (λόγος) ist. Schon diese Formulierungen zeigen, daß eine Prüfung dieser Ausdrücke notwendig zirkulär ausfällt. Wissen läßt sich nur mit Wissen erklären, Erklärung nur durch Erklärung wissen. Durch den Vorgang der Wiedererinnerung wird jedoch vermieden, diesen Zirkel als vitiös zu verwerfen. Zur Erklärung des im Griechischen äußerst vieldeutigen Wortes λόγος greift Sokrates auf drei gebräuchliche Unterscheidungen zurück, die sich jedoch alle als unbrauchbar für die Kennzeichnung von Wissen erweisen. »Rede« (»er erklärte« im Sinne von »er sagte«) macht, wenn man an das Augenzeugenwissen denkt, wahre Meinung nicht zum Wissen: es ist für sie äußerlich, ob man sie ausspricht oder nicht (vgl. 189 e f.). Auch »Aufzählen der Teile« ist nicht das für Wissen gesuchte typische Zusatzmoment, sondern gehört bereits zur wahren Meinung. Die dritte Bedeutung »unterscheidendes Merkmal« (Wesensmerkmal, differentia specifica) kommt der Lösung recht nahe. Nur wer die Unterschiede und Gemeinsamkeiten von etwas im Verhältnis zum übrigen angeben kann, hat ein Wissen (208 d), vermittelt durch die Kunst der Dialektik. Für eine Definition genügt nicht der eingangs nur verlangte gemein-

same Oberbegriff (genus proximum; vgl. 146c ff., 185b), sondern ist auch das vom übrigen abgrenzende, unterscheidende Merkmal erforderlich. Die Zurückweisung der dritten Bedeutung von λόγος geschieht durch die wiederholt benutzte Gleichsetzung von Wissen mit Kennen. Die Person Theätet etwa kann man tatsächlich nur kennen, wenn man sie von allen übrigen Personen unterscheiden kann. Dies gehört aber bereits zur wahren Meinung und ist immer noch nicht das gesuchte zusätzliche Moment, sondern eine bloße Verdopplung. Allerdings muß man Gründe dafür angeben können, warum man einem Erkenntnisgegenstand gerade diese und keine anderen Bestimmungen zuschreibt, während man sich beim Kennen einfach auf Fakten berufen kann, die man eben zu beschreiben und zu vergleichen hat. Die Angabe von Gründen (αἰτίαι) wird im *Menon* als Übergang von der wahren Meinung zum Wissen mit Hilfe der Anamnesis bezeichnet (85b–86c; 97e–98b). Auf die Angabe von Gründen, warum man etwas so und nicht anders behauptet, drängt Sokrates in sämtlichen Dialogen bei der gemeinsamen Prüfung der jeweiligen Antworten.

Schluß-Aporie und Weiterdenken (210a f.)

Was nun genauer Gründe und gute Gründe sind, bedürfte zweifellos weiterer Untersuchungen. Immerhin konnten wir, entgegen der scheinbaren Schluß-Aporie (210a f.), bereits aus dem *Theätet* umrißhaft lernen, was Wissen ist, wie wir etwas vom Wissen wissen können und wozu wir es sollen. Die beiden Schlußhinweise des Dialogs skizzieren noch einmal den Rahmen der Untersuchungen. Der anstehende Prozeß gegen Sokrates deutet den praktischen Hintergrund an, wie bereits im Philosophen-Exkurs. Der Hinweis auf den unmittelbar anschließenden *Sophistes* zielt noch einmal auf die Methodenfrage, die Wiedererinnerung an das bereits ge-

wußte »Ideengeflecht«. Beide Dialoge schließlich, der *Theätet* wie der *Sophistes,* greifen die Frage aus dem *Charmides* nach dem »Wissen vom Wissen« auf. Im *Theätet* erinnert nicht nur die Eingangssituation (Ringschule, Erkundigung nach den tüchtigen jungen Männern, Prüfung des Gelobten, Körper-Seele-Prüfung usw.) sowie die iterative Wissensprüfung daran (200a f.), sondern auch die am Schluß ebenfalls erwähnte σωφροσύνη als Wissen von unserem Nichtwissen, das einen unabschließbaren Prozeß sokratischen Rechenschaftgebens oder Weiterdenkens umfaßt.

Ekkehard Martens

Griechische Literatur

IN RECLAMS UNIVERSAL-BIBLIOTHEK

Aischylos, *Der gefesselte Prometheus.* 988 – *Die Orestie: Agamemnon, Die Totenspende, Die Eumeniden.* 508 [2] – *Die Perser.* 1008 – *Sieben gegen Theben.* 1025

Aristophanes, *Der Frieden.* 8521 – *Die Frösche.* 1154 [2] – *Lysistrate.* 6890 – *Die Vögel.* 1379 [2] – *Die Wolken.* 6498 [2]

Aristoteles, *Metaphysik.* 7913 [6] – *Nikomachische Ethik.* 8586 [5] – *Poetik.* Zweispr. 7828 [2] – *Politik.* 8522 [6] – *Der Staat der Athener.* 3010

Demosthenes, *Politische Reden.* Zweispr. 957 [4]

Epiktet, *Handbüchlein der Ethik.* 2001

Epikur, *Briefe · Sprüche · Werkfragmente.* Zweispr. 9984 [2]

Euripides, *Alkestis.* Zweispr. 1337 [2] – *Die Bakchen.* 940 – *Hippolytos.* 8601 – *Ion.* Zweispr. 3579 [2] – *Iphigenie bei den Taurern.* 737 – *Iphigenie in Aulis.* 7099 – *Medea.* 849 – *Medea.* Zweispr. 7978 [2] – *Die Troerinnen.* Zweispr. 8424 [2]

Die griechische Literatur in Text und Darstellung. Bd. 2: *Klassische Periode I.* 8062 [5] – Bd. 3: *Klassische Periode II.* 8063 [5] – Bd. 4: *Hellenismus.* 8064 [5] – Bd. 5: *Kaiserzeit.* 8065 [5].

Griechische Lyrik in deutschen Übertragungen. 1921 [3]

Griechische Satyrspiele von Euripides, Sophokles und Aischylos. 8387

Heliodor, *Die äthiopischen Abenteuer von Theagenes und Charikleia.* 9384 [5]

Herodot, *Die Bücher der Geschichte.* 1.–4. Buch. Auswahl. 2200 [2] – 5.–6. Buch. Auswahl. 2204 – 7.–9. Buch. Auswahl. 2206 [2]

Homer, *Ilias.* 249 [5] – *Odyssee.* 280 [4]

Longinus, *Vom Erhabenen.* Zweispr. 8469 [2]

Longos, *Daphnis und Chloe.* 6911 [2]

Lukian, *Gespräche der Götter und Meergötter, der Toten und der Hetären.* 1133 [4]

Menander, *Samia.* Zweispr. 9993 [2] – *Das Schiedsgericht.* 8676

Parmenides, *Über das Sein.* Zweispr. 7739 [3]

Pindar, *Oden.* Zweispr. 8314 [4]

Platon, *Apologie des Sokrates.* Zweispr. 8315 [2] – *Apologie des Sokrates / Kriton.* 895 – *Charmides.* Zweispr. 9861 [2] – *Euthyphron.* Zweispr. 9897 – *Das Gastmahl oder Von der Liebe.* 927 [2] – *Gorgias oder Über die Beredsamkeit.* 2046 [2] – *Ion.* Zweispr. 8471 – *Laches.* Zweispr. 1785 [2] – *Parmenides.* Zweispr. 8386 [3] – *Phaidon oder Von der Unsterblichkeit der Seele.* 918 [2] – *Phaidros oder Vom Schönen.* 5789 [2] – *Protagoras.* Zweispr. 1708 [3] – *Der siebente Brief.* 8892 – *Der Staat.* 8205 [8] – *Theätet.* Zweispr. 6338 [3]

Plotin, *Ausgewählte Schriften.* 9479 [4]

Plutarch, *Alexander. Caesar.* 2495 [3] – *Perikles. Fabius Maximus.* 2323 [2]

Polybios, *Historien.* 6210 [2]

Sophokles, *Antigone.* 659 – *Antigone.* Zweispr. 7682 [2] – *Elektra.* 711 – *König Ödipus.* 630 – *Oidipus auf Kolonos.* 641 – *Philoktet.* 709 – *Die Trachinierinnen.* 670

Theophrast, *Charaktere.* Zweispr. 619 [2]

Thukydides, *Der Peloponnesische Krieg.* 1807 [5]

Die Vorsokratiker I (Milesier, Pythagoreer, Xenophanes, Heraklit, Parmenides). Zweispr. 7965 [4] – *Die Vorsokratiker II* (Zenon, Empedokles, Anaxagoras, Leukipp, Demokrit). Zweispr. 7966 [4] – (auch geb. in einem Band)

Xenophon, *Anabasis.* 1184 [3] – *Erinnerungen an Sokrates.* 1855 [2] – *Das Gastmahl.* Zweispr. 2056 [2]

Philipp Reclam jun. Stuttgart